Georges Vermard

La Raison d'Être

GEORGES VERMARD

La Raison d'Être

Publié par
Omnia Veritas Ltd

www.omnia-veritas.com

© Omnia Veritas Ltd – Georges Vermard – 2018

Tous droits réservés. Aucune partie de cette publication ne peut être reproduite par quelque moyen que ce soit sans la permission préalable de l'éditeur. Le code de la propriété intellectuelle interdit les copies ou reproductions destinées à une utilisation collective. Toute représentation ou reproduction intégrale ou partielle faite par quelque procédé que ce soit, sans le consentement de l'éditeur, de l'auteur ou de leur ayants cause, est illicite et constitue une contrefaçon sanctionnée par les articles L-335-2 et suivants du Code de la propriété intellectuelle.

LA RAISON D'ÊTRE	7
LES RÉVÉLATIONS DE GIZEH	39
EN PROVENANCE DE L'AILLEURS	74
LES PHILOSOPHIES RELIGIEUSES	129
LES GRANDS THÈMES DE LA TRADITION	151
AUX FRONTIÈRES DE L'INVISIBLE	181
LE MYSTÉRIEUX TÉTRAGRAMME	206
SENMOUT XVIIIEME DYNASTIE	220
LA NASA EST-ELLE DANS LE JEU ?	234
DIEU ET NOUS	246
LA CONSCIENCE, L'INTUITION ET L'ÂME	262
L'ÉVOLUTION SPIRITUELLE	285
LE TEMPS DES MUTATIONS	292
LES INSTANCES DE L'AILLEURS	299
CONCLUSION ET SUBLIMATION	307
DÉJÀ PARUS	319

La Raison d'Être

Ne pas se soumettre intégralement aux conditions de notre époque, agir en vertu de ses propres déductions, opter pour des critères évolutifs, se conduire tel un élément participatif de l'harmonie universelle, c'est déjà créer une ouverture clairvoyante sur une **raison d'être**.

Qu'est-ce que l'existence ?

Si cette question était posée à l'un de nos chérubins au sourire édenté, il s'en suivrait une suite de borborygmes évocateurs d'une science à l'état d'analyse. Mais si cette question était posée à une personne réfléchie d'un âge respectable, elle marquerait probablement un silence avant de tenter la moindre déduction en matière de rétrospective.

Faut-il en conclure que la complexité d'une telle requête se prévient de toutes formulations hâtives ? Oui, car la vie a des myriades d'aspects dont aucun ne peut prétendre être isolé des autres. Nous sommes tributaires d'un contexte général où interviennent l'âge, le sexe, la condition sociale et les capacités d'analyse. De surcroît le présent ne peut se désolidariser du vécu. Dès lors, nous faut-il prêter plus de réflexion à certains événements qui caractérisent notre existence ou nous faut-il nous résigner à compacter le tout en un agrégat du vécu ?

Le ciel de nuit étoilé est l'exemple de dissimilitude et de profondeur qui permet une prosaïque comparaison avec la complexité du phénomène existentiel : en premier lieu, l'immensité incommensurable de cet espace contenant de cet inframonde en lequel se positionne la matière étoilée. Ce vide est comparable au « rien » qui sépare chaque chose potentielle de celle que nous vivons, et en lequel se configure ce que nous estimons, rejetons ou ignorons. Les astres les plus brillants sont nos pôles d'attraction qui engagent nos pensées, les trous noirs ce qui les affecte ou les absorbe.

Nous pourrions comparer certaines de nos espérances existentielles à ces formations gazeuses en devenir de structuration qui n'ont de réalité que l'attrait de leur luisance. Certaines de nos expériences ne sont-elles pas équivalentes aux comètes étincelantes faites de glace et d'eau, leurs traînes constellées de brillances n'ont de longévité que la trace d'une felouque sur le fleuve de la vie. En notre parcours sidéral, nous croisons des astres immenses et froids et d'autres, chauds et tumultueux. Parfois, notre regard s'attarde sur de brillantes étoiles, si éloignées cependant que leurs lumières nous parviennent à peine, comme égarées dans l'immensité de notre existence. En nos approches oniriques, nous abordons des rivages balsamiques sur des planètes accueillantes où les mystères sont des gouffres abyssaux tamisés de blancs mirages. Mais notre condition ne nous permet pas de franchir les limites que semble nous imposer la vie et nous regagnons notre couche dormante avec le regret de n'être... que ce que nous sommes.

Ce céleste voyage n'aurait-il pour réalité qu'une évocation, ne sommes-nous pas des sujets uniques, incomparables, inestimables ? La remarque serait pertinente si nous la placions dans son contexte évolutif.

Mais qu'est-ce que l'évolution ? Elle a plusieurs aspects, le premier concerne la société en laquelle nous cheminons, elle change, et nous-mêmes changeons au rythme qu'elle nous impose. Le second aspect de l'évolution concerne nos propres aptitudes, intellectuelles, morales, comportementales.

Il y a un troisième aspect, moins souvent évoqué à notre époque apocalyptique. Il est pourtant de loin le plus précieux. Il s'agit de l'évolution de notre état de conscience, que nous devons concevoir sur le plan d'un animisme en lien étroit avec l'âme. La raison en ces domaines devrait imposer ses critères de réflexion avant toute récusation de principe. Cela permettrait d'engager un processus pour ceux qui n'entendent de l'âme que l'inspiration religieuse, le terme agresse leurs convictions, au point que toute allusion à ce mot les rend excessifs. La convivialité est rarement employée et moins encore la corrélation intuitive – discursive, propre à l'enchérissement du comportement.

En évoquant l'âme, nous ne pouvons éluder « l'ailleurs » terme générique qui peut englober tout et son contraire. Nous nous garderons donc d'en abuser, si ce n'est pour souligner ce qui est réel sans être apparent. Entendons par ce langage, de véhiculer sa pensée sur les harmoniques qui lient le concret à l'abstrait ou encore, le frêle esquif qui nous translatera du temporel à l'intemporel.

Y aurait-il un sas, un « douât » égyptien méconnu qui permettrait de franchir de son vivant, cette hypothétique barrière, réputée ne livrer passage qu'à l'heure dernière. Certes oui, mais sous conditions ? Celles-ci ne sont pas rebutantes, elles impliquent seulement de s'affranchir de ses préjugés, pour arpenter le cœur serein les sentiers de la découverte.

Il nous faut tenir en musette trois options indispensables. Elles se nomment *nombre, géométrie, astronomie* et un « filtre intuitif » qui relève des *probabilités*, ceux-là constituent le parfait équipement pour cheminer avec discernement entre Ciel et Terre. Mais avant d'aborder le seuil de ces mystères, effectuons un rapide tour d'horizon sur les conditions qui nous amènent à évoquer de telles alternatives, face à une situation mondiale des plus préoccupantes.

Par aventurisme ou carence en matière de connaissances, le monde matérialiste a bouté loin de son cadre de vie, tout ce qui n'était pas source de profit au bénéfice d'un hédonisme inassouvi et conglomérant. Par ignorance du « concept créatif originel », les courants spirituels ont laissé place au doute puis au rejet manifeste. Cette lente dilution des fondements initiatiques aura mis des siècles à atteindre la platitude que l'on constate aujourd'hui. Notons, qu'il y eut malgré tout, quelques tentatives de rétablissement en faveur de la Grande Tradition. Les derniers soubresauts de l'occident furent ceux provoqués par l'alchimie au XVII siècle, laquelle s'ingénia à raviver dans la mémoire collective les acarnes du Grand-œuvre. Puis, une ultime tentative fut effectuée au XVIII siècle pour reprendre le flambeau qui gisait à terre. C'est ainsi que la confrérie des francs-maçons éprouva le désir de remotiver en l'homme ces valeurs défuntes de perfectibilité. L'exercice, hélas, s'avéra hasardeux ou par trop sélectif. Les rose-croix, eux aussi, s'inscrivirent dans cette tentative de redressement, mais l'amoralité déjà était trop implantée et le mal inéluctable. Dès lors, le temps s'acharna à diviser et altérer d'âge en âge les systèmes les plus crédibles, ne laissant que *le chatoiement des apparences,* que persévèrent à illustrer quelques tenues passementées sans grand charisme.

Aujourd'hui, tout est dilué dans l'aspect magmatique de l'utopie matérialiste. À l'instar de la Grèce Antique, « le symbole » n'a plus pour partage son *égale moitié*. On ignore l'origine de la gnose et plus encore sa divine légitimité, on lui attribue au mieux, un aspect éducatif ou mythique que l'on suppose fédérateur de liens. La parole dispensée ne diffuse plus la révélation, mais *l'érudition* de celui qui l'exprime, la fraternité n'est plus *l'indissociable alliance*, mais l'opportune expression d'une solidarité de principes. Le pragmatisme dispute la place à l'espérance qui s'est souillée avec l'ambition. La foi aux accents traditionnels, peine à s'identifier à cette déliquescence généralisée, aussi a-t-elle adopté une éthique de principe, que l'on distingue à peine du politiquement correct.

Les nobles idéaux d'hier empreints de dignité se sont embourbés dans les tourbières magmatiques de l'économie de marché, torturés entre l'action stérile et le renoncement coupable. L'ouvrier, le paysan, le manutentionnaire, observe sans l'appréhender la transmutation d'un monde qui n'est plus le leur. Hier encore, n'étaient-ils pas les fers de lance d'un « sociétal laborieux », avant que de n'être pions sur l'échiquier des dupes.

Une jeunesse déracinée, désabusée, errante comme rameaux au vent, une puberté qui ne trouve plus dans ses gadgets l'expérience « du vieux » pour sa conduite. Une puberté déjà impliquée jusqu'aux neurones dans le système « démerde » qu'inspire la survie, l'oreille obturée par un amphigouri émotionnel, ceux-là implorent dans une détresse silencieuse la présence de l'autre en eux-mêmes, le cœur twisté sur cette impalpable absence que les mots chahutent tel funambule sur l'onde des lendemains.

Et puis, il y a les gredins haut de gamme, les rutilantes crapules aux chèques certifiés, au verbe policé, que toute probité contourne avec défiance. Leurs doigts dentelés appliquent les sentences sur les jougs de l'impécuniosité. Ils ont la loi pour eux, n'a-t-elle pas la flexibilité de leur morale et la raideur de leurs procédés ? Ils se multinationalisent de continent en continent, de jet en yacht, de dollars en yuans. Ils n'ont de patrie que les banques et pour seul objecteur leur pugnacité configurée d'indélicatesses. Ils ne sont pas la plume qui signe, mais le doigt qui indique où il faut signer. Ils ne sont pas le drapeau, mais le tissu qui le compose et la ficelle qui le hisse. Ils ne sont pas le sniper, mais la lunette en laquelle se tient la cible désignée. Ils ne sont pas les belligérants, mais les assistants d'usages pour plus offrants. Ils n'ont pas de visage, pas d'identité, pas d'empreintes, seules leurs griffes attestent de leurs cachets au dos des contrats. Elles dégagent une odeur de soufre que ventile notre « ère » conditionnée.

Il y a de surcroît la pègre coalisée, les faux monnayeurs, les maffieux, les fans du bazooka, les trafiquants d'innocence, les grossistes en pétoires et missiles, les fripouilles de la cambriole et les maniaques du sexe. En se foisonnant potage la nature humaine s'abîme dans une négation d'être où ne pérenne que la déshérence du comportement.

Et puis, il y a les modestes gredins qui vous font visiter l'enfer. Les fureteurs de collier, les éplucheurs de cuivre, les déménageurs gratuits, les investigateurs de cartes crédits, les « soulages-besaces », les emprunteurs de trottinette. Tout un monde éduqué à rompre la monotonie existentielle en ornementant l'existence de l'anxiogène pigment du soupçon.

Mais ce ne sont pas là les seuls pénitents des lacunes humaines, des délateurs guillotineurs aux laborieux parieurs, des ivrognes tuteurs de réverbères aux drogués dispensateurs de fléaux, il y a tout un monde avec lequel nous nous devons de composer, de négocier, de jouer le jeu de la vie. N'imaginons pas que ceux-là nous sont clairement antithétiques, ils sont des parties de nous-mêmes, celles que nous avons laissées derrière nous, dans la mutation graduelle de nos vies antérieures. Si nous n'en avons gardé le souvenir, c'est qu'elles ont été épongées par les réincarnations successives, inhérentes à notre pensée évolutive.

Pour tenter de générer en nous une analyse responsable, il nous faut faire un tour d'horizon de la situation actuelle en matière de civilisation, et évoquer les préoccupations des populations qui y gravitent. De telles obsessions ont certes toujours existé, c'est leur caractère qui s'est démesurément modifié. Nous ne résonnons plus à l'échelle d'une contrée, mais à l'échelle du monde et les variables s'amplifient avec l'amoindrissement des distances.

Il y a d'abord ceux, comblés de ressources, qui développent avec le concours actif des médias, de fallacieux exposés sur la joie de vivre dans le meilleur des mondes. Ils laissent entrevoir pour la planète un avenir radieux, fait de shows ludiques, de pubs subliminales, de football plaqué d'or, d'albums de raps et de CAC 40, ces maîtres du *New-look* n'ont pour support que l'onirique cheminement de leurs ambitions. Ignorent-ils, ceux-là, qu'il s'opère un inquiétant changement climatique, que les glaces des pôles deviennent menaçantes, que l'air et les océans sont de plus en plus pollués, que des résidus plastiques s'accumulent par millions de tonnes à des profondeurs qui ne permettent plus leur désagrégation, tuant animaux et végétaux ? Ignorent-ils que les déchets radioactifs irradient les solutions à la vitesse où se posent les problèmes ? Que la pléthore des ondes électromagnétiques fait danser nos cellules neuronales au rythme des derviches tourneurs ? Que plus de la moitié des abeilles du globe se sont fait les ailes ? Que sur un plan démographique, cette petite bourrasque de huit milliards d'individus deviendra bientôt un cyclone ? Ignorent-ils que l'effondrement des valeurs morales compromet toute idée de société égalitaire ? Ignorent-ils, ceux-là, que tout ce qui pourrait être envisagé pour remédier à de telles calamités aura toujours un temps de retard sur l'ampleur des ravages occasionnés ? Informer c'est sensibiliser, sensibiliser c'est responsabiliser, responsabiliser c'est entreprendre, entreprendre c'est se prémunir par des actes résolutifs.

Ces optimistes avec vue imprenable sur leurs revenus constituent des motifs réels d'anxiété, l'intransigeance qu'ils déploient phagocyte toute tentative de réforme. Il faut savoir que ces « multidécideurs » de nos modes de vie sont au mieux pour un gel fluctuant de la situation que nous décrivons. Car pour eux, tout changement radical comporterait un risque financier et par extension un danger subversif qu'ils ne pourraient contrôler. Ne risqueraient-ils pas de perdre cette inimaginable suprématie des possédants, qui leur permet actuellement de détenir la moitié des richesses du monde, pour une réciprocité démographique de 1/99% ? Il est vrai que sans la superpuissance économique que leur procure la mondialisation des marchés, ces influents *lobbys* seraient contraints de regagner le troupeau où la tonte ovine a un prix. Pour autant, tarder à prendre les décisions qu'impose la conjoncture, ne facilite pas, loin de là, une issue salvatrice. La lucrative obstination de ce potentat engendrera, au-delà du paupérisme pour une majorité, l'apocalypse pour tous.

Le monde aujourd'hui, a un urgent besoin « *d'une gouvernance sapientielle planétaire* » avec des décideurs incorruptibles au mandat limité, non renouvelable, venant de tous horizons et non formaté à la promotion personnelle. Réfléchissons un instant, car il ne peut en être autrement ! Parmi les huit milliards d'individus que nous côtoyons, il existe des personnages de cet acabit. Ils sont d'une intelligence hors normes, d'une culture étendue et d'une probité exemplaire. O certes, ils ne sont pas nombreux, mais ils existent. Ils se montreraient capables de « sacrifier » quelques années de leur vie à la plus noble et la plus urgente des tâches, légiférer la communauté planétaire dans un souci d'équité, de respect, d'audace et de logique. Ils mettraient en application des lois de protection et d'équité pour tous, deux langues, l'une universalisée l'autre régionale, une monnaie commune. Une extension contrôlée des richesses, du pouvoir, des prérogatives. Une limitation drastique des naissances, pour revenir à une population des années 1930, laquelle donnait chance de vie aux espèces végétale, animale et humaine. Ils œuvreraient pour que nous retrouvions une qualité existentielle que la régression des valeurs morales ne nous permet plus d'espérer. À une échelle moindre, d'autres législateurs seraient gestionnaires, non point d'immenses états à potentialités hégémoniques, comme c'est le cas dans nos états poudrière, mais ils seraient administrateurs de régions mosaïques limitées à trois ou quatre millions d'habitants.

Utopie ! Crieront de concert les vaporisateurs de soporifiques… Mais nous savons que la réaction utopique est la juste réactivité à l'effondrement, et la réactivité n'est autre que la coque du fruit. Si un seul individu adhère à ce que nous avançons, ce n'est que plainte au vent, mais si des centaines de millions d'individus pensent que cela est possible, ce n'est plus qu'une question de temps pour que cette hypothétique évocation prenne les accents d'une évidence populaire généralisée.

Comprenons que l'accessibilité aux technologies actuelles déborde largement les institutions de sauvegarde jadis mises en place par les instances officielles. Les performances des méthodes de communication, leur vulgarisation, leur présence dans les domaines les plus variés modifient nos mœurs, nos réflexes comportementaux, notre façon de penser et d'agir. Certes, nos systèmes législatifs, administratifs et sociétaux ont émis en conséquence décrets et ajustements, mais ceux-ci n'ont pas pu se modifier au rythme de nos mutations technologiques et culturelles. Nos modes d'assemblées prétendues « démocratiques » datent de l'époque hippomobile et leurs réformes des premières machines à vapeur. Cette inévitable dichotomie engendre un dysfonctionnement permanent des procédures de progression. Il s'ensuit pour l'ensemble des administrés une incompréhension, une frustration, une lassitude, un sentiment cumulatif d'incompétence et d'iniquité. Hélas, on ne débat pas de ce dont personne ne parle. Ce n'est pas à l'écoute des médias aux propos lénifiants et improductifs que la masse humaine pourra contrecarrer les occlusions sociétales des *businessmen* aux appétences sans limite.

Ce décalage ne se limite pas à notre manière d'aborder les problèmes de société. Il s'étend à notre conduite civique, à nos mœurs sexuelles, à nos activités professionnelles, à nos allants pour les sports, lorsqu'ils n'ont pour muscles que nos bras de fauteuils ou nos expressions de lanceurs de pétards. Il s'étend également à nos rythmes de vie pourvoyeurs de stress planifiés à la minute près, à nos manières de nous soigner, de nous nourrir et même de nous vêtir. Toutefois, lorsque nous cherchons à adapter notre existence aux impératifs créés par le changement, il arrive souvent que nos aspirations soient en décalage, dépassées par le mouvement incohérent des choses. Nous perdons en version intime ce que nous gagnons en grégarisme sociétal. L'insatiabilité technologique sans étapes de réflexion est un facteur de déséquilibre mental. L'être humain a besoin de réfléchir sur lui-même, aussi nécessairement que l'oiseau a obligation à faire étape sur la terre ferme. L'homme a la faculté de s'adapter aux situations les plus difficiles comme aux plus exaltantes, mais à condition qu'on lui accorde un temps nécessaire d'assimilation.

C'est ainsi que nous avons glissé d'une ère uniformisée par l'emploi de *l'animal*, à un temps organisé par la *mécanique*, puis régenté par *l'électricité*. Nous sommes passés de l'ère *électronique* au *numérique* et en voie de survenir à l'ère des *nanotechnologies*. À l'âge de demain suivra promptement *la bio-robotique*, entendons par ce néologisme, une physio-morphologie de nous-mêmes adaptée à un concept de service, dont nous deviendrons de déchéance en déchéance et selon toutes probabilités, les esclaves soumis. C'est exactement ce que craignaient les anciens Égyptiens en adoptant à contrecœur l'apport de « la roue ».

Ce que nous trouvons paradoxal au cours de ces dernières décennies, *c'est l'assistance permanente que nous consacrons à l'être humain*. À tel point que l'on peut difficilement admettre que pendant de nombreux millénaires, l'homme se soit résigné à l'emploi exclusif de l'animal pour pourvoir à ses tâches journalières. Nonobstant, ceux qui verraient en l'homme actuel, l'évidente émergence d'une intelligence à effet magistral, se fourvoieraient lourdement. Comparativement, tout ce que nous savons sur les peuples anciens évolués nous prouve qu'ils étaient plus attentifs et plus réfléchis que nous le sommes, il suffit d'ailleurs de relire Platon pour s'en persuader.

Nous avons gagné en *assistance et facilité d'accès* ce que nous avons perdu en mémoire, intelligence créative et aptitude déductive.

Examinons ce qui aurait pu constituer pour les Anciens Égyptiens une des méthodes d'assistance ergonomique : le disque troué en son centre, autrement dit « la roue ».

« *La roue, mais ils ne la connaissaient pas… !* », nous affirment avec cette suffisance sans réplique, ceux qui sont chargés de nous éduquer. Il est exact que si nous cherchons à déceler la présence de cette roue parmi les bas-reliefs, cela avant l'invasion Hyksôs (XVIIIe avant J.C.), nous ne la découvrirons pas. Cependant et en toute logique, il est difficile d'imaginer que des êtres capables de construire des pyramides n'ont pas envisagé un seul instant au cours des millénaires, *de placer un bâton au centre d'une courge pour en faire une brouette ?* Il est vrai qu'ils n'ont pas bénéficié comme nous de l'omniscience distinguée d'un Walt Disney. L'auraient-ils eue, que face à l'intensité cérébrale provoquée par *une telle découverte*, le risque aurait été grand dans le contexte primaire de leurs capacités mentales, que se produise une fulmination de leurs circuits neuronaux.

Rouler est aussi banal que le fait de glisser, ne pas l'admettre, c'est penser que jamais une courge, n'aurait été suffisamment courge pour badiner avec un bâton. D'autant que tous les égyptologues savent pertinemment que *le tour de potier*, qui n'est autre qu'une planche ronde percée en son centre et pourvue d'un axe, existait des millénaires avant « la supposée élaboration » des pyramides. Ils ne sauraient ignorer, ces égyptologues, que le grain était broyé à l'aide de meules percées à l'intérieur desquelles on introduisait un axe, la fonction était actionnée par des animaux domestiques. Ils méconnaissent moins encore qu'à différentes époques ont été découverts des jouets d'enfants munis de roues.

Gardons-nous de ne pas cercler les points d'interrogation de consensus mensongers, comme c'est trop souvent le cas.

Si la roue en Égypte n'avait pas l'usage généralisé qu'on lui prête, c'est qu'il nous faut chercher ailleurs la raison de cette absence. Beaucoup de gens connaissent nos travaux sur l'Égypte et nous avons été amenés naturellement à penser que si l'usage de la roue n'était pas répandu, les anciens Égyptiens le devaient à quatre raisons principales :

La première étant clairement pratique, le sol meuble des bords du Nil ne permettait guère l'usage de la roue, laquelle avait tendance à s'enfoncer. Aussi, lui préférait-on le patin qui demeurait bon gré mal gré en surface. Il est notoire que la plupart des travaux s'effectuaient sur des sols ensablés ou fangeux que les crues du Nil entretenaient annuellement dans l'état.

La seconde raison était symbolique ou plus précisément de nature mystique. Le Soleil « Ré », Roi des dieux, était la première manifestation d'Atoum *Dieu des dieux* et concepteur de l'univers. Le hiéroglyphe qui le représente est à l'image d'un cercle, nanti d'un point central, il est emblématique d'un axe au centre d'une roue. Soyons persuadés que l'image permanente d'un principe sacré soumis au plus commun des usages domestiques eut été pour les Égyptiens d'alors une grave offense faite aux *Rois des dieux*. Les prêtres ne conseillaient donc pas cette utilisation, car disaient-ils, rien de ce qui vie ne roule en ce monde. Ce qui existe, marche, cavale, saute, bondit, vole, nage, rampe, frétille, fourmille ou papillonne, mais ne roule pas. Il va donc de notre respect pour les principes de la création, de ne point provoquer l'ire des dieux.

(Un seul être vivant au monde, le flagellum bactérien possède un système de disque, dans le cytoplasme, qui lui permet de se mouvoir. L'exception ici confirme donc la règle.)

La troisième raison qui pourrait passer pour subsidiaire était génératrice de déductions philosophiques. L'hypothèse d'une utilisation domestique de la roue n'allait-elle pas rapidement engendrer un système de démultiplication des efforts ?

En restreignant l'application humaine, pour monter ou descendre les charges, n'allait-on pas se priver du sentiment collectif de la tâche accomplie ? La fierté des équipages n'allait-elle pas s'en trouver amoindrie et dépossédée de l'effort commun ? Les grands sages considéraient que l'esprit de solidarité devait précéder les capacités mécaniques sur les chemins de l'évolution. Si par effet de circonstance la machinerie supplantait la tradition, il y avait tout à craindre d'un amoindrissement des aptitudes à raisonner au bénéfice d'une facilité à vivre, prémices de la dégénérescence. Tout simpliste qu'il pouvait être, ce raisonnement devrait de nos jours, faire l'objet d'une étude moins superficielle qu'elle n'y parait.

Quatrième raison et pas des moindres, le hiéroglyphe du traîneau supportant des charges tout en glissant sur le sol, se nommait : « **tem** » il signifiait « *l'être complet* » ou encore « *le Principe Créateur* », son complément phonétique « temou » avait pour signification « *humanité* ». Nous voyons bien qu'il y avait quelques raisons à ce que *la roue fut bloquée par le traîneau*. Crédibiliser la pensée philosophique au point de la placer au-dessus de la rentabilité économique qui domine notre vie pourrait passer de nos jours pour une absence de raisonnement.

Si ces raisons évoquées sont aujourd'hui désuètes ou franchement ineptes, il n'en allait pas de même à l'époque de cette grande civilisation. Peut-être serait-il souhaitable de sonder plus loin le raisonnement pour tenter de comprendre les raisons qui motivaient cette philosophie existentielle si éloignée de la nôtre. Pour tenter cette hasardeuse rétrospective, les doctes en ces matières devraient reconsidérer la partie proto historique de la civilisation égyptienne. Ne s'engagent-ils pas à fixer avec beaucoup de présomptions, le départ de cette civilisation aux environs de 4 000 ans av. J.-C.

(N'oublions pas, que jusqu'au XIX siècle de notre ère, la religion qui influençait la pensée occidentale au point de la compromettre tenait pour absolu les dates des écrits bibliques, lesquels affirmaient que le monde avait moins de 6000 ans.)

Manéthon, scribe et lettré égyptien ayant vécu sous la monarchie des Ptolémée, avait lui-même effectué une enquête réfléchie de plusieurs années sur l'historicité de l'Égypte. Il faisait remonter cette civilisation à 36 000 ans et plus. Les égyptologues reconnaissent unanimement les sérieuses qualités d'historien attribuées à Manéthon, notamment en ce qui concerne la liste chronologique des Rois d'Égypte par lui établie. Ne fait-il pas remonter les premières dynasties recensées aux environs de 3500 avant notre ère, ce qui est sensiblement le point de vue officiel ?

Mais ce qui est clairement paradoxal, c'est que « les mêmes spécialistes » ne lui octroient plus leur confiance en deçà de cette date. On ne peut qu'être perplexe sur le fait, qu'un historiographe que l'on considère scrupuleux, peut affabuler tel un mythomane sur une durée de temps et être un exemple de probité et d'intégrité sur une autre période. En ce modèle, discernons plutôt *un consensuel arrangement* de nos experts, pour scotomiser une phase de l'histoire peu étayée, que *« les diplômés du savoir acquis »* préfèrent ignorer. Il n'est évidemment plus à craindre que Manéthon vienne revendiquer devant un comité scientifique, sa rectitude et l'application avec laquelle il a accompli cette démarche.

Cet aléa anecdotique, montre combien il est difficile aujourd'hui de franchir cette barrière imprécise du paléolithique, pour aborder des périodes de temps concernant le seuil du néolithique. C'est précisément celles qui nous intéressent. En ce qui touche à la civilisation égyptienne, nous atteignons les limites officiellement considérées comme fiables. Car on ne sait pour quelles obscures raisons, il a été décrété que les premières traces répertoriées seraient postérieures à la culture sumérienne (Basse-Mésopotamie).

Il est avéré que dès la fin du Xe millénaire av J.C., les populations de l'Asie Antérieure observèrent une transformation significative de leur mode de vie. Descendues des collines du Kurdistan, des populations toujours plus nombreuses se répandirent sur les terres accueillantes de Palestine, puis s'étendirent vers l'Euphrate et le Tigre où elles créèrent d'importantes agglomérations. Mais pourquoi considérer que c'est seulement vers 4000 av. J.C. que la civilisation égyptienne prit son essor ? Il est vrai que l'Égypte connut plusieurs siècles de mutations stagnantes qui se trouvèrent concomitantes au prime développement de la Mésopotamie. Ce qui ne signifie nullement que l'Égypte n'avait pas d'antériorité, notamment saharienne, éthiopienne, berbère et que sa venue sur la scène de l'évolution des peuples fut aussi tardive qu'on le prétend. L'absence de preuves n'est pas une preuve d'absence. Il y a désormais matière à tenter de comprendre pourquoi cette civilisation aurait émergé du néant, nantie des attributs de l'écriture, pourvue d'une religion élaborée et conduite par une mythologie symbolique remarquable.

Pourquoi est-il si important de reculer la date d'émergence d'une exception culturelle aussi singulière que celle affichée par l'Égypte ? Les découvertes qui ont été faites ces dernières années sur le plateau de Gizeh, peuvent contribuer à transformer, non seulement le cours de l'histoire tel qu'il nous est enseigné, mais l'évolution de notre monde contemporain. Les monuments situés sur le site de cette nécropole, sont détenteurs d'un **message**, il est adressé, selon toute logique, aux sociétés humaines d'un futur indéterminé. Se pourrait-il qu'au sein de cette incertitude notre civilisation soit concernée ?

Il va de soi que sans études préalables, un tel énoncé prend jovialement tournure de la plaisanterie, si ce n'est de la duperie. N'est-il pas raisonnable de penser que s'il devait y avoir « message », il serait depuis longtemps répertorié et diffusé par toutes les sources d'information de la planète ? C'est ce que l'on est en droit d'imaginer, lorsque par défaut de révélations parallèles, on considère que toute information officialisée est exempte de non-dits et plus encore de suspicions. Ce ne serait pas seulement de la naïveté que de penser cela, mais de la candeur infantile. La chose n'est-elle pas de mise en nos temps interlopes où tous les « coups » sont permis pour maintenir une situation que chacun sait inéluctable ? Si les bombes ne sont pas toutes meurtrières, toutes sont explosives, certaines informations sont à manier prudemment, celle que nous exposons n'en est pas exemptée.

La question suivante nous pousserait à savoir qui aurait l'outrecuidance d'entreprendre de telles tentatives de réformes, doublées de l'audace de les faire connaître ? Nous savons bien que l'orthodoxie est une autoroute où l'on voit de loin les sentiers bucoliques de l'intuitionnisme.

Rappelons que la convention « *pyramide = tombeau* » n'était à l'origine de l'égyptologie qu'une simple hypothèse, émise par les premiers archéologues qui étaient d'une parfaite probité. Ils voyaient là le moyen d'endiguer les délires chimériques de certains affabulateurs, tout en conservant la possibilité de faire des découvertes sur la véritable origine de ces édifices. Hélas, en laissant passer les âges, sans qu'il y ait de faits révélateurs (sic), cette disposition à l'origine temporaire est devenue avec les années passantes « *une pseudo-vérité de caractère incontournable* ». N'offre-t-elle pas tous les avantages de la pensée commune avec l'assurance d'un confort que ne peut espérer le découvreur de terrain constamment soumis à l'incertitude ?

« *Ceux qui cherchent on les trouve, mais ceux qui trouvent on les cherche.* » Charles de Gaulle

Aujourd'hui, celui qui se montrerait relaps à la cause enseignée encourrait, avant tout examen, la risée générale des professionnels concernés. Passée cette mise à l'index, sa carrière se terminerait dans le cachot de l'indifférence, en lequel on place les renégats aux *consensus de principe*. Chacun sait que le politiquement correct exige que l'on ne mette pas en danger de reconditionnement des dizaines de milliers de personnes attachées à des professions de qualité, dans le dessein de tenter un coup d'éclat subversif à finalité douteuse.

Le côté truculent de l'affaire, ce n'est qu'à aucun moment de cet hypothétique débat, nul ne chercherait à savoir si les assertions avancées, en matière de découverte, posséderaient les particularités d'une vraisemblance. Remettre en question l'enseignement existant s'avérerait infiniment plus conséquent que l'intérêt que l'humanité pourrait avoir à connaître une autre version de son histoire. Il ne fait de doute que des corporatistes « émérites », redorerait sur quelques antennes asservies au système, l'image écornée du « traditionnel savoir » en livrant aux flammes de la médiatisation les propos outrecuidants d'un faiseur de fables. Tout retomberait très vite dans l'oubli le plus total, sans laisser dans l'esprit populaire, la moindre impression qui pourrait constituer un doute. Ce monde artificieux est celui en lequel certains de nous prospèrent... sans état d'âme.

Ceci étant, soyons conscients que sur un plan strictement déontologique les choses se présentent différemment. Comment pourrait-on reprocher à des professeurs d'égyptologie, fidèles aux règles instituées, de ne pas appliquer ces préceptes conventionnels en leurs enseignements ? Eux-mêmes verraient d'un très mauvais œil, une remise à l'épreuve de leur système éducatif. On n'enseigne pas pendant vingt ou trente ans que les pyramides d'Égypte sont des tombeaux, pour s'entendre dire un jour, par un quidam dépossédé des diplômes s'y affairant, qu'elles ne sont rien de cela. De surcroît, que ces monuments sont des millénaires plus âgés qu'il nous est enseigné, qu'un message est dissimulé dans leurs agencements structurels, que celui-ci est une anthologie des sciences et que de surcroît la chose se prouve de façon irréfutable.

Non...trop... c'est trop !

Comprenons que les répercussions psychologiques et didactiques seraient préjudiciables à l'ensemble de la communauté universitaire. Les professeurs encourraient le risque d'être la risée de leurs étudiants et la totalité des programmes s'en trouverait profondément bouleversée. Cela pourrait avoir des conséquences plus dramatiques encore. Les enseignants retraités ayant employé des décennies durant les mêmes arguments « historiques » pour préparer les candidats aux concours, seraient eux-mêmes affectés. Il est en effet un âge où toute exception mise à part, on s'identifie au savoir acquis, et on ne saurait remettre celui-ci en cause sans un risque grave d'altération mentale.

À la suite de cette analyse, il est donc préférable d'ignorer toutes tentatives de changement, tant elles s'avèrent sujettes à des désagréments.

N'est-il pas préférable de considérer que de telles informations relèvent de l'inconséquence ? N'émanent-elles pas le plus souvent de « pyramidiots », autrement dit, d'affabulateurs aux délires imaginaires pourvoyeurs de recettes alambiquées ? L'inspiration même pourrait relever de l'infamie, on ne traite pas à la légère les fondamentaux. Nous ne saurions ignorer que le système en lequel nous évoluons est attentif au moindre souffle dérangeant. Celui-ci peut influer sur les indices boursiers, sensible à la plus légère instabilité fonctionnelle. Quels seraient donc ces hominidés qui oseraient remettre en question des préceptes séculaires, que valide un enseignement dispensé dans toutes les facultés du monde ?

Toutefois, le temps est le meilleur facteur d'apaisement des opinions exacerbées. Les contradicteurs du moment s'adapteront, le jour venu, ils prétendront même, avec l'effronterie qui caractérise les opportunistes, que ce genre de révélations constitue une évidence que personne n'ignorait.

Toutefois, tout en mesurant ce que cela représente en matière de confusion, les égyptologues professionnels doivent se saisir de cette révélation avant qu'elle ne s'impose à eux. Ils devraient se préparer à affronter un événement considérable, capable de réformer les enseignements les plus fondés de leur profession ! Face à cette subversion, la logique impose qu'en un premier temps, leur tactique consiste à ne rien faire et même à observer un absolu silence ! Cette absence de réaction ne signifie nullement que l'information est négligée, cela signifie au contraire qu'elle est prise extrêmement au sérieux. Contrairement au quidam qui possède rarement les éléments indispensables pour porter un jugement spontané sur la fiabilité de ce qui lui est présenté. Eux, les égyptologues, savent que les équations, les recherches de cohérence et de précision dans le détail sont des facteurs d'attestation non négligeables. Aussi ne peuvent-ils éviter de penser que ces réformateurs ont raison et que leurs démonstrations sont hautement probantes.

La difficulté, lorsqu'on est enseignant diplômé, c'est d'accepter sereinement un tel bouleversement des idées. Accepter que notre civilisation soit contrainte d'envisager l'apport d'un haut indice de connaissance à une époque réputée archaïque est tout simplement subversif. Comment substituer à l'histoire établie ce qui passait hier encore pour des élucubrations ? Comment accepter sans un soupçon de défiance que ces mystérieux concepteurs, auxquels il est fait allusion, aient pu ériger les monuments de Gizeh, dont les chroniques étaient jusque-là dûment établies à la sereine satisfaction de *la communauté pensante* ?

À ce stade de la révélation, seul le facteur temps apporte les solutions de bon sens qui s'imposent. Après s'être confondu à la chape du silence que nous venons d'évoquer, espérons, tout de même que certains parmi les professionnels de l'égyptologie, seront mieux à même de gérer ce genre de questions provocatrices, que leur posaient parfois leurs élèves, dans le genre :

« Comment rendre conciliable Monsieur, le fait que pour les monuments de Gizeh, lesquels n'auraient d'autres destinations que d'être des sépultures, des chercheurs ont relevé d'étranges coïncidences regroupant des données mathématiques et astronomiques de haut niveau, ainsi que de singuliers agencements qui jusque-là n'ont été contestés ? »

Il serait alors souhaitable que la réponse de ces maîtres à penser soit moins suffisante qu'elle ne le fut des décennies durant, avec de surcroît ce dédain qui caractérise ceux dont l'entendement est inféodé à une convention universelle :

« Eh bien, il est un fait que nous pensions tout savoir sur ces monuments, alors que ce qui est mis aujourd'hui en évidence laisse planer un doute sur cette conclusion. Mais il faut nous garder d'occulter cette interrogation. De sérieuses études sont en cours pour savoir si une partie de ces révélations peuvent être prises en considération. Dans quel cas, il resterait à déterminer comment elles pourraient s'inscrire dans le cadre de ce qui vous est enseigné. »

Cette première tentative de rectification mettra sans doute des années à s'élaborer, ne faudra-t-il pas préparer des générations d'étudiants à une autre approche que celle qui est officialisée. Ne doutons pas cependant que la vérité finisse par s'imposer. Nous aurons alors la surprise de lire et d'entendre au sein de nos facultés :

« L'allusion à des tombeaux, appréciation qui était véhiculée par certains jusqu'au début du troisième millénaire, ne relevait pas d'une évaluation scientifique, mais d'une appréciation non vérifiable, que des auxiliaires en matière de science crurent avisé d'ériger en précepte. Ce que nous ne pouvons aujourd'hui que déplorer ! »

Et voilà, c'est ainsi que s'effectuent les réformes, avec le concours du temps, lequel est l'instrument de justice le plus équitable qui soit. Mais revenons à une appréciation générale. Pourquoi donc s'appesantir sur une hypothétique découverte et ses influences éventuelles, alors que le monde est chargé de bien d'autres problèmes, en grande urgence, qui ne demanderaient qu'à être traités ?

Mais, ce n'est pas une hypothétique découverte. Elle est bien réelle et affiche des critères troublants sur ce que nous supposons de l'histoire humaine. Le monde est chargé d'autres urgences, cela ne fait aucun doute, mais c'est précisément ce type de révélation qui peut permettre de discerner des solutions, là où la conjoncture ne nous en laisse plus aucune.

Détenir la preuve qu'au sortir du paléolithique, des êtres d'une prodigieuse intelligence étaient capables de placer dans des volumes de pierres toute une science de l'univers, est clairement inimaginable. Et pourtant les faits s'étalent devant nous, authentiques, sans que nos facultés, occultées par un enseignement controuvé, soient en mesure de soupçonner le plus faible indice. Ces êtres omniscients dont il est question auraient pu se contenter de laisser un message rédigé sur un support quelconque au sein même d'une cavité. Il n'en est rien ! Ils paraissaient indifférents à ce que des siècles s'écoulent sans que ce témoignage par eux élaboré livre ses mystères.

Pourquoi donc une telle attitude ?

Émettons l'idée que les âges se succédant, ces sapientielles entités furent amenées à considérer que le jour viendrait où l'une de ces civilisations ne se contenterait plus de glaner des signes sur des ruines pour élaborer une histoire conjecturale de l'humanité, mais qu'elle s'impliquerait en un mode de réflexion plus responsable. Sans doute considéraient-ils, ces concepteurs du futur, qu'à l'époque où se passeraient ces découvertes, l'humanité se trouverait sur le point de changer d'orbite évolutive. Cela s'effectuerait par l'implication dans le système sociétal d'une *philosophie des valeurs universelles*, orientée sur les nombres, la géométrie, l'astronomie. Fort de ce postulat, il fut intégré en ces cyclopéens monuments de pierre, un cursus scientifique jalonné de *constantes numériques*. Le rôle confié à ces valeurs est d'abord, d'éveiller les capacités de réflexion d'une minorité. Puis, d'engranger une mutation cognitive propre à discerner ce que sont sur un plan logistique, les éléments les plus représentatifs de « la création ».

« Ahurissant, mais alors que devient dans ce chambardement le déroulement catégoriel des phases historiques que l'on s'applique à nous enseigner ? »

Contrairement à ce que l'on nous inculque depuis toujours, l'humanité a connu un certain nombre de déluges aux configurations catastrophiques.

Nous imaginons sans peine que ces cataclysmes engloutirent partiellement ou totalement les témoignages du savoir accumulé. C'est ainsi que de nombreux bouleversements géologiques concoururent à effacer tout indice susceptible de nous laisser envisager d'autres possibilités que celles qui nous sont soumises. Toutefois, quelques-unes de ces preuves existent encore, mais elles sont méconnues, disséminées, négligées quand elles ne sont pas scotomisées par les adeptes du confort intellectuel. Si ces indices nous étaient officiellement révélés, ils rentreraient en contradiction avec la planification chronologique établie et il s'en suivrait une confusion générale, bien évidemment impropre à la tranquillité des esprits.

Le monde va, non comme il lui sied d'aller, mais comme on veut qu'il aille et cela fait toute la différence entre ce que l'on sait et ce que nous devrions savoir.

Prenons quelques exemples de découvertes inopinées, réalisées non sur des terrains de fouilles, mais sur des lieux éloignés de tous soupçons d'intérêt, là où la nature se plaît encore à les révéler.

Il s'agit le plus souvent d'objets usuels à qui l'on peut prêter des fonctions d'usage courant. Les dates de ces découvertes inopinées jalonnent l'histoire, pour ce que nous en savons. Beaucoup d'entre elles se situent entre la fin du XIXe et le début du XXe siècle. Ces découvertes, encore vérifiables de nos jours, sont généralement accompagnées de photographies suivies de descriptions dans les quotidiens régionaux. On constate qu'elles sont moins nombreuses à la fin du XXe siècle et pratiquement inexistantes en ce début du XXIe. Ce qui laisse à supposer que le système de filtration des informations ne concordant pas avec l'orthodoxie mise en place est aujourd'hui parfaitement contrôlé, alors qu'il apparaîtrait logique qu'avec les technologies actuelles de fouille, ce genre de découvertes de caractère antédiluvien doive être en nombre croissant. Hélas, la cohésion sécuritaire veille, ne devons-nous pas évincer de la pensée commune toute découverte inexplicable qui s'inscrirait en faux dans le programme d'évolution ethnologique préétablie ?

Cette attitude est actuellement généralisée, car toute information qui échappe à cet implacable filtrage prend aussitôt dans les médias, le caractère suspect du canular. C'est ainsi que cette forme d'autocensure que nous pratiquons sans en être conscients, établit une première barrière à l'événement hors-norme qui viendrait à se propager. Et pourtant, comme nous allons le voir, certaines découvertes mériteraient l'attention d'une commission scientifique pour tenter d'élucider des faits pour le moins singuliers.

Il y a quelques années a été découvert à Varzélandia au Brésil, dans le fond d'une grotte, un magnifique pétroglyphe sous forme de fresque, retraçant avec une précision étonnante notre système solaire. Les prélèvements et analyses effectués pour définir la date à laquelle cette œuvre exceptionnelle a été réalisée s'échelonneraient entre 28 800 ans et 30 000 ans. Ce que l'on peut considérer comme étant remarquable, c'est le respect des distances entre les planètes et le Soleil. Autre évocation surprenante, les satellites propres à chacune de ces planètes sont mentionnés à leur juste place.

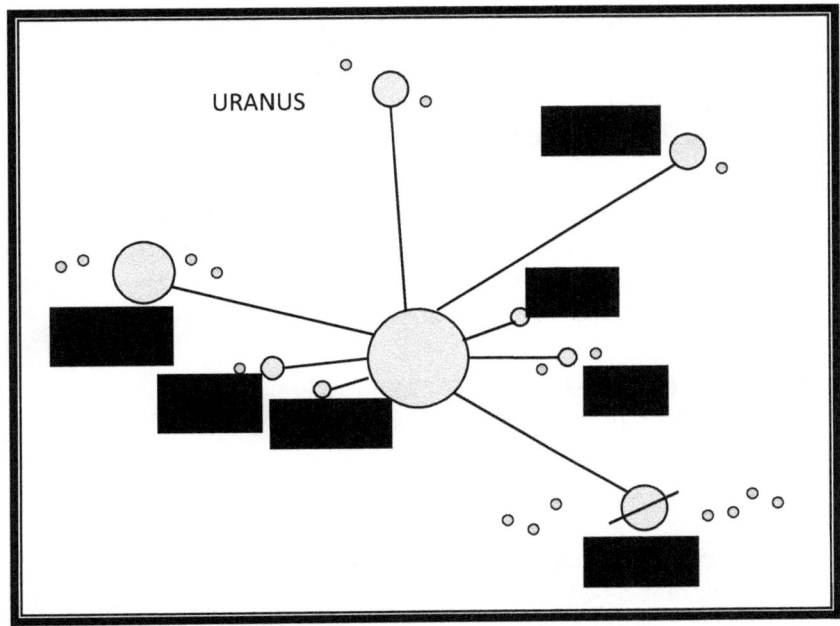

On peut constater que Pluton, cette soi-disant planète, est absente de la représentation, peut-être est-ce dû à son fort éloignement ou tout simplement n'était-elle pas en orbite solaire à l'époque de cette représentation. Si nous étions logiques avec nous-mêmes, ce simple graphique devrait remettre en question beaucoup de nos certitudes considérées inébranlables. Mais peut-on parler de logique en notre civilisation où des milliers de cas semblables sont répertoriés et glissés sous la silencieuse chape des experts ? À l'instar de beaucoup d'autres, ce site géographique devrait faire l'objet d'études plus fouillées et d'interprétations moins banalisées. On se prête à penser que des scientifiques auraient grand mérite à tenter des explications crédibles sur la présence de ces énigmes. Le public ne remettrait nullement en cause leur savoir et le mérite de leurs fonctions, bien au contraire, ce public aurait le soulagement d'estimer que dans nos facultés se trouvent des êtres scrupuleux pour transmettre aux générations futures, un enseignement inaltéré dénudé de zones d'ombres.

En 1871 au cours du creusement d'un puits dans l'Illinois, différents objets de facture humaine furent mis à jour à plus de 33 mètres de profondeur. Notamment *une pièce de monnaie* dont les inscriptions indéchiffrables ne rappelaient rien de connu, fut extraite d'une couche sédimentaire située entre 200 000 et 400 000 ans.

En 1852 dans le Massachusetts (Article extrait d'une revue scientifique de l'époque). Après avoir fait sauter un banc de roches à la dynamite, des ouvriers découvrirent parmi les fragments, *un vase brisé en métal*. Reconstitué, celui-ci s'avéra être joliment ouvragé. La couche de laquelle il fut extrait, dite du conglomérat de Roxbury, date du Précambrien soit 600 millions d'années.

Le Times de Londres, signale le 22 juin 1844 qu'un *fil d'Or* qui ne pouvait que représenter un bijou fut découvert serti en un bloc de pierre, la strate en question date du carbonifère inférieur entre 320 et 360 millions d'années.

En France à Saint-Jean de Livet fut découvert en 1968 dans une couche de craie datant de 65 millions d'années, incrusté en celle-ci, un *tube en métal* dont l'orifice est rectangulaire.

Dans l'Idaho en 1889 à Nampa, une statuette fut mise à jour à la suite d'un forage par trépan à 90 mètres de profondeur. Il s'agit d'un *corps féminin extrêmement bien proportionné*. La couche dont elle fut extraite est évaluée datée du Pliocène soit environ 2 millions d'années.

Le Morrisonville Times rapporte qu'en 1891 une femme ayant cassé un bloc de charbon pour alimenter son feu, découvrit *une chaîne en Or* dont les deux extrémités étaient encore serties dans le bloc fendu. Après analyse, le charbon en question fut évalué vieux de près de 320 millions d'années.

Moins éloigné dans notre temps, en 1949 en Oklahoma, toujours dans une mine de charbon fut découvert *un gobelet en fer*, serti dans un magma voisinant les 312 millions d'années.

Deux murs furent découverts dans des mines de charbon extrêmement profondes en 1868 et 1928. *L'un de ces murs était constitué de cubes polis*, si lisses, que selon les termes employés par les découvreurs, ils auraient pu *servir de miroir*. Le charbon de ces mines date du Carbonifère soit au moins 286 millions d'années.

En Afrique du Sud, au tréfonds d'une mine, sont découverts en continu, au fil des profondeurs, de *petites sphères métalliques*. Certaines comportent *trois striures de pourtour sur la ligne équatoriale*, qui ne peuvent avoir été réalisées que par des êtres en possession de qualités intelligentes. Ces petites sphères sont entreposées aujourd'hui dans une sorte de musée de la mine et ne font aucunement l'objet d'une quelconque attention scientifique. Cette constatation rejoint en droite ligne ce que nous exposons par ailleurs, sur la volonté de n'ébruiter aucun fait qui pourrait contrarier le consensus établi. Il est vrai qu'il y a de quoi reculer d'épouvante à l'annonce de la date évaluée à cette profondeur, puisqu'elle est de 2,8 milliards d'années. *« Hein…hein, impossible ! »* Impossible en effet, mais seulement en vertu de ce que nous savons… ou croyons savoir.

Réf. : Les informations sur ces découvertes anachroniques ont été relevées pour partie, dans le très sérieux ouvrage de Messieurs Michael Cremo et Richard Thompson : « L'Histoire secrète de l'espèce humaine » aux éditions du Rocher.

Là est le véritable péril que nous encourons au sein de nos sociétés étatistes que nous appelons, avec un rien d'ironie désuète « démocratie » ou pouvoir du peuple. Alors que, lorsque cette appellation apparut en la Grèce antique, elle fut aussitôt remise en cause par Socrate, lequel supposait déjà l'imposture des possédants. Il faut croire que l'homme dans sa prime essence est disposé à admettre toutes les forfaitures à condition que celles-ci soient avalisées par un pouvoir discrétionnaire qui se substitue à son état réactionnel négligent. Cette toxine s'est graduellement infiltrée dans les domaines les plus variés. Aussi entretient-elle la cohérence professionnelle des possédants dont l'attitude première est la quiétude affichée des gens de bien.

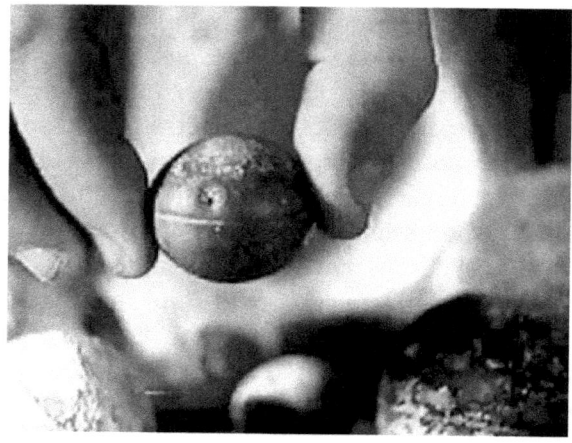

La vérité est donc la manifestation essentielle de notre formation évolutive, tout en étant à notre époque la prescription qui nous fait le plus défaut. Comment tenter de raisonner sainement, sans argument probant, concernant la politique communautaire, l'histoire répertoriée, les découvertes scientifiques incommodantes ? Le doute est la perception la plus préjudiciable aux qualités psychiques du raisonnement humain.

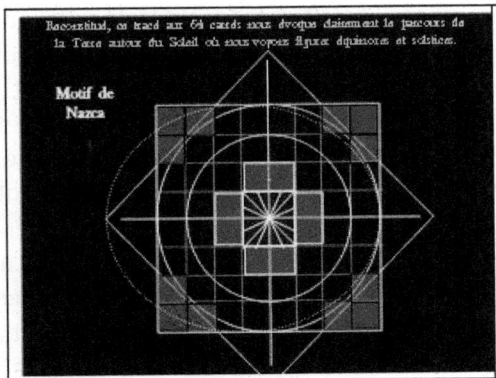

Un motif peu connu de Nazca au Pérou. Ce tracé reconstitué comprend 64 cases, il évoque clairement le parcours de la Terre autour du Soleil. Le 64 est le seul carré dont la somme des chiffres est = à 1.

Nous voyons figurer les équinoxes et les solstices. Avec ses rectangles d'OR, il étale une indicible harmonie des agencements.

Dans le cadre de ces phénomènes anachroniques, nous ne saurions oublier les énigmatiques tracés de Nazca, dont nous reproduisons ici un motif peu connu. À l'instar du jeu d'échec, il comporte 64 cases, un soleil au centre laisse supposer que celui-ci joue un rôle dans la représentation. Aussi se pourrait-il que les deux carrés ainsi placés représentent le parcours de la Terre aux équinoxes et aux solstices. Rappelons que dans le *Yi King « livre chinois des mutations »*, le nombre « 64 » est à l'honneur avec les hexagrammes.

Souvenons-nous des 64 sections de l'Oudjat Égyptien. Ou encore les fameux codons de l'ARN au nombre de « 64 » eux aussi. Mais assurément bien d'autres liens qui nécessiteraient des recherches approfondies, des cases du jeu d'échecs aux deux fois 32 bibliques.

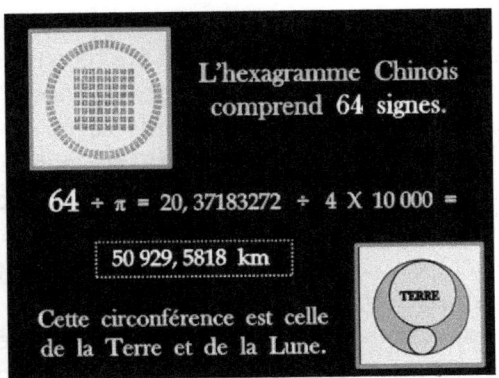

Malgré la partialité dont font preuve les services prétendus qualifiés, ces évocations prouvent que l'histoire du monde ne se limite pas à ce qui nous est enseigné. La nature des nombres et leur synchronicité constituent le socle de la création. Où est donc la vérité, si ce n'est celle que l'on accepte pour telle et pour laquelle on s'entretue le plus naturellement du monde ? Des millions d'hommes sont morts pour une vérité qui s'arrêtait au bout de leur champ appelé frontière, laquelle parfois était distante de 50 mètres d'une autre vérité qui n'était pas considérée comme étant la leur. N'est-il point urgent que nous en ayons qu'une seule de vérité, même approximative ? Elle nous poserait moins de problèmes ! Le mot « vérité » est une sorte de puzzle que *les responsables d'une science ambigüe* cherchent à faire coïncider à l'aide de mille petites sottises antinomiques. » À Gizeh Égypte, nous avons à faire à un consensus sur l'histoire des monuments. Avec le temps, celui-ci est devenu une pseudo-vérité incontournable qui satisfait pleinement la profession qui se veut spécialisée, laquelle se positionne à l'encontre de toute réforme.

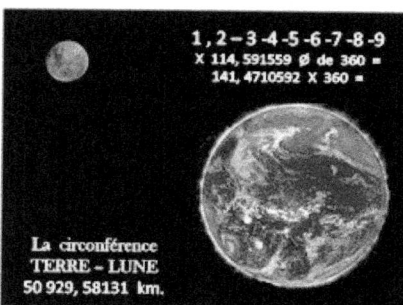

Quoi de plus logique que les 9 premiers chiffres nous donnent la circonférence de la Terre et de la Lune en passant par les 360° qui symbolisent la lumière. Distance moyenne réalisée au mètre près !

Quoi de plus logique !

La chose s'étend aux faits historiques les plus connus, mais aussi les plus contestés. La *découverte de l'Amérique* est un événement majeur que l'on ne peut éluder. Comment pourrions-nous ignorer qu'il a été recensé sur le sol américain et au cours des siècles, la présence échelonnée d'au moins dix ethnies ou peuplades différentes ayant abordé ce territoire avant le voyage de Christophe Colomb ? Nous recensons sur ce Continent, des Européens, des Proches Orientaux et des Extrêmes Orientaux. Pour certains, les faits décrits remontent à des dates reculées de l'histoire officialisée. Les Chinois sont ceux dont les traces manuscrites apparaissent comme étant les plus éloignées dans le temps. Elles se concrétisent sous formes d'expéditions, dont quatre sont demeurées dans les chroniques épistolaires dites : « *Classique des montagnes et des mers* », auteur Yu à la demande de l'empereur Shun. La première expédition aurait eu lieu en moins 2250 avant J-C sous l'empereur Fusi (époque de l'invention de l'alphabet chinois). La dernière expédition recensée se situe vers l'an 500 de notre ère, elle est intitulée « *Fusang ou le royaume des femmes* » l'auteur serait le moine bouddhiste Hui Shan. Ces différentes expéditions avaient toutes pour intention de découvrir des métaux rares ou des pierres précieuses. Les étapes principales de ces voyages sont fidèlement mentionnées sur des documents existants, ceux-ci ont été comparés sur le terrain aux réalités topographiques et laissent peu de doute sur leur authenticité.

« *Et ben tout ça... c'est pas vrai, c'est Christophe Colomb que la découvert l'Amérique, c'est la maîtresse que la dit !* »

Encore une vérité qui n'en est pas une et que nous devons restituer en nos examens, faute de quoi nous passons pour hurluberlu, ignorant, attardé, réactionnaire ou taré. En quelques mots, nous ne rentrons pas dans le moule du *parfait sujet soumis à une vérité commune* qu'il est de bon ton de ne pas désapprouver.

Il est pourtant incontestable que les Amériques ont été explorées bien avant le XVe siècle de notre ère, par des multitudes de navigateurs venus d'horizons différents. De nombreux signes légués en divers lieux attestent de cette évidence. Tracés de campements, inscriptions cartographiques sur des parois rocheuses, écritures primitives, pièces de monnaie, amphores et esquisses d'embarcations.

Parmi la pléthore de documents qui attestent de la présence de ces intrépides navigateurs, il nous faut retenir a priori ce qui pour certains leur servait de guide, les cartes de navigations. Leurs supports se sont désagrégés avec le temps et il ne nous en reste très peu en état d'être consultés. Ce qui s'avère le plus troublant, c'est que ces *portulans*, ainsi les nommait-on, ne peuvent avoir pour origine les époques concernées par les voyages que nous évoquons. Ces portulans sont de beaucoup antérieurs et remontent à des millénaires, en une période de temps où les glaces ne recouvraient pas encore les contours de l'Antarctique. Ces cartes se présentent sous forme de planisphères avec des indications, pour les plus anciennes, en caractères runiques. Quelques une passent pour avoir appartenu à l'amiral turc Péris Reis, avec une datation située aux environs de 1515 de notre ère et pour Oronteus Fineaus autre possédant 1531. Ces cartes sur lesquelles apparaissent les côtes de

l'antarctique constituent un anachronisme. L'antarctique avec ses contours définis, ne fut découvert par notre monde actuel qu'en 1818. Rappelons que la couche de glace atteint à certains endroits 1500 mètres, ce qui fait, qu'aujourd'hui même, on a les plus grandes difficultés à établir les bordures géographiques avec l'aide d'instruments aussi sophistiqués que le sonar.

Le professeur d'anthropologie Hapgood, a eu l'opportunité de soumettre ces *portulans* au service cartographique de l'Air Force – USA. Le rapport qui lui fut adressé en retour est édifiant, en voici quelques extraits dénudés de détails :

« L'utilisation par l'amiral Péris Reis de la projection de portulans, centrée sur Syène, en Égypte, est un choix excellent, car il s'agit d'une surface développable qui permet de conserver la taille relative et la forme de la Terre à cette latitude. À notre avis, ceux qui ont compilé la carte originale avaient une excellente connaissance des continents dessinés sur cette carte. La comparaison suggère également que les cartes sources originales, compilées dans une lointaine antiquité, ont été établies alors que l'antarctique devait être libre de glaces. La projection cordiforme utilisée pour la carte d'Oronteus Fineaus suggère l'utilisation de mathématiques avancées. En outre, la forme donnée au continent antarctique suggère la possibilité, sinon la probabilité, que les cartes sources originales aient été compilées d'après un type de projection stéréographique ou gnomonique, y compris l'utilisation de la trigonométrie sphérique. »

Rapport rédigé par le Service cartographique de la USAF – 8th Reconnaissance TechnicalSqdn – SAC Westover, Mass.

Nous pouvons fort heureusement constater que d'authentiques services scientifiques demeurent soucieux de restituer la vérité, même s'ils doivent subir la vindicte de leurs confrères peu enclins à changer de paradigme. Le silence de la presse spécialisée en ce qui concerne certaines découvertes est significatif. Celui qui pense, celui qui s'informe, celui qui découvre est un personnage qui consomme moins. À l'échelle d'un individu, c'est tolérable, mais à l'échelle de la croissance industrielle mondiale c'est une catastrophe. Or, nous nous devons pour être sujets d'un parfait civisme de ne pas penser.

Carte géographique du globe terrestre.
Année **1559**

Hadji Ahmed 50 ans après Colomb.

Le continent américain apparaît dessiné dans ses moindres détails.

Page suivante, nous avons pu relever une date à demi effacée sur cette mappemonde datant de 1520, carte que nous avons achetée à un antiquaire espagnol, il y a de nombreuses années. Bien qu'elle n'ait pas tout à fait la finesse de trait de celle exposée ci-dessus, elle n'en est pas moins intéressante. C'est en effectuant ce type de recherches comparatives que nous pouvons approcher une vérité cachée depuis des siècles.

Sur cette figure, nous observons que les terres émergées du globe sont représentées telles que nous les connaissons, à quelques détails près. Les continents sont figurés à leur juste place, et ce qui est remarquable, aux proportions requises. La date est approximative, mais le style et la figuration du cadre nous permettent d'évaluer l'époque. Si nous nous attardons quelque peu sur les motifs d'illustration qui agrémentent le pourtour, nous avons là matière à réflexion.

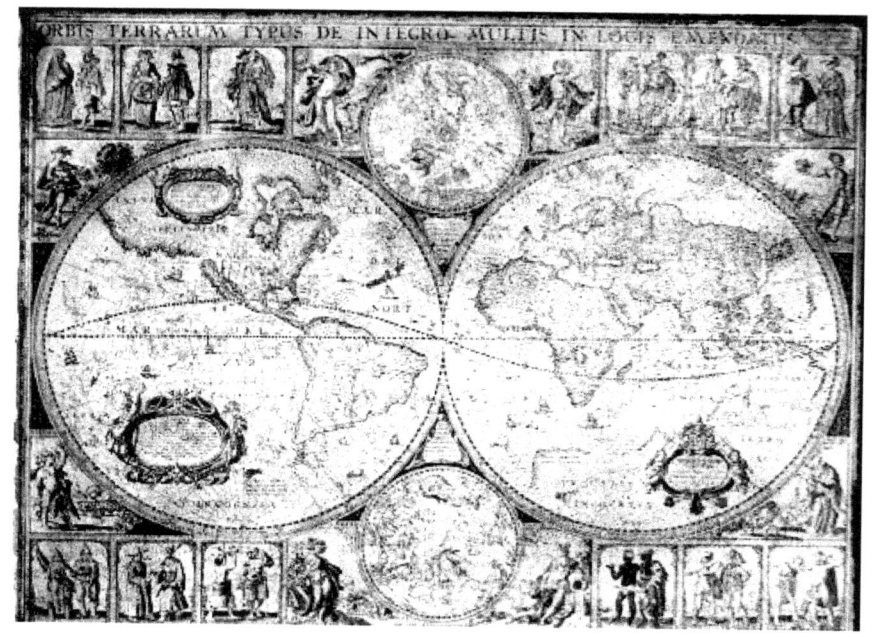

Les costumes des personnages évoluant en haut à gauche sont caractéristiques du milieu du XVIIe siècle. Or, si nous considérons que le continent américain a été découvert par Christophe Colomb aux environs des années 1500 de notre ère, il nous faut nous en tenir au raisonnement suivant : en peu de décennies, nantis des moyens de l'époque, les quelques rares armateurs royaux disposant de flottilles auraient envoyé sur toutes les mers du monde des gens si expérimentés, qu'ils se seraient avérés capables de faire des relevés exacts des contours côtiers de tous les continents de la planète ? Ces relevés auraient été doublés de tracés topographiques et parachevés des cours d'eau serpentant sur les terres. Cette mappemonde nous dessine les côtes avec leurs découpes précises, les mers et les lacs intérieurs, du Cap Horn à la Mandchourie, du Groenland à l'Antarctique. Si nous ajoutons, selon toute probabilité que cette carte soit une copie-main approximative d'un document antérieur, lequel sans aucun doute possible était de beaucoup plus conforme que la copie, nous avons là une énigme de taille !

Si nous devions dresser une liste des navigateurs aventuriers qui sillonnèrent les mers en direction des Amériques, avant « *le découvreur génois* » officialisé par l'histoire, cette liste par défaut de connaissances serait fatalement incomplète. Beaucoup de peuples de l'antiquité pourraient revendiquer l'antériorité de cette découverte, les chinois, les phéniciens, les carthaginois, les grecs, les étrusques, les romains et selon toute probabilité les vikings dans le Minnesota. En ce qui concerne les Égyptiens c'est une probabilité, des hiéroglyphes ont été découverts en plusieurs sites de l'Australie au Canada. D'autant qu'il ne fait aucun doute que certains navigateurs ont séjourné en des lieux où demeurent de nombreuses traces de leurs passages. Ce qui laisse à penser que les Égyptiens étaient eux aussi des aventuriers des mers dont les ambitions allaient bien au-delà du pays de Pount.

Au XIe siècle, un autre personnage prend place parmi les possesseurs de cartes marines, il a pour nom Saemund Sigfussen, les cartes qu'il détient au tracé *multimillénaire* adoptent les contours du continent américain avec une étonnante précision. Au cours de l'année 1513, l'amiral Péris Reis aurait eu l'opportunité de recopier le tracé de ces portulans auprès des rois normands de Sicile. Cette monarchie était détentrice depuis l'année 1241 d'un assortiment de cartes précises du continent américain. Elles leur furent remises par de nobles fédérateurs de loges telles que les Hambourg et Lübeck qui imposèrent un dispersement de ces œuvres parmi des familles honorables ou en des endroits réputés secrets, abbayes et monastères qu'ils jugeaient accommodés à la discrétion. Une lignée fut conservée jusqu'à nos jours par la famille Guygnard réputée de haute souche. Selon M.E Guygnard descendant de Sigfussen, ce serait le secrétaire arabe de Roger II de Sicile, un dénommé Al Edrisi qui en l'an 1099 s'inspira de ces cartes pour en créer une Mappemonde et en rédiger un traité géographique.

Lors du visionnage de ces tracés, un détail parmi tant d'autres retient plus précisément notre attention. A l'est du golfe du Mexique se trouvent deux îles où figurent de nombreuses pyramides dessinées.

Or, il est de notoriété qu'au large de Cuba se trouve une cité engloutie qui englobe en ses enceintes plusieurs pyramides. Le lieu en écriture runique signifie « *détroit des pyramides* ». Il est notoire qu'au XIe siècle on ne pouvait connaître ce détail, le fait que d'autres pyramides occupent la presqu'île du Yucatan constitue une preuve significative et complémentaire de la préciosité de ces cartes. Que nous réserve le fond des Bermudes lorsque se lèvera cette chape du silence qui risque de bouleverser *l'archéologie des consensus* comme il serait judicieux de la nommer ?

La question se pose aujourd'hui : Où devons-nous chercher *la vérité historique,* si ceux qui sont chargés de la diffuser se dérobent par confort d'intérêt à ce devoir sociétal et humain ? En matière d'historicité, il semblerait que nous n'ayons plus rien à découvrir. Ce qui a été découvert à ce jour est suffisant pour éclairer le parcours du singe à l'homme, à quelques ossements « *lucy–fer* » près. La tranquillité d'esprit des professionnels passe bien avant le souci potentiel d'un réajustement honorable. L'être humain actuel est moins valorisé par ses capacités à se définir, que par son aptitude à paraître.

En résumé, il apparaît qu'il n'y aurait plus d'allant cognitif qui nous pousserait vers une philosophie évolutive raisonnable, les technologies dévorantes et les félicités proposées par la mondialisation semblent dissimuler cette alternative ? Insensiblement, l'homme moderne s'incorpore dans le fruit de sa création, il en fait son aliment principal, alors même que la nature attend de lui une complicité agissante. L'homme désormais, se doit de retrouver son indépendance d'esprit et de franchir ce cap de conditionnement auquel il est assujetti. Nous sommes au sein de l'univers spatial sur une toute petite planète, merveilleuse certes, mais ô combien fragilisée par nos exhalaisons. Nous devrions raisonner à une dimension planétaire, conscient du devoir qu'impose sur le plan décisionnel, le bon sens.

Les révélations de Gizeh

Parmi les quêtes qui servent de référence à l'humanité, celle que nous décrivons en ces pages peut transformer le monde futur. S'il nous fallait énumérer ce qu'elle pourrait apporter à notre civilisation, se serait difficile à évaluer, car on ne peut anticiper sur le quota de bienfaits que cette découverte serait à même de provoquer. Si on se décidait à considérer sa nature, il en résulterait pour le moins, une réorientation de notre système d'enseignement et une appréciation différente du monde dans lequel nous évoluons.

Comment ces découvertes pourraient-elles avoir autant d'influence, alors même qu'il n'en est jamais question, si ce n'est sur internet et le plus souvent à titre de curiosité à caractère évasif ?

Cette prudence pour le moins excessive de la société vis-à-vis des chercheurs et découvreurs de l'histoire fait qu'il nous apparaît de bons sens de s'interroger sur la crédibilité à accorder à ces investigations. Pour envisager une première tentative, quelles sont-elles ?

Ces découvertes font l'objet depuis un demi-siècle d'études sérieuses, elles commencent à être connues du grand public depuis une dizaine d'années. Elles ont été visionnées sur internet par plusieurs millions de personnes. Un nombre important de scientifiques et parmi eux des égyptologues se sont montrés intéressés par ces travaux hors normes. Selon d'officieux avis, ces experts les trouvent suffisamment dignes d'intérêt pour remettre en question l'histoire conventionnelle telle qu'elle nous est enseignée.

Devons-nous persister à établir une relation entre ces découvertes et l'époque égyptienne de la quatrième dynastie en laquelle les trois pyramides de Gizeh sont censées avoir été construites ? Les nilotes et plus spécifiquement les grands prêtres ayant vécu sous le règne du roi Kheops, avaient certes un indice de connaissance estimable. Mais au demeurant insuffisant, eu égard à l'incommensurable savoir dont ont fait preuve ces façonneurs de prodiges pour aborder la construction de tels édifices.

Ce qui revient à dire qu'en aucune façon les Égyptiens d'alors, pouvaient avoir atteint ce que nous qualifierons d'omniscience, le terme n'est pas exagéré, qui leur aurait permis de placer en ces édifices la moisson scientifique dont ces entités se sont montrées détentrices. Cette première constatation désamorce le fait que ces pyramides auraient été construites à cette époque, qui plus est avec ce que nous connaissons des techniques employées. Mais il y a bien d'autres insuffisances qui rendent cette éventualité clairement inconcevable. Sous la dynastie du Roi Kheops, ces monuments faisaient déjà l'objet d'interrogations, aucune stèle ou document ne mentionnent leurs présences et moins encore leur raison d'exister. Aussi, ces édifices passaient-ils auprès du peuple, pour être « *les demeures des dieux* », d'où le profond respect et l'absence de commentaires qu'ils suscitèrent au cours des siècles. Afin d'être plus concret en nos suppositions, imaginons que nous nous élevons en hélicoptère au-dessus du site de Gizeh et que nous procédions à un vol stationnaire. À la verticale de ce point, traçons alors un graphisme vu en plan et méditons un instant sur la disposition de ces monuments :

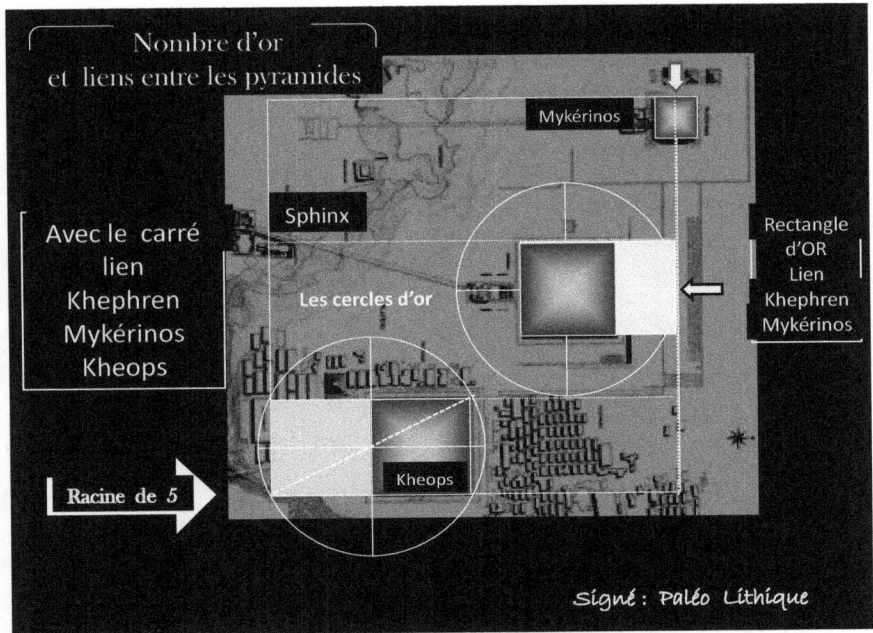

Nous voyons que le relevé sur le terrain de ces édifices représente toute autre chose qu'une banale nécropole. Il ne fait de doute qu'un lien secret tissé par la géométrie et les nombres unit ces monuments bien au-delà de l'appréciation commune de tombeaux. Reconnaissons que l'agencement des pyramides sur le plateau de Gizeh est élaboré de non-conformisme, il émane de lui une harmonie jusque-là insoupçonnée des professionnels et autres examinateurs. Cette harmonie boute les facultés pensantes, bien au-delà de ce que nous estimons être nos capacités actuelles. Serait-ce là une tentative, pour inviter notre civilisation dévoyée à méditer sur les mystérieuses raisons qui valurent à ces monuments d'être implantés en ce lieu ?

La réflexion trouve ici, matière à échafauder des liens entre un passé lointain mal connu et une historicité obombrée de mystères. Au vu de ces graphiques, les pyramides s'honorent soudain d'une science prodigieuse, bien qu'extrêmement singulière. Les pyramides deviennent de réels propulseurs évolutifs de l'humanité, les nombres qu'elles contiennent sont composés de *grandes constances universelles* jaillissant de la nuit des temps. Ces nombres soulignent le caractère spirituel d'une œuvre qui ne saurait supporter de comparaisons avec ce nihilisme inspiré par notre rationalité. Ces agencements ont incontestablement un caractère « divin », même si ce mot généralement incompris ne trouve pas en nos consciences le sens qu'il mérite.

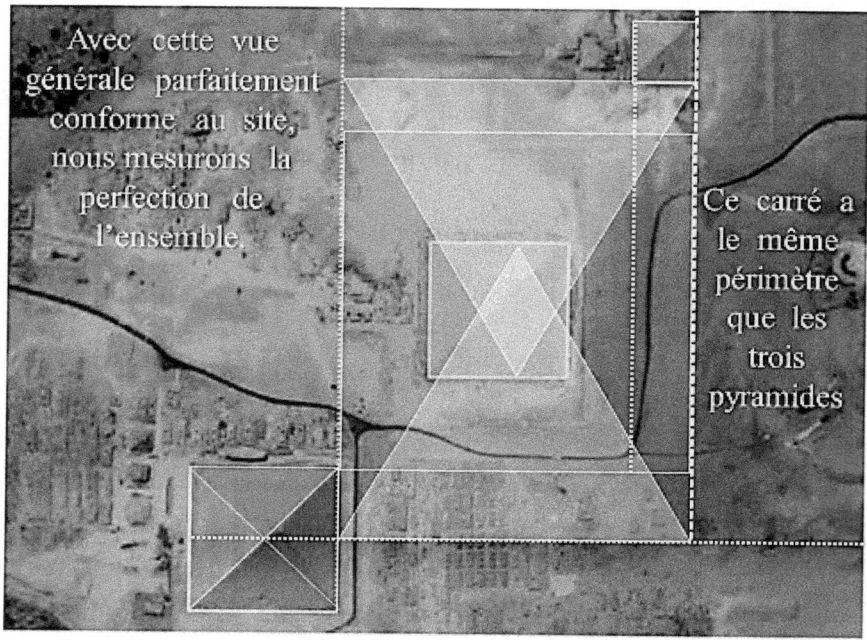

Avec cette vue générale parfaitement conforme au site, nous mesurons la perfection de l'ensemble.

Ce carré a le même périmètre que les trois pyramides

L'harmonie va de pair avec les ondoyantes lois des champs unifiés dont la matière est instruite. Ainsi répond-elle, cette matière, aux demandes de sublimité qui préside à la sagesse du monde. Comment imaginer un seul instant qu'un monarque ait pu rassembler autant de paramètres touchant à la transcendance pour ériger « son tombeau » ? Connaître le contexte et penser cela, ce n'est pas seulement être irréaliste... c'est être contestable sur le plan de la compétence et de la probité. Si un doute nous habite, visualisons cet assemblage en demi-cycle à ordonnance répétitive des trois pyramides de Gizeh. Elles sont placées ainsi de 36° en 36° et reliées par leurs sommets.

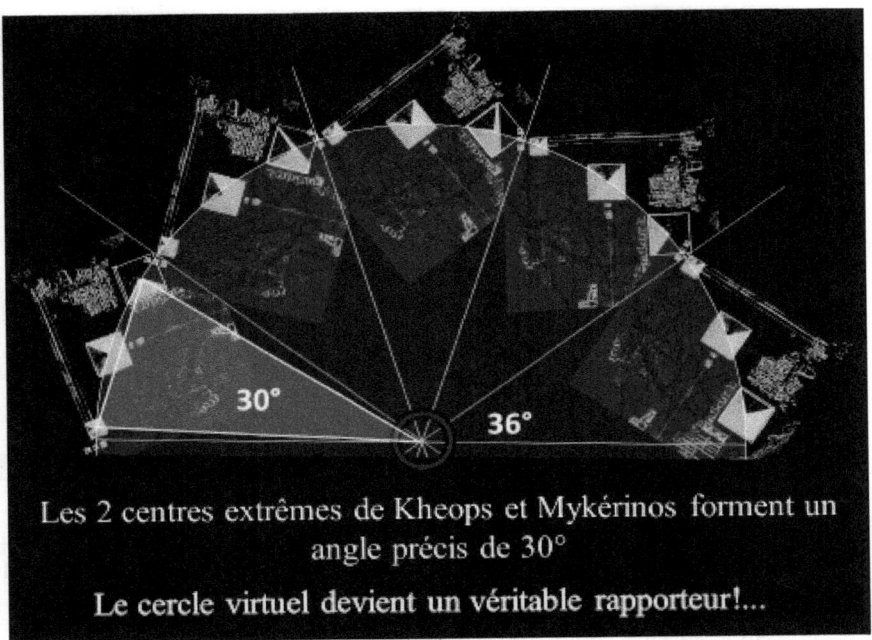

Les 2 centres extrêmes de Khéops et Mykérinos forment un angle précis de 30°
Le cercle virtuel devient un véritable rapporteur!...

Convenons que si le hasard devait jouer un rôle en ces dispositions, sa représentation serait digne d'un culte révérenciel. Ce qui confond notre logique cartésienne, ce n'est pas seulement le constat d'un plan d'harmonie, aussi beau soit-il, c'est la pluralité et la diversité de ce kaléidoscope soumis à notre discernement. Seul un ordinateur d'une puissance inégalée pourrait parvenir à ces résultats, à condition de lui fournir les logiciels de référence, ce qui relève d'une difficulté plus grande encore. Nous l'avons dit, après de longues années d'études sur le sujet, l'impression demeure que les emplacements, les volumes, les hauteurs, les distances de ces trois monuments relèvent d'un agencement que nous pourrions qualifier de surréel. Entendons par ce qualificatif, détaché d'un contexte de raisonnement commun. Du graphique le plus simple au plus élaboré, les vérités jaillissent tels des geysers numériques. Il en émane, semble-t-il, une volonté didactique d'instruire les êtres de bonne volonté qui s'y adonneraient s'ils sont dotés d'une perception intuitive déductive. Ces révélations nous annoncent une autre voie, un rapport différent aux valeurs qui nous sont communes. Autrement dit, nous constatons très vite que nos systèmes cognitifs sont en rupture de conformité avec les domaines fondamentaux de la temporalité.

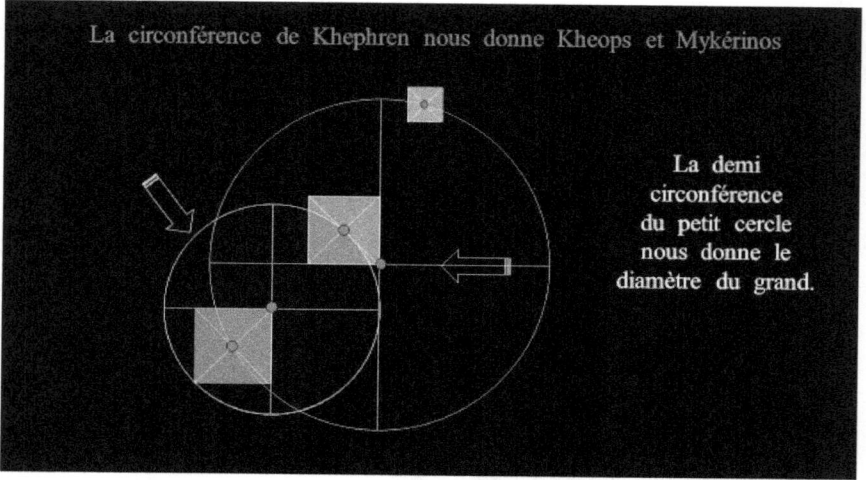

La perfection des engendrements géométriques nous offre une transcendance évolutive défiant le dépassement du soi, elle nous conduit à une réalité différente de celle en laquelle nos sociétés prolifèrent, obnubilée qu'elles soient par la sacro-sainte « croissance ». Ce message dont nous parlons devrait éveiller nos facultés dormantes et nous révéler d'autres perspectives existentielles que celles prônées par les façonneurs de la contemporanéité ambiante.

Ces agencements nous drainent dans un univers inexploré, non point exclusivement théorétique, mais jalonné d'éléments de synthèse pour susciter notre réflexion. L'univers que nous décrivons est parallèle au nôtre, il était connu des Anciens Égyptiens qui voyaient en lui un sas, un chenal, un goulet vers « l'ailleurs », ils le nommaient « douât ». On ne pouvait l'emprunter qu'en cheminant sur *les voies de la connaissance*, il menait à un état de conscience subtile complémentaire de celui que l'on accorde à l'esprit. Aussi, est-il tout à fait possible que ce cheminement vers l'ailleurs dont nous parlent les textes soit ce monde subtil que nous tentons de dépeindre.

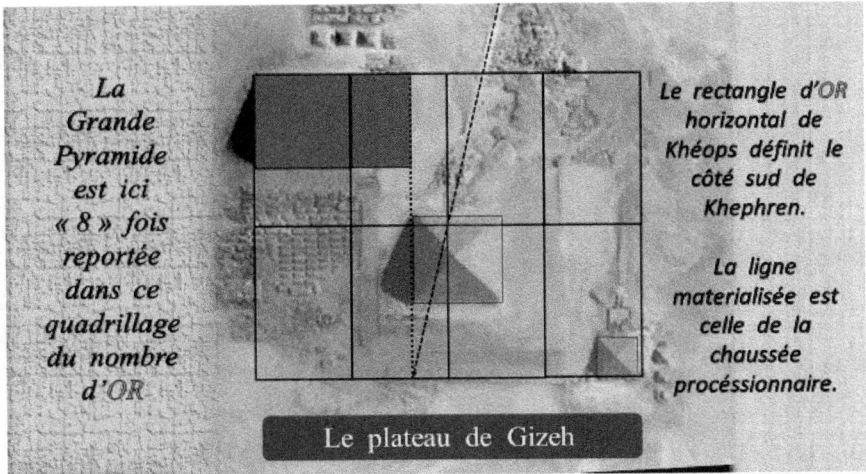

Le nombre d'OR n'est en rien le produit d'une fantaisie de la mathématique. Il personnifie le rectangle parfait. Il rejoint en cela les parangons coudés - mètres et en géométrie le cercle, le carré, le triangle équilatéral et le pentagone. Ces lignes de recoupement font l'objet de points telluriques d'équilibre sur lesquelles viennent se greffer des figures de ralliement tout aussi remarquables. Nous pouvons le constater de manière déterminante dans diverses applications avec notamment le carré-base de la Grande Pyramide. La disposition des monuments sur le site est ainsi faite pour nous pousser en nos retranchements et nous amener graduellement à une autre conception des choses. Pourquoi l'Égypte ? Pourquoi ce site ? Pourquoi ces pyramides ? C'est en ce lieu que s'effectue la séparation théorique des terres immergées du globe. Si nous étalons une mappemonde, nous constatons en effet comme une ligne de séparation gauche droite des terres et des mers. Quant aux pyramides, c'est la forme géométrique constructible la plus pure, la plus stable, elle est associée aux archétypes d'harmonie que recèlent nos chromosomes.

Le périmètre de la Grande Pyramide est égal à 924, 4561672 m cette valeur est celle de la demi-minute sexagésimale.
924, 4561672 x 2 = 1 848, 912334 x 0, 060 =

110, 9347401 km.

231, 1140418 m

La latitude du plateau de Gizeh est de 110, 935 km.
Voilà un beau concours de circonstances.
Cette latitude de surcroît voisine avec le Ø de la Terre aux pôles sans l'épaisseur de la glace, c'est aussi l'axe sur lequel tourne la Terre.
110, 935 x 360° ø 12 712, 20 km

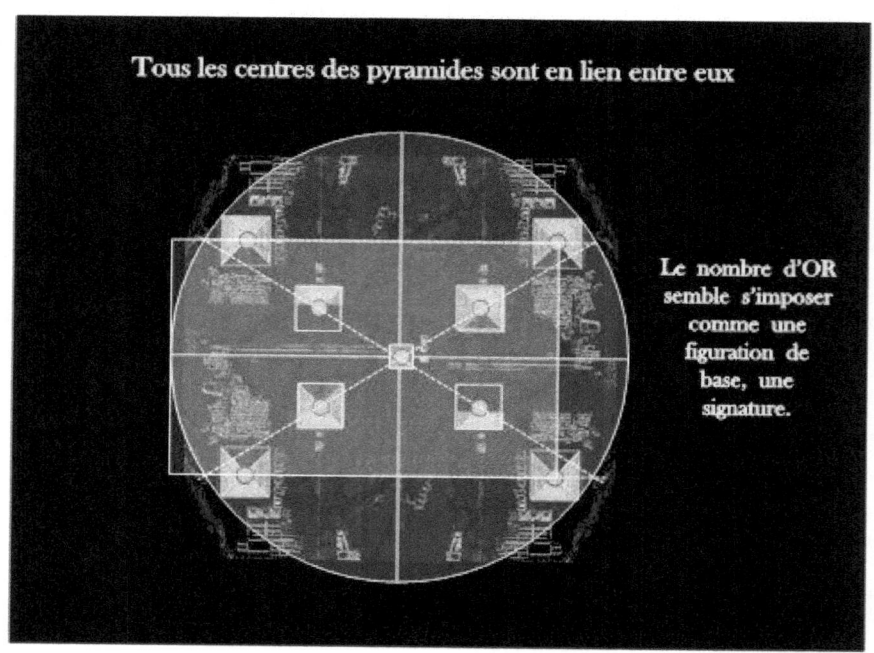

Tous les centres des pyramides sont en lien entre eux

Le nombre d'OR semble s'imposer comme une figuration de base, une signature.

Résultat d'une disposition des trois pyramides placées en quadrature d'effet miroir que limite un cercle défini par le rectangle d'OR.

Il y a quelques décennies de cela, Robert Bauval, ingénieur en travaux publics, défrayait la chronique en éditant un ouvrage intitulé « *the Orion Mystery* », les Mystères d'Orion. Il était question entre autres examens, de la corrélation des trois étoiles centrales de la constellation d'Orion avec l'alignement des pyramides sur le site de Gizeh. Robert Bauval avait remarqué l'étrange similitude que l'on pouvait constater entre ce que l'on nomme « le baudrier » et la disposition sur le plateau de Gizeh des monuments pyramidaux. La constellation d'Orion est abondamment citée dans les textes anciens de nombreux pays, elle est rattachée aux mystères de connaissance, mais aussi à l'extrême beauté de ses sept étoiles traditionnelles, dont quatre forment un cadre rectangulaire. Connaissant Robert Bauval nous avons à cœur de présenter ici ce qui pourrait être une confirmation sans appel de ses arguments.

Les trois pyramides de Gizeh sont bien, entre autres références, la signification claire du baudrier d'Orion, mais elles le sont avant tout des pyramides. Voici la disposition des étoiles superposée sur le plan des trois pyramides.

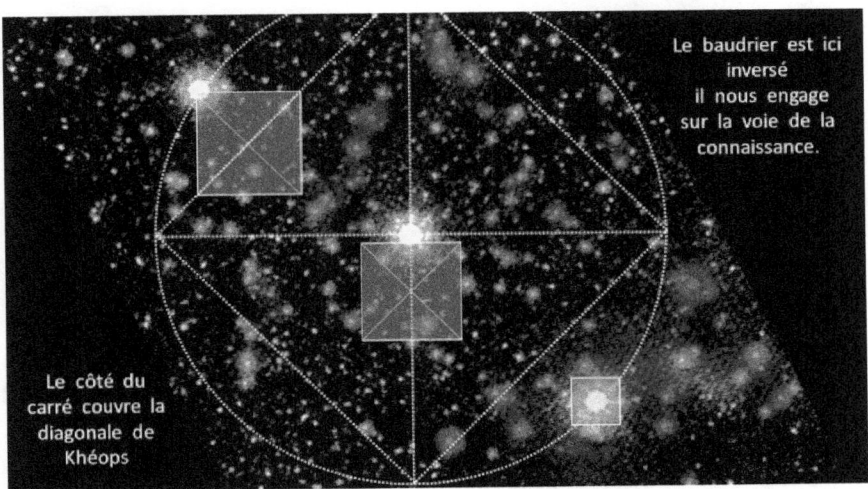

Le baudrier est ici inversé il nous engage sur la voie de la connaissance.

Le côté du carré couvre la diagonale de Khéops

Une bien étrange relation s'établit alors, entre le terrain où se trouvent situées les trois pyramides et les dimensions mises à l'échelle de la Terre et de la Lune. Nous aimerions trouver une logique cartésienne à cette configuration. Il n'y en a pas, si ce n'est le fait que, dans l'esprit de ces concepteurs, les deux vaisseaux Terre - Lune sur lesquels nous évoluons sont à la base native de nos vies. Avec cette analyse, ces astres jumeaux se présentent liés dans un contexte particulier où préfigure la signature du « divin » dans le sens où le concevaient les anciens Égyptiens. Comment en effet ne pas voir en ce sceau ineffable, une divine harmonie des formes et des nombres ? Cela laisse subodorer que ces omniscients concepteurs se comportaient en témoins avertis des valeurs exposées. Ces valeurs semblent avoir été évaluées en conséquence, pour susciter dans nos esprits indolents, une exhortation à méditer sur les agencements d'un système universel, plus discursif que celui exposé de nos jours par nos sociétés humaines.

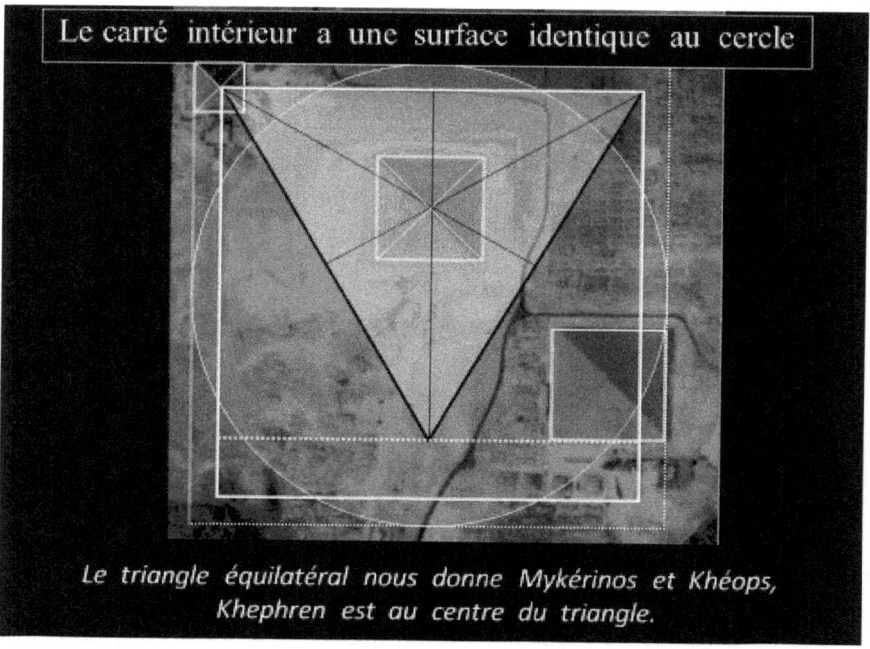

Le triangle équilatéral nous donne Mykérinos et Khéops, Khephren est au centre du triangle.

La direction prise par la chaussée processionnaire prouve, s'il en était besoin, la continuité à travers les âges de l'esprit de connaissance des anciens Égyptiens. Toutefois, ne nous leurrons pas, ces arguments que nous exposons aussi probants soient-ils, demeureront longtemps à l'état inerte dans les esprits saturés d'informations captieuses. Les conglomérats d'intérêt font preuve d'une pugnacité permanente à exhausser le moindre argument, pour tenter de s'opposer à ces révélations par trop révélatrices. Il est vrai que la vérité est nue devant l'uniforme honoré de l'apparat. N'a-t-il pas la dignité de la fonction, s'il n'a celle de la raison ? La raison demande de la perspicacité, du courage, de la dignité, autant de valeurs désuètes qui ne sont plus de mise en nos sociétés « tendance » démunies de poussée verticale. Qui peut encore vibrer en nos temps interlopes à ces indicibles agencements, alors que l'enthousiasme est dans les stades où la raison oscille entre deux bouts de bois. Peut-on raisonnablement faire état d'autres valeurs, alors même que des centaines de millions d'individus n'ont de but que le but. Les justifications artificieuses du nihilisme sont à l'image de l'hyper démographie, ils sont une raison dans l'absence de raisonnement.

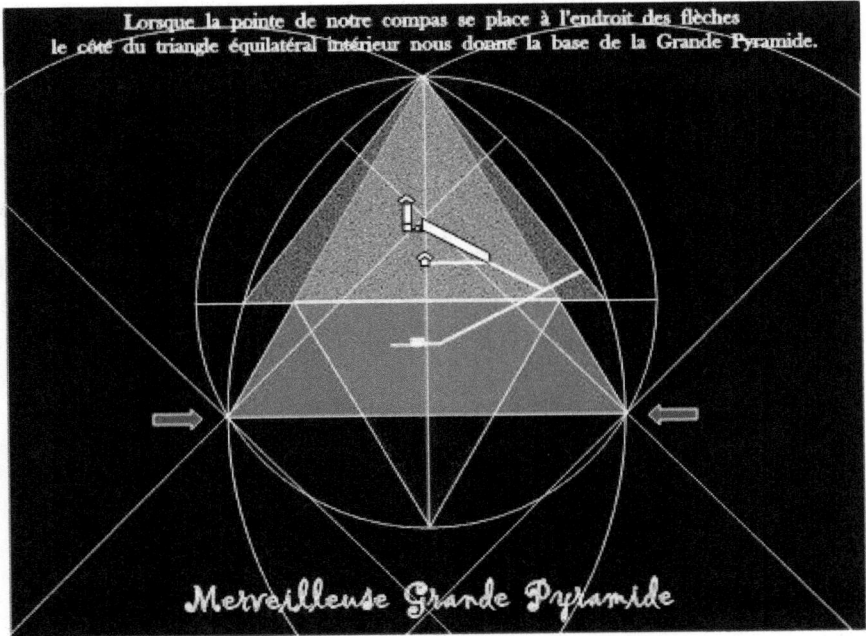

Ces aperçus que nous découvrons, tant sur le site de Gizeh qu'au sein de la Grande Pyramide, nous laissent perplexes. À ce jour près de 1000 documents ont été ainsi rassemblés, attestant de singulières formules factorielles qui se répercutent comme un enseignement. Les tombeaux sont certes relégués au rang des aberrations, mais les questions demeurent vives, nombreuses et complexes, quelques-unes s'imposent avant toutes autres :

Qui a construit ces pyramides et organisé ainsi leur disposition ?

À quelle époque ont-elles été construites ?

Quelle était la motivation de ces concepteurs réalisateurs ?

Pourquoi la constellation d'Orion tient-elle un rôle si important en ses situations et angles ?

Existe-t-il encore en ce monde une synarchie sapientielle instruite de ces mystères ?

Que pouvons-nous en déduire de manière profitable pour ce que nous nommerons notre futur évolutif ?

Qu'est-ce qui fait que cette idée de tombeaux soit véhiculée et enseignée dans toutes les facultés du monde alors qu'il existe des preuves irréfutables contestant ce qui n'est qu'une aberrante supputation ?

Serait-il profitable à notre société immature de s'interroger sur le côté transcendant d'un tel message, alors qu'elle se montre incapable de gérer des problèmes de sociétés de beaucoup inférieurs à cette alternative ?

Enfin et pourquoi, si ces engendrements ne sont dû qu'au hasard ne l'adorons nous pas… le hasard ?

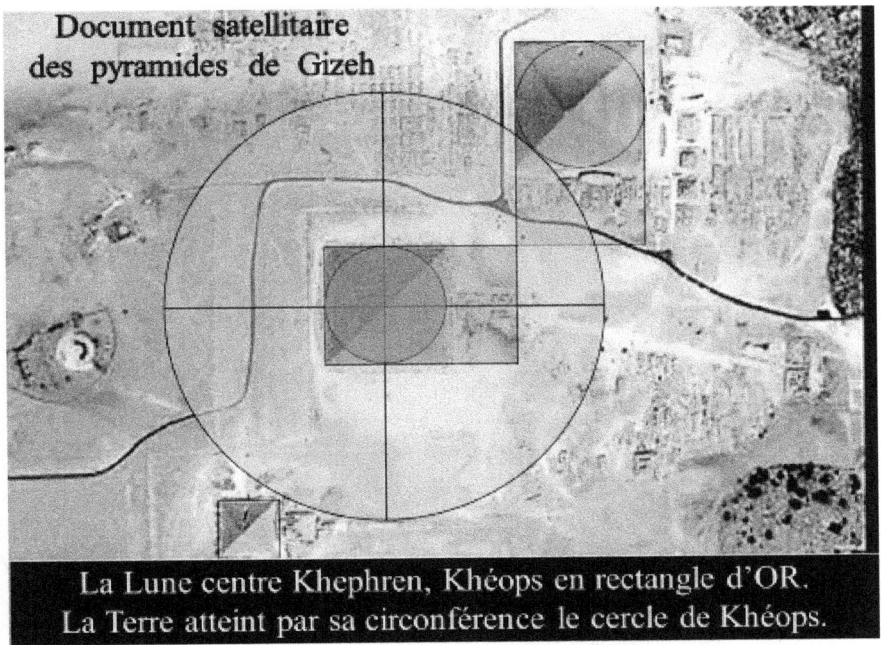

La Lune centre Khephren, Khéops en rectangle d'OR.
La Terre atteint par sa circonférence le cercle de Khéops.

Autant de questions qu'il serait bon d'élucider pour avoir une vision plus claire de cette insolite découverte portée à la connaissance du grand public. Selon nous, la construction de ces pyramides peut être évaluée à 10 435 ans avant l'année zéro de notre ère. Cette date nous est donnée par les valeurs métriques de la Grande Pyramide, qu'une formule mathématique nous permet avec une rigueur parfaite de transformer en datations :

> **360** (Grande constante universelle) ÷ 25 920 (années du Grand Cycle Précessionel)
> 0,0138888888 √ = 0, 11785113 pour modifier les mètres en années **0,011785113**.

La motivation de ces constructeurs était flagrante : laisser dans les âges un témoignage inaltérable que seule la pierre est en mesure de préserver. Le message se devait d'être « non-apparent » pour ne pas être soumis aux déprédateurs et autres iconoclastes, mais aussi pour privilégier le côté doctrinal en matière de recherches, sur celui apparemment plus réaliste du terrain de fouilles. Convenons que les deux formules sont nécessaires pour tenter d'asseoir la vérité, à condition que cette dernière soit l'objectif recherché, ce dont on peut parfois douter. Nous mentionnons la constellation d'Orion, elle est un parangon qui peut nous servir de réflexion à diverses échelles. Sa forme qui constitue l'astérisme du tracé schématique nous permet de déterminer le schéma-base de la Grande Pyramide en utilisant la position des 7 étoiles-cadres.

L'étoile Sirius, de la constellation du grand chien, suit inlassablement Orion en sa course céleste. *La plus belle étoile du ciel* a souvent été comparée à « Blanche Neige » abordant la maison « des 7 nains » avec la bienveillante intention de **faire le ménage**. Sous cette conclusion énigmatique profondément établie dans l'esprit populaire, il serait avisé de discerner une incitation à aborder le mystère que recèle la disposition de ces étoiles.

Les contes populaires véhiculent souvent des réalités cachées que seule l'intuition sait décoder en indice analogique.

L'option première consiste à prendre les étoiles *Bellatrix-Rigel* comme étant la référence verticale « côté base est » de la Grande Pyramide. Avec l'étoile *Saïph* située précisément à 90°, nous avons là un angle droit dont le prolongement est un rectangle. En considérant un dédoublement par effet miroir *nous accédons à un carré*, celui-ci nous permet d'envisager le tracé du périmètre-base de la pyramide. Les merveilles liées à la constellation d'Orion ne se limitent pas à cette schématique, aussi précieuse soit-elle, elles s'étendent à l'ensemble des étoiles rentrant dans sa composition.

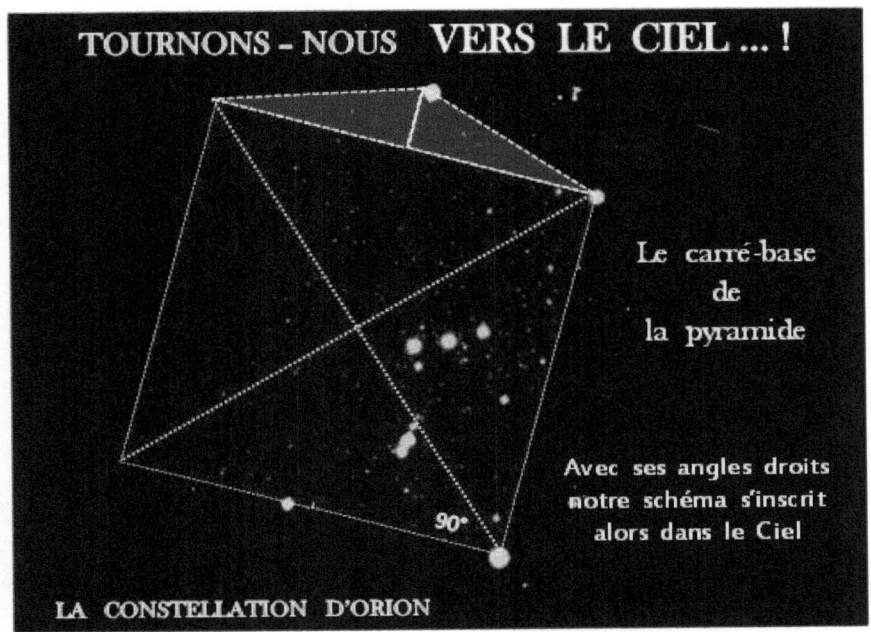

Ce qui signifie que l'angle formé par la croisée du cadre nous rappelle une croix de Saint-André. Cette croix affiche *l'indice précis des apothèmes de la Grande Pyramide*. La disposition de ces étoiles n'est en rien commune et nous admettrons volontiers que ce ne sont pas des sources exogènes qui les ont placées intentionnellement en leur lieu et place. Même si nous devions ne prêter à leur génie aucune limite, il ne pourrait en aller de même de leur pouvoir, sans qu'il n'ait de notre part une vision altérée de ce qu'est la réalité universelle.

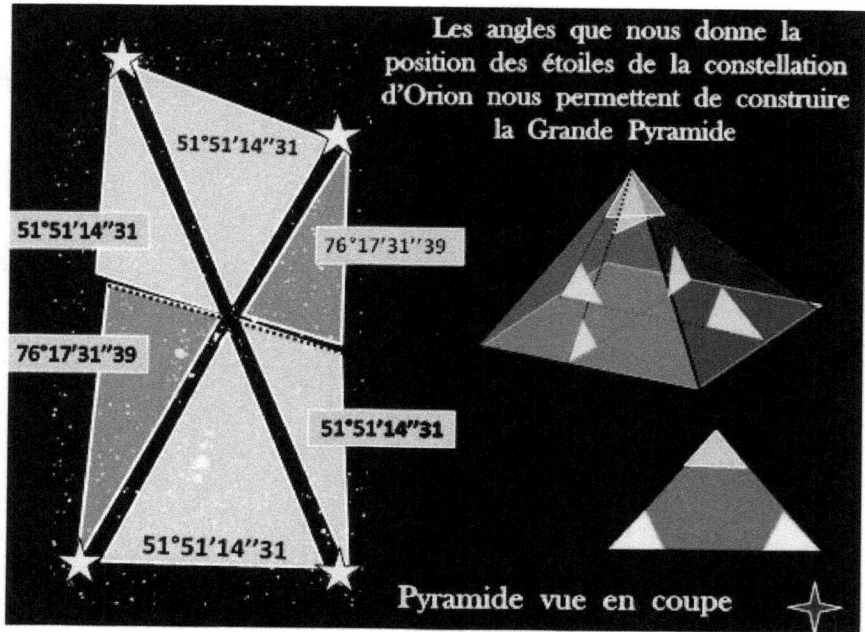

Orion ne se limite pas à cette constatation, nous devons tenir compte des 7 étoiles *et de leur éloignement en années-lumière*. Si nous évaluons scientifiquement la distance de chacune de ces étoiles par rapport à notre système solaire, *le total en années-lumière* divisé par 10 000 est égal en décimales à *la coudée égyptienne*. Coudée à l'aide de laquelle furent construits les temples les plus sacrés d'Égypte. Si de surcroît nous *multiplions* cette coudée de 0,523598774 *par « 6 »* elle nous donne *le nombre Pi*. Aussi est-il peu raisonnable de ne discerner en cette abondance de merveilles qu'une suite banale de coïncidences, sans imaginer qu'un principe de synthèse universel à la conscience sensitive ait pu esquisser dans le ciel de nuit ce tracé évocateur. Il y a vingt ans, cette allusion à un **Principe Créateur** aurait amené des sourires condescendants sur les lèvres des physiciens des particules, lesquels aujourd'hui sont à l'écoute d'une métaphysique qui ne cesse de leur susurrer que la vie est autre chose qu'une base de données à effets immuables ? L'esprit est dans la matière et la matière est dans la vie.

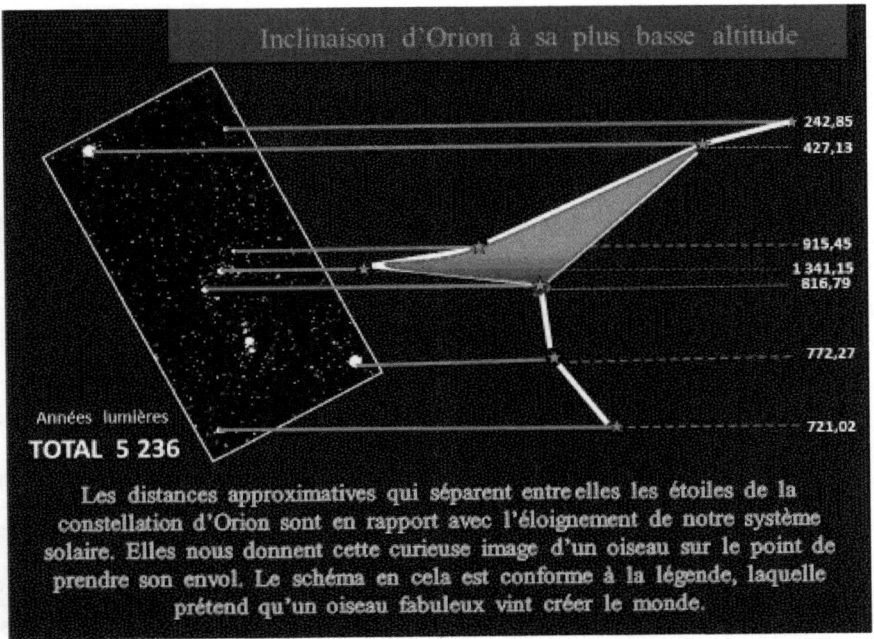

Les distances approximatives qui séparent entre elles les étoiles de la constellation d'Orion sont en rapport avec l'éloignement de notre système solaire. Elles nous donnent cette curieuse image d'un oiseau sur le point de prendre son envol. Le schéma en cela est conforme à la légende, laquelle prétend qu'un oiseau fabuleux vint créer le monde.

5 236 années-lumière divisées par 10 000 = 0,5236 m = la coudée antique égyptienne, laquelle multipliée par 6 (les 6 jours bibliques de la création) nous procure le nombre pi (π).

Ajoutons que la vieille route des Incas, qui va de Quito jusqu'au Chili réalise la juste distance de 5 236 km. Le nombre 0,523598774 a une relation fabuleuse avec le diamètre de Soleil.

Le graphisme légèrement incliné de la constellation est ainsi représenté à sa plus basse altitude sur l'horizon de Gizeh. Selon la position des étoiles, le degré auquel elles se situent sur la ligne d'horizon est variable. En moyenne il est de 11°08' au-dessus de l'horizon, alors que sa hauteur maximale atteint 58°11'. Soit, convertie en années tropiques 2491,7430 années après le symbolique an 2000 de notre ère. La constellation d'Orion nous réserve bien d'autres surprises avec la disposition de ses étoiles-cadres. Elles sont placées en croix à la manière dont le dieu Osiris le signifie sur son plastron dans le cadre de la mythologie.

Le kiosque à Osiris

Allégorie schématique du croisement des étoiles-cadre

La constellation d'Orion est donc la base native de la Grande Pyramide, nous avons vu qu'avec les angles ainsi positionnés nous pouvons construire ce monument à des échelles différentes. N'est-il pas la représentation sur Terre d'une autre manière d'être que celle à laquelle nous sommes assujettis par défaut de réactivité ? Certains pensent que nos technologies de pointe nous surdimensionnent mentalement. C'est le contraire sur lequel nous nous devons de raisonner, par leur abondance, leur facilité d'emploi et leurs réponses affichées, ces technologies appauvrissent mentalement nos valeurs intrinsèques et en ventilant l'impulsion intuitive elles nous rendent dépendants de leurs artifices. Elles sont autant d'assujettissements abusifs en regard de nos capacités de déduction. Le drame, c'est que s'en passer nous marginalise et que les utiliser amoindrit nos aptitudes mémorielles, discursives et sensitives. Conclusion, restons branché, mais attentif au chant enroué du rossignol. N'est-il pas de bon aloi de mourir informé ?

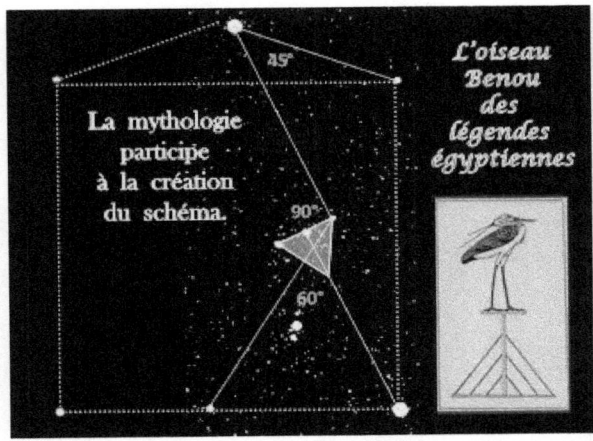

L'oiseau Benou signifie en égyptien « *qui s'élève dans la splendeur* ». Cet échassier est emblématique du tracé de la constellation d'Orion.

Nous le voyons ici incorporé à la représentativité graphique du schéma base : 45° - 90° - 60°. Ce sont des angles sacrés.

Symbole solaire, le héron cendré ou pourpré était la représentation du phénix né dans la lumière de l'aurore. Ce volatile était aussi le symbole de la survie, de la résurrection, Alcyon renaissait de ses cendres et il jouissait en Égypte d'un prestige fabuleux. Il participe ici à la création de notre schéma, comme il participa jadis à la création du monde en posant sa patte sur le tertre primitif (le Ben Ben à Héliopolis.) C'est un truisme que de rappeler combien la mythologie avait de l'importance en Égypte pharaonique. Elle présidait aux fêtes religieuses, elle servait de référence, de guide moral, de socle pour les lois et conduisait à la sœur aînée du savoir, la connaissance. La mythologie a imprégné les siècles de ses mystères qu'elle incorporait aux légendes écrites, aux fresques peintes, à la statuaire même. Il est bien difficile aujourd'hui de localiser et de procéder à la traduction ésotérique de cette tradition volontairement travestie au regard profane.

Le plus souvent la structure externe de la Grande Pyramide sert de trame invisible aux représentations graphiques. Il suffit alors de repositionner son tracé virtuel en surimpression sur le dessin, pour évaluer combien le graphique devient judicieux, et cela, quelle que soit la représentation originelle. Il en est de même du rectangle d'OR, il est souvent présent pour témoigner du degré initiatique du commanditaire de la fresque. Nous avons recensé des dizaines de représentations enfermant en elles-mêmes ces mystérieux agencements, lesquels en aucun cas, ne peuvent être le produit du hasard. S'il devait en être autrement, nous serions à même de prouver que le hasard est intelligent, ce qui ne serait pas moins considérable.

La Grande Pyramide, le nombre d'OR, la Terre et la Lune.

Nous voyons combien l'aspect symétrique de l'ensemble facilite ici l'harmonie des enchaînements, mais il n'enlève rien à l'intérêt de la figuration. Le nombre d'OR enrobe les sièges. Une ligne d'horizon souligne les regards et les têtes des sceptres, le sommet pyramide atteint le haut du motif composant les tiares. La base pyramide est sur le socle. La chambre souterraine sur la jointure des blocs d'assise. Ces documents sont soutirés au hasard de la multitude, ce qui prouve que Champolion avait raison lorsqu'il affirmait qu'un autre langage que celui qu'il était en train de découvrir se trouvait dissimulé dans les fresques et autres supports. La verticale droite du nombre d'OR confirme le point de croisement des étoiles-cadres d'Orion.

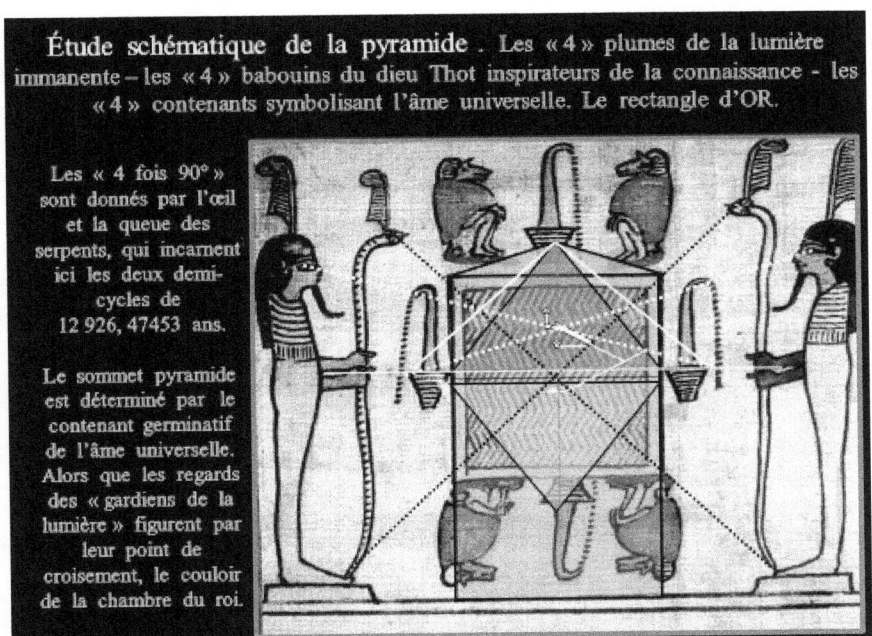

Étude schématique de la pyramide. Les « 4 » plumes de la lumière immanente – les « 4 » babouins du dieu Thot inspirateurs de la connaissance – les « 4 » contenants symbolisant l'âme universelle. Le rectangle d'OR.

Les « 4 fois 90° » sont donnés par l'œil et la queue des serpents, qui incarnent ici les deux demi-cycles de 12 926, 47453 ans.

Le sommet pyramide est déterminé par le contenant germinatif de l'âme universelle. Alors que les regards des « gardiens de la lumière » figurent par leur point de croisement, le couloir de la chambre du roi.

Cette apparente dissimulation d'une **Connaissance Primordiale** prouve deux choses : En cette période lointaine de l'histoire des hommes, **la Grande Tradition** était encore exaltée dans les arts mythiques. Aussi apparaissait-il nécessaire de la masquer afin qu'elle ne s'expose pas ostensiblement sous forme intelligible. Les temps de la matérialité obsédante n'avaient pas encore envahi la pensée humaine et l'on entretenait l'espérance d'un accès à la révélation spirituelle. La surface de la Terre avait une biodiversité en équilibre, végétaux et animaux abondaient, les océans n'étaient pas parsemés d'îles de déchets et les sociétés humaines étaient régentées par ces deux piliers que sont le devoir et le droit. À notre époque, le devoir ne se discerne plus, le droit seul prévaut, lui-même est d'ailleurs contesté quand il ne convient pas aux situations de profit. Le devoir aurait dû donner une limite à notre extension démographique, mais nullement le droit qui lui, est acoquiné aux intérêts marchands. La période actuelle est celle des alternatives à la survie, choix d'une démographie extensionnelle, choix d'un mode de vie aux nuisances inéluctables, choix d'une société amorale régentée par la pègre « honorable » du politiquement correct. Choix de technologies immodérées, choix d'un mode dégénératif de la penser où toute forme de spiritualité est la risée de l'hédonisme dominant. Notre civilisation n'avait jamais été soumise à de telles pratiques comportementales, à de telles attitudes conditionnées, sans réaction, sans sursaut vital, sans ressaisissement, sans émoi, comme étant conduite à son destin par une fatalité maligne. Nous entendons parfois dans le tumulte de la criée aux dollars, une voix s'élever contre cet aveuglement généralisé. Mais le bruit de fond des gravières à business dissoud en la tourbe banquière ces bribes de sapience. Elles laissent alors dans l'espace-temps une trace de solitude que ne comble que l'obstination à être. L'involution fatale est là, elle attend, tapie dans l'indifférence, l'instant suprême de sa fulmination.

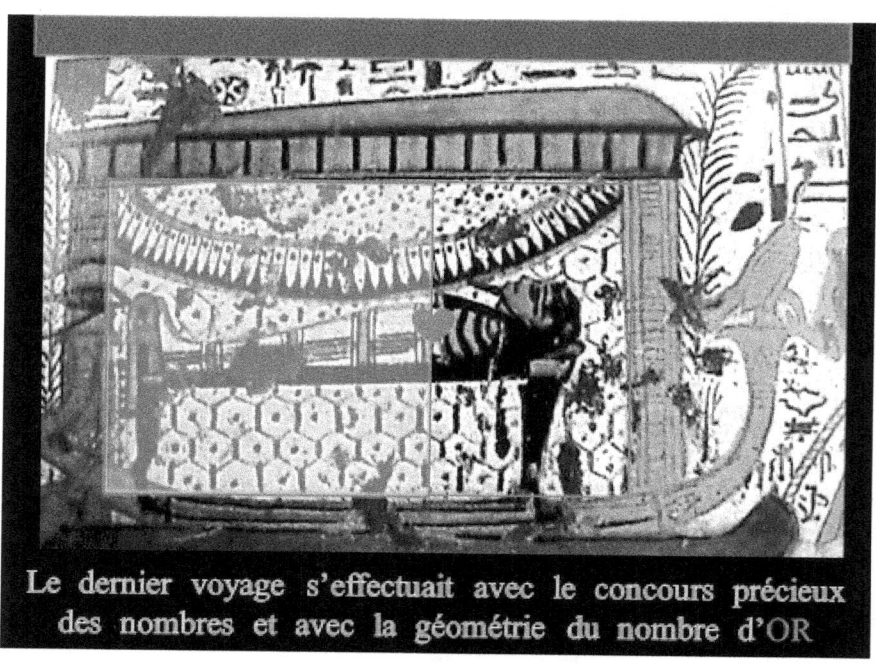

Le dernier voyage s'effectuait avec le concours précieux des nombres et avec la géométrie du nombre d'OR

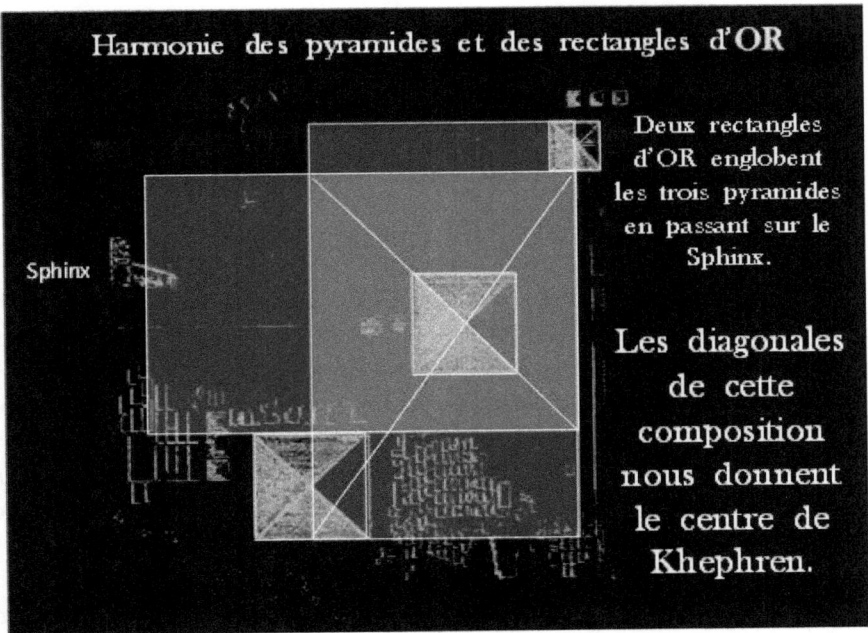

La divulgation progressive des secrets de connaissances, conformes à ceux que nous exposons, n'exprime pas seulement « l'âge d'OR » des époques mythiques, mais le temps venu de la révélation.

Cette tradition n'est pas empreinte d'un élitisme à la conduite impertinente qui viendrait magnifier notre quotient neuronal. C'est une émanation du ressenti, c'est un appel intérieur, une synchronicité de l'intuitif et du discursif motivé par notre état de conscience. Voyons là, une saute d'orbite évolutive eut égard à une société magmatique qui ne parvient pas à se réformer elle-même. Ne nous laissons pas porter par ce tourbillon délétère, fossoyeur de nos valeurs traditionnelles. Pendant des millénaires les sages ont tenté de cultiver *la personnalité de chaque individu, afin que mise en commun, la société ainsi conçue devienne une référence.* Aujourd'hui, nous cultivons le grégarisme en tant qu'esprit de collectivité. Cette constatation ne présage pas des lendemains engageants, la masse n'a pas de mouvement propre, mais seulement le mouvement dandiné qu'on lui concède ou celui discrétionnaire qu'on lui prescrit. C'est pour cela que Socrate et Platon doutaient de la démocratie, loin bien loin de la « démologie – *Démos, peuple - Lego, choisir* » que l'élite n'a jamais accordée à ce peuple. Notre société s'infantilise en un vieillissement prématuré, elle n'est plus capable de prendre le recul nécessaire, essentiel aux décisions de bon sens. Si elle peut encore parer imparfaitement aux situations qu'elle estime les plus urgentes, elle est dans l'incapacité de réfléchir aux conséquences de ses décisions, et pourtant celles-ci impliquent le monde futur en lequel ses enfants et petits-enfants évolueront.

Nous aborderons bientôt « *la raison d'être* ». Celle-là même qui devrait propulser le genre humain vers une autre réalité que celle à laquelle il se destine. Il est infiniment regrettable que la vie telle qu'elle se manifeste en la nature des choses ne sensibilise pas davantage nos qualités émotionnelles. Nous focalisons notre « *nécessité à vivre* » dans le conformisme généralisé et cette situation nous aveugle, car le bonheur n'est pas extérieur, mais intérieur à nous même. Le bonheur est une exaltation qui ne dépend pas nécessairement d'une réalité au quotidien, il est ponctué par des conditions subliminaires de discernement.

Page suivante, nous exposons un aspect de l'art de la composition, façonné naguère par les initiés. Ceci, afin que nous soyons en mesure de pressentir en toute œuvre artistique de l'ancienne Égypte, les principes secrètement élaborés d'une science cachée. Sur un plan plus subtil, il s'agit d'une présence immanente liée à l'essence des choses, autrement dit... une évocation élémentaire de l'âme du monde ! Le plus ardu est de pressentir à quelle source secrète se réfère les motifs exposés. Tous ont un sens caché, mais tous ne sont pas assujettis aux mêmes critères de valeurs. Il faut donc chercher à déceler d'infimes détails susceptibles de nous placer sur la voie, ils peuvent être numériques ou géométriques, ils peuvent se trouver parmi les hiéroglyphes ou inclus dans les dessins.

C'est un fait, toute représentation mythologique ou pas, renfermait jadis un sens dissimulé au profane. Aussi était-il enthousiasmant pour l'initié de parcourir ces œuvres du regard, pour tenter d'y déceler le motif approprié répondant aux devoirs de l'enseignement reçu. Il est évident qu'il satisfaisait à des degrés divers, ce qui ne simplifie pas aujourd'hui le discernement de la gent concernée. Nous devons comprendre que pendant des millénaires, l'Égypte ancienne a tenu caché l'essentiel de l'œuvre de tradition. C'est pour cela que les égyptologues n'ont jamais retrouvé parmi les textes anciens les fragments d'une connaissance différente de celle élémentaire qui leur était exposée. Les hiérarques de toutes les époques estimaient que l'investigation des textes sacrés devait être l'apanage d'une élite sapientielle vouée à ce discernement. Rien ne devait apparaître en clair de ce qui était considéré « langage des dieux ». Pour entretenir la piété du peuple, on répercutait sous des formes mythographiques certains aspects de la tradition en impliquant le panthéisme dans des attitudes comportementales humaines, propres à synthétiser le sectarisme de l'esprit clanique de connaissance.

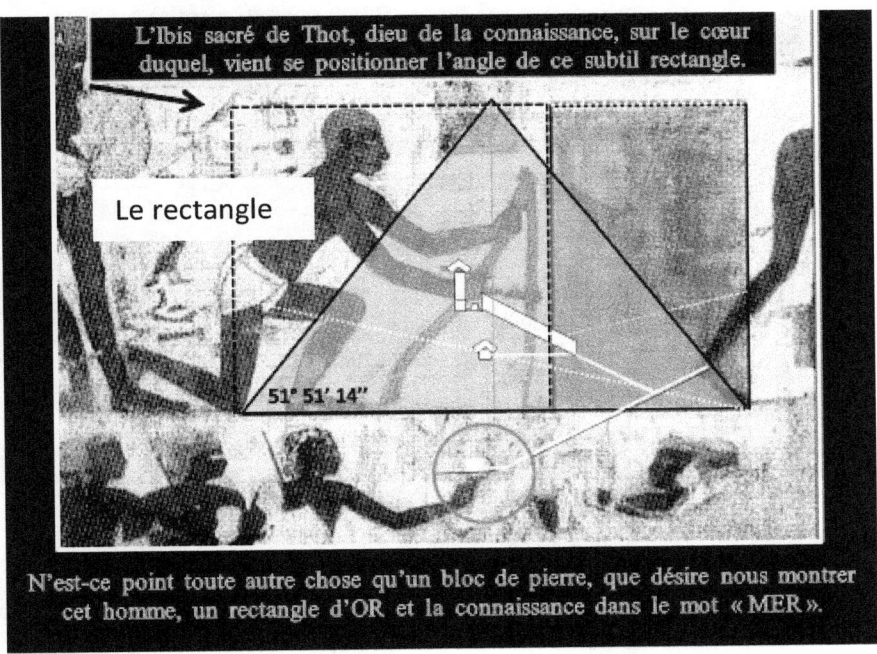

La houe que tient l'homme agenouillé était, en ancienne Égypte, l'homonyme du hiéroglyphe « mer », lequel avait également pour signification « pyramide ». Cet indice linguistique était suffisamment évocateur pour attirer l'attention des initiés sur la composition secrète de l'œuvre exposée. D'un simple coup d'œil, ceux-ci devaient évaluer la mesure du nombre d'Or sur le bloc de pierre, celui-ci devait être le sommet de « mer » la Grande Pyramide œuvre des dieux. Sa base était indiquée par le genou à terre et l'extrémité de pied de l'ouvrier précédent, le tout devait dessiner un rectangle d'Or plus important. La pyramide était ainsi démunie de son pyramidion que le fait de sa démarque sublimait. Le maître d'œuvre, en bas à gauche de la composition, indique à l'aide d'un instrument la chambre souterraine. Le prolongement de son bâton de commandement reporte sur la verticale le prolongement du couloir d'entrée.

le scarabée Kheper et la barque du nombre d'OR.

Le scarabée figurant au centre de cette mosaïque, possède un revêtement caparaçonné extrados dont l'élytre est assimilable à la section d'une courbe. Si nous prolongeons cette dernière afin de former un cercle et que nous complétons le tout par les normes projetées de la Grande Pyramide, nous obtenons le résultat ci-contre : convenons que celui-ci est loin d'être démuni d'intérêt.

Les deux déesses en adoration sont Isis et Nephtys, leurs mains placent le triangle équilatéral. Les 7 pendentifs représentent les étoiles d'Orion, la constellation étant la référence de connaissance. La flèche du toit de la chambre du Roi indique la circonférence du cercle. La barque est celle des nombres et les yeux évoquent la présence divine.

Pour que nous soyons parfaitement en mesure d'appréhender ce que nous cherchons à faire valoir, la figure de la Grande pyramide a été par nous rapportée sur cette fresque égyptienne. Nous constatons que sa base épouse la dimension de l'embarcation sur laquelle repose le motif.

Nous ne pouvons décemment évoquer la coïncidence, lorsque la portion cerclée de l'élytre du scarabée nous procure la ligne médiane du cercle sur les divines prunelles, que confirment les côtés du triangle.

Sur l'illustration ci-contre, nous avons le tracé schématique des sept étoiles traditionnelles de la constellation d'Orion. L'étoile Sirius est tributaire d'un temps propre, elle trace ici la base horizontale d'une pyramide virtuelle agrandie, que nous nommons « Pyramide Céleste » tant elle apporte de compléments nécessaires au tracé originel.

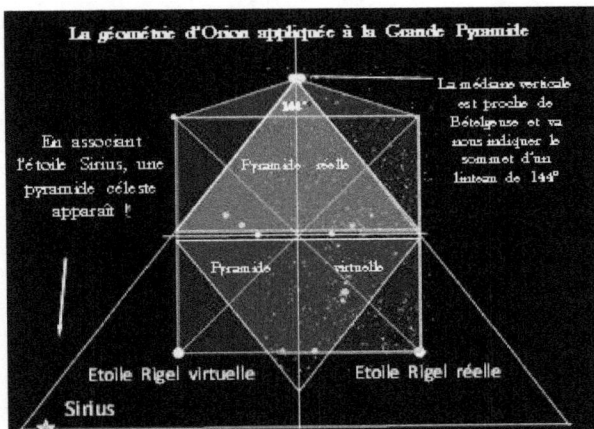

L'étoile Sirius indique la base de la pyramide céleste, bien que virtuelle, celle-ci impose son tracé pour harmoniser l'ensemble. L'étoile Sirius a un temps propre dont les phases chronologiques enrichissent considérablement la conformation pyramidale.

Le carré qui figure sur les deux illustrations symbolise, vu du ciel, le périmètre-base de la Grande Pyramide, sur celle-ci s'étale en surimpression le triangle pyramide, ainsi que son reflet virtuel. *Les sages initiés* de l'Égypte antique n'ignoraient rien de ce type d'application. Alors que nos jours, les experts officialisés estiment qu'il ne s'agit là que de concordances simplettes sans autre occurrence, ce qui pour eux solutionne les choses, tout en les désengageant de considérations plus compromettantes ! Nous apportons la preuve patente que la constellation d'Orion a servi de référence aux concepteurs réalisateurs de ce monument, puisqu'elle trace dans le ciel de nuit les formes essentielles de la structure pyramidale. Il suffit pour cela d'envisager que trois des sept étoiles dessinent le carré-base de la Grande Pyramide et que les quatre étoiles-cadre en projection de diagonales opposées nous procurent les degrés rigoureux des apothèmes, soit 51°51'14'' 31.

Il existe un monde apparent que nous vivons au quotidien, et un autre qui ne nous est pas toujours perceptible. Il se manifeste parfois dans le ressenti, la méditation, la vision sensorielle ou dans l'examen des éléments corpusculaires ondulatoires de la matière. Ce monde inapparent est celui qui conditionne notre évolution et nos capacités à percevoir la création à un indice plus élevé de discernement. Les anciens Égyptiens étaient experts en cet art qui consiste à dissimuler la connaissance par crainte de la banaliser. Pour ce qui était de sa restitution, ils la disséminaient au gré des illustrations mythologiques ou en la subtilité du langage hiéroglyphique. La raison suprême des secrets voyageait ainsi incognito parmi la population. Cette discipline s'étendait à l'art de vivre et de penser, elle enrichissait les échanges et déplaçait parfois l'espace-temps aux limites de l'abstraction. Car, prétendaient les hiérarques, l'homme ne vit pas que de rationalité. Il a nécessité à contempler les fruits de l'inaccessible pour gravir les barreaux de *l'échelle ascensionnelle*. En la suavité de cet état d'âme, il était bon d'entretenir l'esprit de curiosité par la découverte graduelle des secrets de connaissance. Ils plaçaient à leur fantaisie les facteurs de l'éveil, pour dispenser au gré des états de compréhension « *la science des dieux* ». Le plus souvent cette science était étalée au grand jour, encore fallait-il en subodorer la présence parmi les attributs cultuels du panthéisme mythologique et procéder à un décodage clairvoyant des figuratifs. Il fallait projeter les fruits de sa connaissance au travers des fresques épiques et autres allégories théorétiques qui présentaient des critères de sublimité. Ce n'était pas chose facile, bien que le plus souvent, cela s'apparentait à un jeu dont les plus perspicaces semblaient se délecter. Ses figurations que nous rapportons sur certains types d'illustration iconographiques sont la preuve absolue qu'il était enseigné au plus profond des temples les rudiments de la science primordiale. Nous ne pourrions raisonnablement envisager des tentatives de reproductions hasardeuses tout au long des siècles sans les impératifs d'une doctrine aux préceptes définis et aux méthodes rigoureuses.

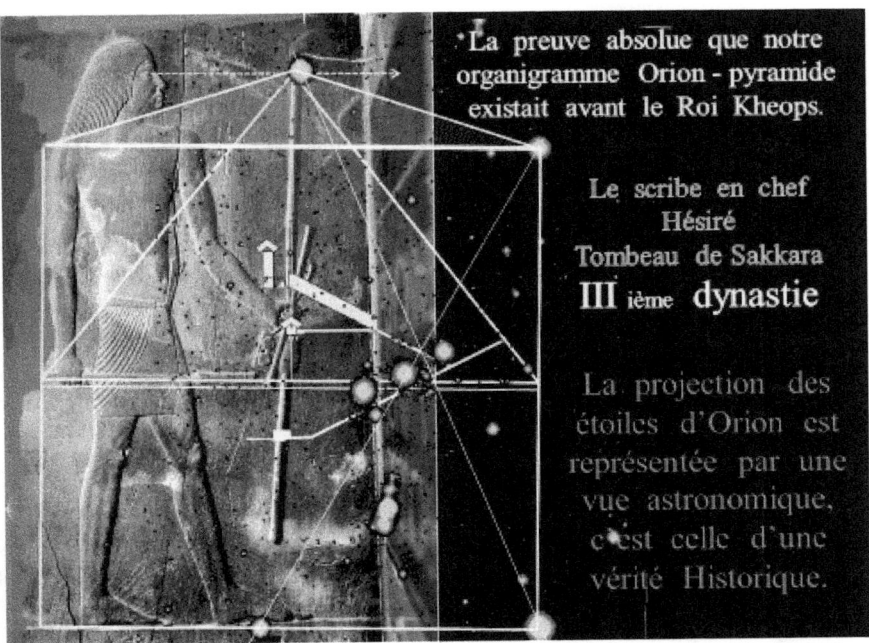

L'aspect énigmatique du graphique ci-dessus, n'a pas a priori l'impact d'une lumineuse révélation. Cependant, nous avons la surprise de constater qu'il met en évidence *l'élaboration schématique donnée par l'illustration originelle*, l'emplacement des étoiles-cadres de la constellation d'Orion et cela... c'est tout bonnement stupéfiant.

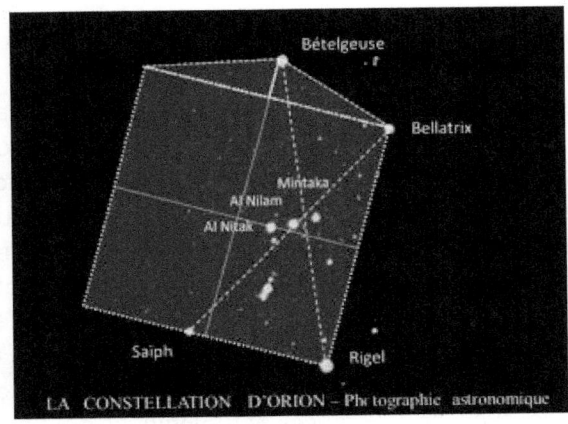

La similarité de l'astérisque avec le graphique ci-contre laisse peu de doute.

Il faut tracer à partir de points précis des lignes de recoupements pour retrouver en leurs jonctions le choc analogique.

Les Grands Hiérarques égyptiens écrivaient « *Ô, Roi, tu es la grande étoile qui porte **Orion**, qui parcourt le ciel avec **Orion**, avec Osiris* ». Le Roi en question, n'est bien évidemment pas celui qui se présente à l'esprit au premier degré, mais « le connaissant, *le découvreur initié* » (le Roi alchimiste). Nous pressentons derrière ces sibyllines énoncées que se dissimule l'enseignement d'une Tradition primordiale. Les Égyptiens situaient celle-ci à une époque qu'ils nommaient Zep Tepi ou « *le Premier Temps* ». Les mystérieux « *Neterou instructeurs* » des origines avaient laissé place aux *Shemsou-hor*, les « *suivants d'Horus* » dont se référaient les adeptes. Ce Premier Temps se situait sous le signe du Lion, aux environs de 10 500 ans avant notre ère, le Sphinx au corps léonin est l'un de ces éléments représentatifs.

Nous remarquons en effet, que le corps de l'animal s'équilibre parfaitement avec une tête de lion, ce qui n'est pas le cas de son effigie actuelle, laquelle visiblement a été retravaillée, ce qui eut pour résultat d'entraîner une disproportion anthropomorphique. Les strates apparentes sur son corps relèvent de pluies diluviennes, évaluées à plus de 7 000 ans avant notre ère.

Ces singulières constatations ne nous incitent pas seulement à reconsidérer l'égyptologie, mais à adopter une nouvelle conception de notre passé historique, celui qu'il nous faudra considérer tôt ou tard comme une évidence. Les preuves accumulées en un demi-siècle sont clairement subversives, c'est-à-dire, propres à tout remettre en question. Ces témoignages sont enrichis de références chiffrées et d'une rigoureuse géométrie d'applications, qui laissent peu de place, sauf erreur malheureuse de décalage, à la contestation. Dressés face à cette évidence, se trouvent les égyptologues, les archéologues, les paléontologues, les ethnologues, les enseignants, les embourgeoisés de l'acquit scientifique, les darwinistes évolutionnistes et tous ceux qui adhèrent au monde actuel avec les espérances pathologiques d'un futur sublimé. Ce gracieux aréopage voit d'un très mauvais œil toute reconduction qui pourrait nuire, à la sacro-sainte « croissance », celle qui contribue à leurs espérances. En résumé, cela fait beaucoup de monde à mécontenter et peu à satisfaire. Si de surcroît neuf dixièmes des êtres pensants ne s'estiment pas concernés par défaut d'information ou je-m'en-foutisme récurrent, on peut compter les rares motivations. Face donc à ces myriades d'individus qui se satisfont des contrevérités, que ce soit par ignorance, laisser-aller ou intérêt, que peut bien représenter *la vérité nue* ? Si ce n'est une sorte de frivolité intellectuelle, qui n'a d'hymen que l'idée que l'on se fait des sybarites.

« L'homme au-dessus de l'homme », préconisait Nietzsche, c'était oublier son cycle de régression dans la matérialité et sa fascination pour les privilèges au détriment de toute transcendance. Si dans ce désert des indignités nous prêchons pour un ressaisissement, c'est que nous nous devons de lancer un ultime appel à la raison, même si cette exhortation reçoit peu d'échos favorables, elle aura le mérite d'indiquer où se trouve notre responsabilité. Si nous n'avions pas les arguments pour exprimer ce désir de conversion, il serait vain d'y prétendre. Car nous devons être conscients que l'éboulement graduel des supports de l'hermétisme est précurseur de fléaux plus étendus que ceux que nous redoutons.

Les intellectuels ont été tour à tour désillusionnés par les dogmes, l'idéologie religieuse, l'ère des lumières, le romantisme et le scientisme. Il leur reste de nos jours une vision sociétale édénique louée par la presse prétendue démocratique, mais les plus lucides n'en prononcent mot de crainte d'entendre la voix vibrante de Liebling : *« La liberté de la presse n'est assurée que par ceux qui la possèdent. »*. Voilà bien l'affaissement graduel de l'esprit dans les turpitudes humaines du moment, mais où sont les neiges d'antan, les grandes envolées lyriques de ceux qui hier encore conjecturaient ?

Les êtres dotés de réactions personnelles s'amenuisent avec le phagocytage graduel des mentalités, leurs voix ne créent plus de réactivité responsable. Au point que s'il nous venait un réformateur saillant de probité, la population l'inspecterait hébétée comme un apport allogène en ce monde déclinant.

Nous faut-il pour autant abandonner la partie par désespérance, certes non, mais il faut trouver le moyen de réanimer la flamme dans les esprits désenchantés. Ce n'est pas seulement en prêchant la bonne parole, en émettant des idées logiques, sincères, constructives, que les populations réagiront, elles sont saturées de mensonges, de pub, d'images subliminales, de contrefaçons, de faux engagements et il n'y a plus de crédit pour une adhésion de principe.

Il faut présenter des preuves factuelles, sans commentaires excessifs, sans superlatifs, de simples développements donnant à réfléchir en forçant la comparaison. Ce sont ces références-là qui ont quelques chances de cheminer dans le temps et d'interpeller les consciences assoupies. Les études menées sur le plateau de Gizeh en Égypte sont pleinement compatibles avec ces aspirations. Elles révèlent des faits tangibles, existants et parfaitement assimilables par le grand public. D'autres faits exceptionnels pourraient nous impressionner, mais ils sont pour la plupart habilement désamorcés pour ne pas faire école. Entendons, pour ne pas enrayer le cours de l'histoire conventionnelle des possédants. Une chape de silence est alors posée sur ce qui pourrait constituer pour les habitants de ce monde de légitimes interrogations. Cette chape de silence est souvent accompagnée de l'indulgent sourire de l'establishment scientifique inféodé au système. Que nous disent-ils sur les objets usuels jonchant par milliers le sol de Mars, sur les structures de la Lune, sur l'hexagone au pôle de Vénus, sur les tracés géométriques au fond des océans, sur les centaines de pyramides inexplorées réparties sur la surface du notre planète ? Que nous disent-ils, si ce n'est de consommer pour être heureux !

Les empreintes de pas humain qui ont été découvertes en Amérique, conjointement au cheminement de dinosaures, ne devraient pas nous laisser indifférents. Sur un seul panneau et nulle part ailleurs, du site d'Abydos en Égypte (Temple de Séthi 1er), se trouvent de singuliers hiéroglyphes. Ils ont d'étranges similitudes avec ce qui est actuellement utilisé par nos stratèges en tant qu'engins de guerre. Nous visualisons ici un hélicoptère, un sous-marin, un bombardier stratégique, et nous avons grand-peine à considérer qu'il ne s'agit là que *d'un simple concours de circonstances*. C'est pourtant ce que nous affirment les égyptologues orthodoxes, avec cette assurance professorale qu'ont les maîtres à penser devant les puérils atermoiements d'un auditoire conditionné.

Ah oui, tiens donc…vous discernez cela ? C'est curieux cette vision des choses, ce ne sont pourtant que… de simples hiéroglyphes !

Comment après de telles répliques ne pas douter… douter de tout, et en premier lieu de l'enseignement dispensé ! Alors que s'il s'agissait « *de simples hiéroglyphes* », ils s'en trouveraient ailleurs de semblables, ce n'est pas le cas. Ces « experts » pourraient pour le moins admettre que la chose est singulière, étonnante, et qu'ils n'ont pas d'explications rationnelles à émettre sur cette corrélation. À défaut d'être inventif, ce serait honnête, mais non, pour ces gens de « science » façonnés par l'outil tranchant de l'acquis, tout ce qui n'a pas d'explication conventionnelle, n'existe pas. Quant aux naïfs abusés par leurs fantasmes qui distinguent en cet affichage autre chose que ce que stipule l'académie des Pairs, ils rejoignent ces légions d'écervelés qui osent porter un discrédit à l'irrécusable savoir.

Pourtant, disait Galilée…*elle tourne* ! Mais après une injonction papale et un sermon doctoral, il s'est tu le Galilée, comme se taisent les soumis que nous sommes, bas de têtes, devant les fourches caudines de l'inanité pensante. L'enseignement reçu écarte en un réflexe conditionné tout ce qui ne relève pas des domaines par lui classifiés, aussi représente-t-il un frein manifeste à l'évolution. Qu'il y ait des garde-fous pour évincer les hypothèses saugrenues, reconnues comme telles par des comités de réflexion, nous ne pourrions que nous en féliciter. Toute pensée humaine a besoin d'être décantée, élucidée, clarifiée pour prendre place en un raisonnement éducatif et profitable à tous. Mais il n'est question ici que de rejets primaires, sans aucun prétexte ou analyse, sans justificatif, si ce n'est cette sévère protection contre toute intrusion étrangère à un professionnalisme institué.

Si cette forme d'écriture hiéroglyphique était classique, elle serait visible en d'autres lieux et non regroupée sur un panneau, au plus haut d'un monument. Mais non, elle n'existe qu'en ce temple et elle date de 3 300 ans.

Mise à part les hiéroglyphes (**sou**) à gauche et vaguement au milieu le poussin (**ou**), avec la forme stylisée du sous-marin en (**d**), si vous n'avez jamais vu de pareils hiéroglyphes, ne le dites surtout pas, de crainte d'être torpillé de ridicule. Nous comprenons le silence de ce grand savant qu'était Jean François Champollion lorsqu'il a apparemment refusé de commenter ce que lui inspiraient les pyramides de Gizeh. Le césarisme papal bandait son arc d'argent à l'horizon de la convention dogmatique et la prudence était requise. Le hiéroglyphe **(sou)**, à gauche, pourrait d'ailleurs dans le contexte, être assimilé à une explosion, ce qui expliquerait pourquoi il a été laissé intact. De surcroît, ce hiéroglyphe est le premier composant du nom de Seth, le dieu qui déclenche les conflits. Le chaos à droite du motif a peut-être encore plus d'intérêt, mais comme tout chaos, il est inexprimable. Face à de telles attitudes, n'est-il pas logique de douter de la fiabilité d'un système et du bien-fondé des rapports que nous devrions avoir avec les occupants de fonctions particulières aptes à vous expliquer l'inexplicable.

Pourquoi un panneau « d'écriture » regroupé aussi provocant ? Est-ce un message, un avertissement en adjoignant pour plus de précision, les mécanismes guerriers de notre époque ? *Le hasard, voyons… !*

Oui peut-être, le has…ard ! En écriture runique (as = le meilleur) Ase = Dieu en langue nordique ancienne ou avec un peu d'imagination « l'art des dieux ». Mais où sont-ils ces dieux ? À moins que ce soit eux qui aient peint ce panneau ?

« Demain, lorsque nos larmes amères auront noyé les génocidaires de la planète, demeureront héraldiques, les stériles récifs de notre inconséquence. Longtemps, les vagues du pardon viendront s'y briser sans jamais les blanchir. »

La déprédation semble associée à notre destin, le terme à des maîtres accomplis, aux prés desquels nous nous référons pour nous impliquer en d'insolites espaces, sans qu'en la raison nous sollicitions le pourquoi.

En Provenance de l'Ailleurs

C'est en observant le Ciel et en utilisant le déplacement zénithal de la constellation d'Orion que nous pouvons nous procurer des références, avancer des solutions et nous doter d'analyses logiques pour effectuer des datations. Ainsi sommairement présenté, il se pourrait que la nature du procédé que nous employons apparaisse étrange à un esprit non informé. Alors qu'une telle étude demande beaucoup d'application, il nous faut tenir compte du trajet apparent de la constellation, de ses positions et altitudes, de ses inclinaisons au méridien. Il ne nous faut pas ignorer les décalages du demi-cycle précessionnel et selon les étoiles considérées, les positions qu'elles affichent à Gizeh au-dessus de la ligne d'horizon.

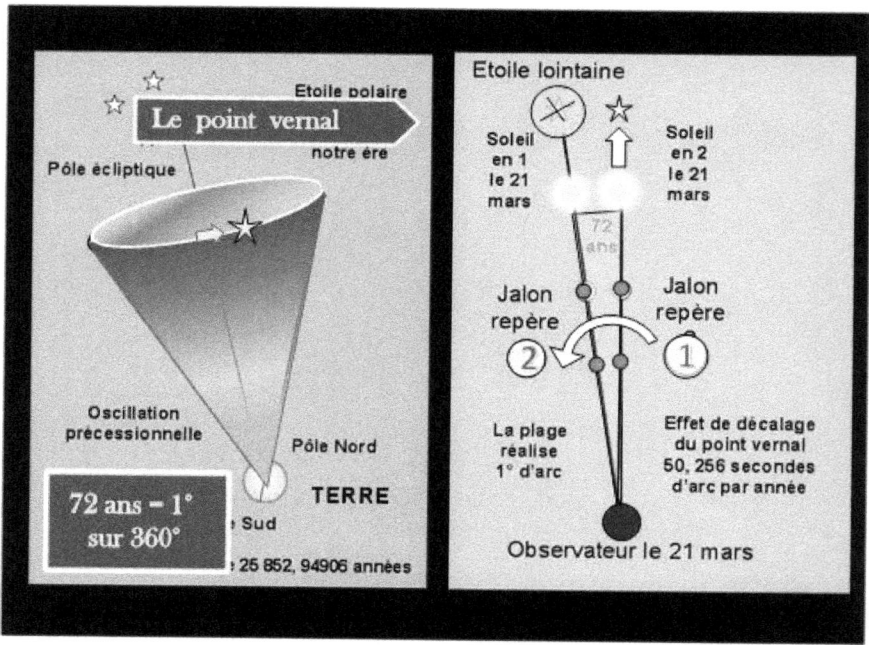

Complexe, la précession des équinoxes ? Non, voici un graphique qui devrait aviver notre mémoire : sur la partie droite, nous avons le décalage d'un degré tous les 72 ans. Le plus simple est de s'imaginer la Terre effectuer un mouvement de toupie autour d'un axe, cela en un peu moins de 26 000 ans.

L'effet produit sur la constellation d'Orion est de nous donner l'illusion d'un mouvement ascendant ou descendant selon la trajectoire de notre planète sur son axe giratoire. Si nous considérons le circuit vers le haut de la constellation d'Orion, vue par un observateur « au grand âge », elle présenterait ce type d'aperçu :

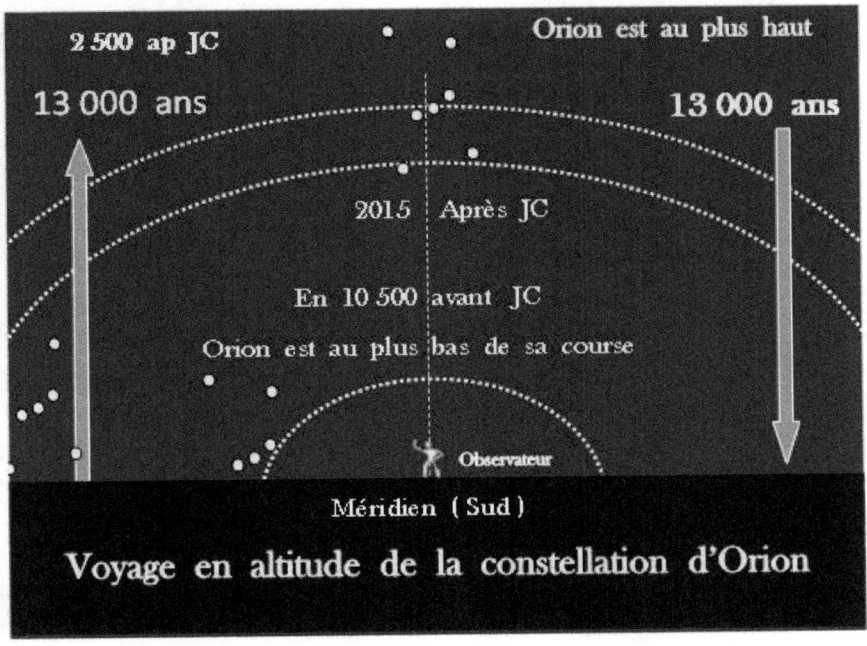

Pour saisir parfaitement ces deux mouvements ascendants - descendant de la constellation, plaçons notre observateur au sein de la Grande Pyramide, précisément sur la position de l'étoile Al Nitak du baudrier d'Orion. La constellation est ainsi vue de profil et nous observons que sa course vers le haut est limitée à 58°13', alors que vers le bas et selon l'étalement des étoiles d'Orion, elle se situe entre 8° et 10° au-dessus de l'horizon de Gizeh. Nous constatons que de multiples conjonctions ayant trait à la structure interne viennent souligner ce mouvement. Notons ce singulier détail, la hauteur de la constellation se trouvait à 45° à l'époque de Khéops, précisément dans la direction du conduit Sud de la chambre du Roi, 2450,47 ans avant notre ère. (Les décimales que nous faisons figurer après la virgule sont bien évidemment théoriques).

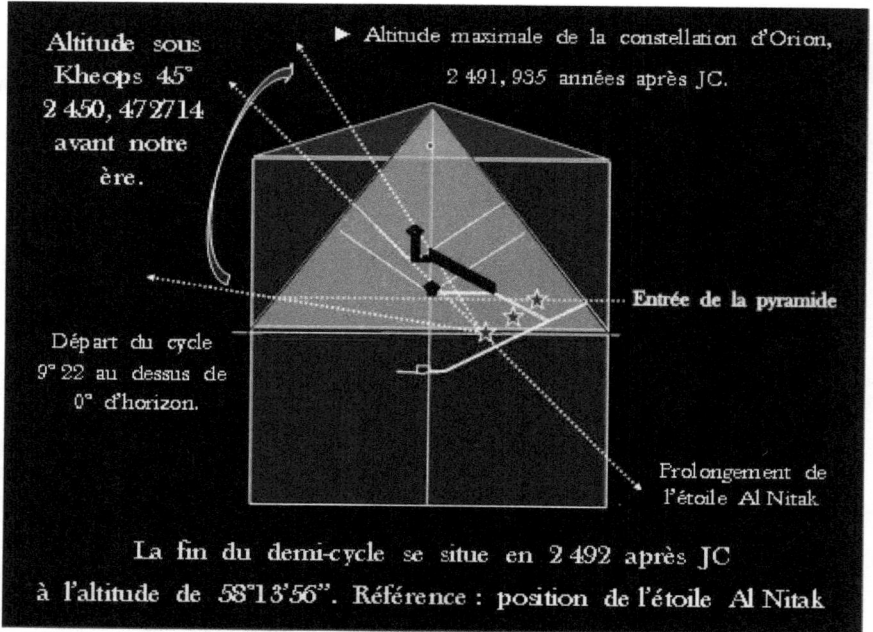

Une étrange coïncidence veut qu'il y ait autant d'années qui séparent le premier de notre ère de l'époque du Roi Kheops que le premier de notre ère de la fin du demi-cycle précessionnel.

2 491 pour 2 492 l'année zéro de notre ère étant le juste milieu ou plus précisément, ce que l'historique protocolaire chrétienne considère être « *la naissance du Christ* ». La date de cet enfantement s'est imposée à nos calculs avec des concordances astronomiques et géométriques prodigieuses.

Nous étions loin de présumer en cette quête de vérité une telle corrélation, agrémentée d'une telle précision. A priori, ce genre d'examen ne relevait pas de nos appétences en matière de découverte. Dès lors, nous avions obligation de pousser le raisonnement bien au-delà des recherches engagées. Ne nous fut-il pas donné de constater la remise en question de notre histoire telle qu'elle nous est contée et de ses fondements spirituels ? Il nous fallait aller puiser la vérité là où elle se trouvait, c'est-à-dire, bien au-delà des critères établis, en ces énigmatiques monuments qu'un docte enseignement considère, avec un rien d'immaturité, comme étant des tombeaux.

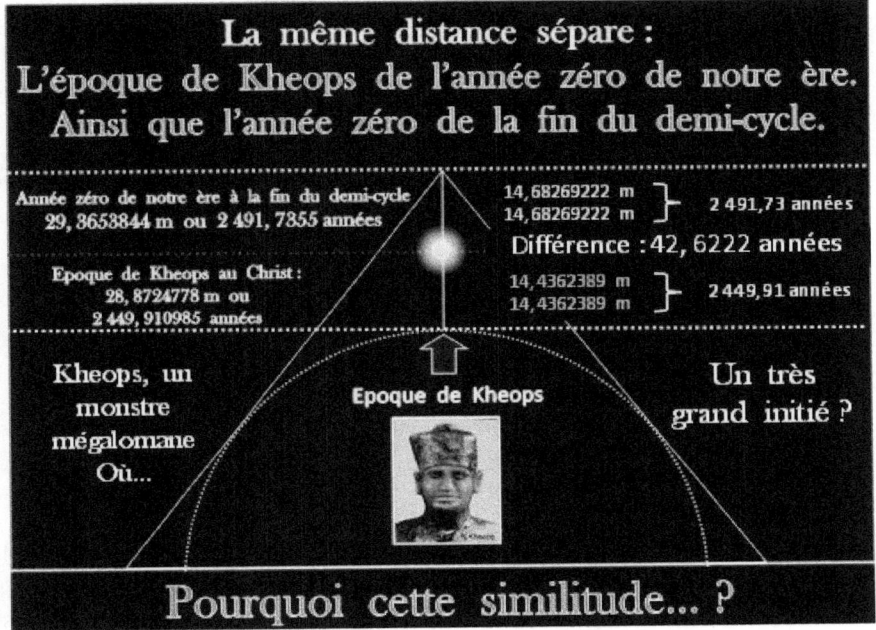

Pour convertir les mètres en années, il nous faut les diviser par 0,011785113 (la racine de deux : 1,414213562 divisée par 120 nombre sacré) Exemple des mètres affichés : 29,3653844 m moins 28,8724778 m = 0,4929066 m divisé par 0, 011785113 = 41, 82451199 années selon les décimales.

Ce mode de calcul nous permet d'évaluer en années n'importe quel point situé sur la verticale (sommet – base) de la Grande Pyramide et son reflet. Le point zéro de notre ère servant de repère avant – après. Lorsque nous disons « après », nous devons tenir compte qu'il nous reste environ 490 années à partir de l'année symbolique 2000 de notre ère pour parvenir à la fin du demi-cycle représenté par le sommet de la Grande Pyramide (étoile Bételgeuse).

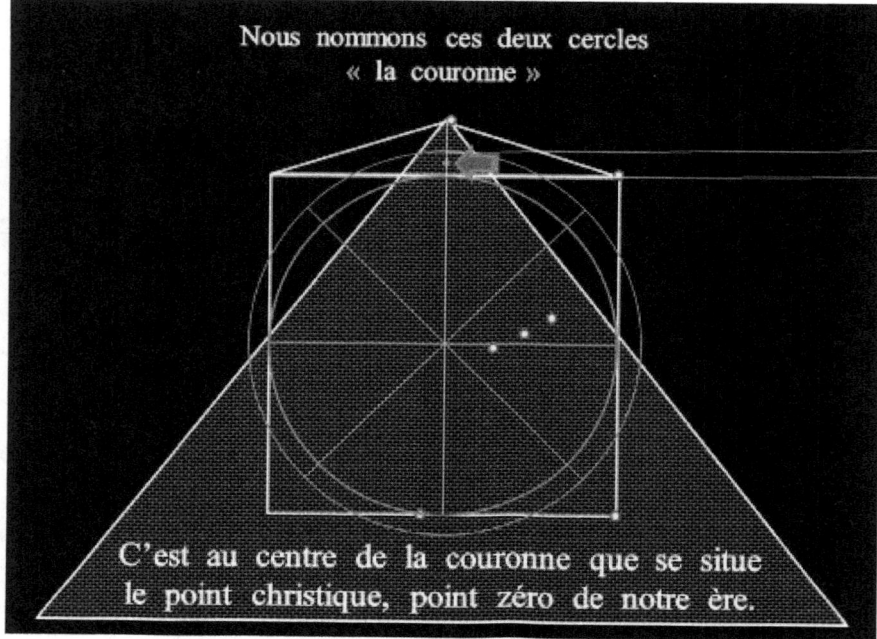

Il est un fait que ces opérations et analyses engendrent beaucoup plus de questions qu'elles n'en résolvent. Comment des êtres d'une intelligence supérieure à celle qu'il est convenu de prêter aux Égyptiens de cette époque ont-ils pu envisager un système évolutif programmé pour une prise en considération qui n'aurait d'utilité présumée que dans un futur lointain ? Et s'il s'agit d'un message, comment devons-nous l'interpréter, quelle est son authentique signification ? Pourquoi cette révélation émerge-t-elle à notre époque et pas à une autre ? Si nous poussons plus loin l'observation, nous constatons l'étroite implication des *critères spirituels et structurels*, les deux se trouvent si étroitement liés, qu'un tel examen est une véritable provocation à l'adresse de nos facultés pensantes. Nous savons qu'au-delà d'une indifférence répréhensible, l'impassibilité devient une résignation. Nous faut-il aller chercher cette vérité au plus profond des choses, là où des générations ont négligé toutes démarches de rétablissement, soit par insuffisance d'interprétation, soit plus prosaïquement par crainte d'offenser le fondamentalisme en vigueur ? Cependant depuis peu, ce message holistique impose une divulgation à la communauté humaine, il se révèle à la fois simple, novateur et détenteur d'un immense espoir à caractère spirituel.

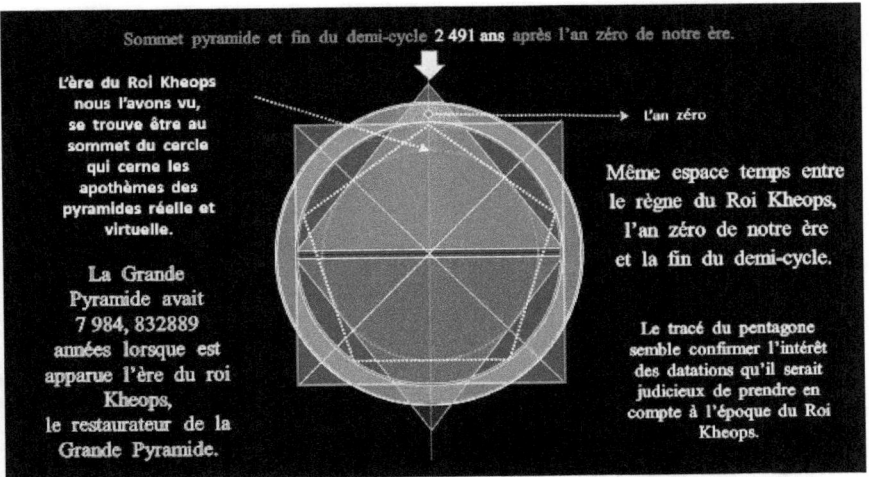

Nous appelons « *couronne* » cette formation que nous procurent les deux cercles, dont l'un est circonscrit dans le carré-base et l'autre représente sa quadrature (capacité de surface identique). Le point haut qui se situe au centre de la largeur de la couronne symbolise l'année zéro de notre ère.

Pour des raisons diverses et parfaitement explicables, cette année considérée « zéro » n'est pas l'année de la procréation de Jésus le Christ, celui-ci a été conçu exactement 7,743676377 années plus tôt. Les décimales théoriques qui suivent le « 7 » sont en mesure de nous préciser, mois, semaines et jours de l'avènement. Il serait fastidieux de commenter ici toutes les analogies et particularités qui nous ont poussés à ces calculs, mais il nous semble bon de mentionner les données qui nous ont particulièrement interpellées. Nous devons pour cela utiliser l'aspect schématique que nous procure la disposition des étoiles d'Orion accompagnée de l'étoile Sirius, nous nommons cette composition schématique « *pyramide céleste* ». Rappelons que les triangles équilatéraux (têtes en haut) utilisés en symbolique hermétique ont une seule et unique signification, ils représentent (la *lumière considérée divine*) sous deux aspects. Extérieure à notre système temporel, cette lumière crée le lien Terre – Ciel, elle est l'incontournable figuration de la gnoséologie des mystères.

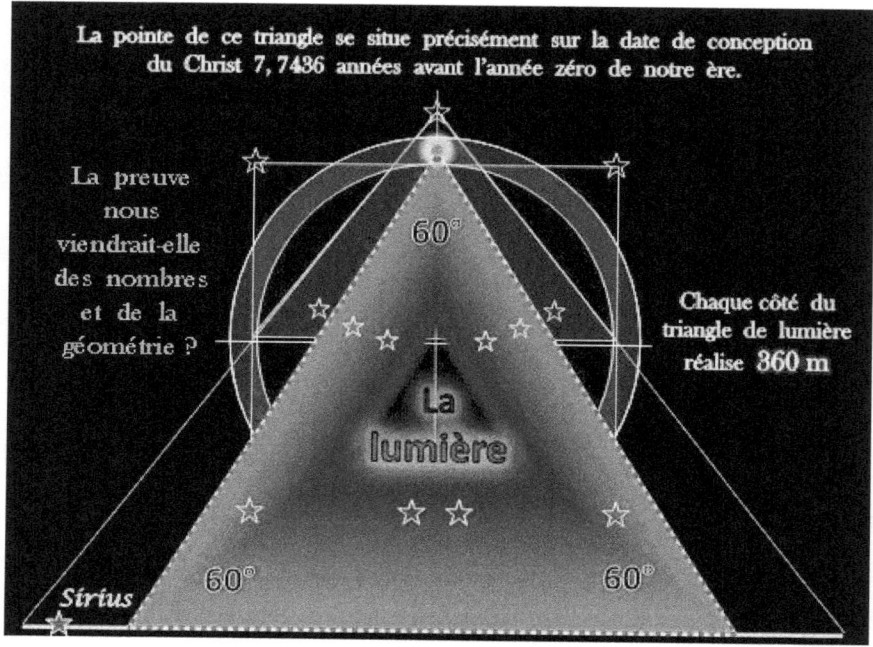

Le triangle équilatéral répond aux critères répertoriés de la gnose cachée, l'un de ses côtés repose sur la base de la pyramide céleste, sa pointe voisine avec le point zéro de notre ère. La petite différence que nous constatons est de 0,091260101 m, c'est précisément celle qui nous indique la date de procréation du Christ, 7,743 années avant l'année zéro de notre ère. Le triangle équilatéral en question n'est pas doté d'une valeur quelconque, chacun de ses côtés réalise **360 mètres**, nombre sacré dont les peuples anciens connaissaient l'universalité, c'est également *une grande constante affectée au Grand Œuvre*. Nous nous devons de préciser que les historiens spécialistes en doctrines religieuses sont maintenant unanimes pour admettre que le Christ ne peut pas être né le premier de notre ère, mais six ou sept ans avant cette date. Toute vanité mise à part, nous sommes heureux de leur communiquer la précision qu'il était bien difficile d'obtenir sans les apports offerts par ces concepteurs de génies bâtisseurs d'éternité. Rappelons que ce monument de pierres cyclopéen n'est pas, comme il nous est enseigné, l'aboutissement d'un délire monarchique obsessionnel, il est l'omnisciente expression d'une volonté supra humaine.

À titre personnel et pour l'avoir longuement étudié, nous nous montrions déjà convaincus de la réalité christique, toutefois à ceci près, nous pensions que sa personne jouissait d'un état de sublimation. État commun chez un être d'exception ayant atteint l'éminence sommitale des réincarnations. Jésus était par nous considéré comme étant une entité spirituelle réincarnée, venue pour stimuler la société humaine à atteindre un palier supérieur d'évolution. Sa mission nous apparaissait être orientée sur l'élévation des états de conscience par rapport au communautarisme sectaire et pernicieux de son époque. Ce Christ en devenir était certes un homme hors du commun, mais pour nous, il ne transcendait pas sur une pluralité d'êtres hautement spirituels, comme il est naturel d'en dénombrer de génération en génération. Nous considérions que le pithiatisme populaire était seul à l'origine de sa déification.

Les recherches entreprises pendant des décennies nous ont enclin à une approche bien différente de celle que nous avions précédemment acquise à la suite d'analyses incomplètes du phénomène mystique. Comment expliquer rationnellement de tels concours de circonstances sans l'apport de quelques conjectures suprahumaines ? Il est certes plausible de réunir des indices concordants sur un sujet donné, mais lorsqu'il vous est concédé d'amonceler des références en mathématique, en géométrie, en astronomie, comme il nous a été donné de le faire pour le Christ, le phénomène s'affranchit de la coïncidence pour intégrer celui de la révélation. C'est alors qu'en place d'une argumentation que nous pensions fondée, la perplexité entreprit de dissocier lentement en nous les critères qui constituaient jusque-là notre logique. Aussi, nous faudrait-il aujourd'hui être animé d'un scepticisme chronique ou d'une malhonnêteté flagrante pour ne pas chercher à élever notre raisonnement au niveau de ces constatations.

On peut trouver surprenant le fait de discerner des liens à caractères spirituels au cours de recherches qui se voudraient *seulement intellectuelles*. Mais n'était-il pas inimaginable de constater qu'au sortir du paléolithique des êtres d'une qualité d'esprit incomparable, ont su construire et disposer sur le sol d'Égypte des monuments débordants de données scientifiques. Cela, à une époque où selon la vision commune, le reste de l'humanité émergeait à peine de sa condition primitive. D'où venaient-ils ces *voyageurs de l'inconnu espace-temps*, qui étaient-ils, qu'espéraient-ils en construisant ces édifices ?

Autant de questions qui restent sans réponses, malgré l'immense travail que nous a donné pendant un demi-siècle le déchiffrage d'une faible partie de leurs travaux.

Nous verserions allégrement dans le domaine des hypothèses, si nous n'étions pas résolus à présenter ces découvertes sous un angle factuel, plutôt qu'enrobé d'arguments analogiques toujours contestables. Pour celui qui sait réfléchir et qui est sensible aux notions de probabilités, il ne fait aucun doute que de telles démonstrations sont probantes et parfaitement recevables. Cependant ne nous leurrons pas, nous ne faisons que redécouvrir l'apport d'une connaissance, qui dans l'espace temporel de jadis, a motivé des idéologies religieuses, mais aussi des modes sectaires de communautarisme où eurent lieu des dérèglements à caractère obsessionnel. Car l'homme ne domine pas toujours ses réactions face à la difficulté de percevoir et d'interpréter. Il nous faut donc raison garder en tentant d'exhausser notre quotient de possibilités déductives pour tenter de s'élever à un humble niveau de la pensée universelle. Nous êtres humains du politiquement correct, n'est-il pas urgent de changer d'orbite évolutive ?

Eglise de Josselin
Morbihan

La Grande Tradition ressurgit parfois en des endroits inattendus avec cette note juste que confère l'universalité de la connaissance.

La quadrature

Le passage du cercle au carré ou son contraire sont des développements fort usités en matière de géométrie sacrée, il est donc normal de retrouver ce genre d'élaboration dans les recherches que nous évoquons. Les périmètres, les angles et leurs degrés, les longueurs, hauteurs et distances sont des références d'études, dont il est impératif de tenir compte pour obtenir une cohérence globale des ensembles. Trois facteurs de découvertes nous paraissent incontournables, *les nombres, la géométrie et l'astronomie de proximité visuelle.*

Il nous aura fallu parfois composer avec les mythologies ou l'astérisme des dispositions galactiques, pour suivre les sinuosités d'une connaissance le plus souvent complexe à traduire, mais in fine éblouissante. Les anciens Égyptiens dont l'atmosphère n'était pas polluée baignaient leurs aspirations en des nuits étoilées, aussi ne peut-on se faire une idée de l'émouvante splendeur dans lequel pouvait s'immerger leur état de méditation.

Nous pouvons imaginer que la vision permanente d'un univers étoilé s'étendant telle une coupole au-dessus d'eux, les anciens Égyptiens avaient plus de facilités que nous en avons pour invoquer et espérer.

La spiritualité est-elle née d'une crainte ou d'une admiration ? Probablement des deux, mais ce serait oublier un autre facteur, celui qui a trait à un enseignement venu d'ailleurs, que l'on pourrait traduire par une sorte de translation universelle du raisonnement. Une révélation, une interprétation, une démonstration, pour changer *notre nécessité à vivre* en « *une raison d'être.* »

Ce sentiment est à la base de l'évolution humaine, il a été jalonné d'âge en âge par les apports graduels de personnages missionnés au comportement transcendant et vertueux. Ceux-là faisaient passer l'inspiration intuitive avant les nécessités de l'existence. Les textes estimés sacrés, nous transmettent de nombreux témoignages prélevés sur la trame d'une Tradition Primordiale. Ces fragments d'arcanes ont formé l'ossature des ordonnances religieuses, sans que les héritiers qui les conduisent soient nécessairement initiés à leurs sens cachés. Prenons un exemple anodin : c'est le cas de la lance romaine, qui en présence des trois Marie, frappe le flanc de Jésus crucifié. Quelle est ici la place de la coïncidence si nous acceptons celle de la Tradition ?

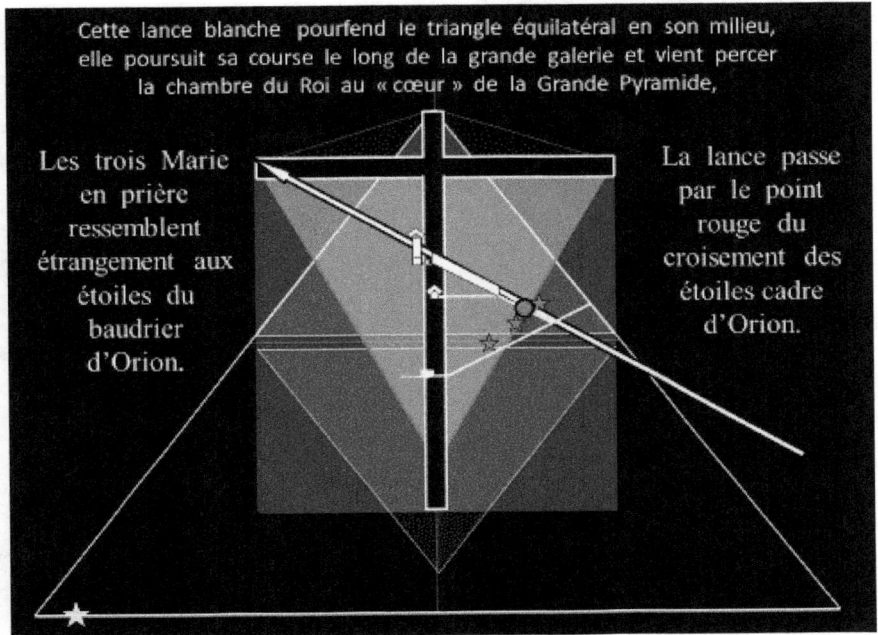

La lance ici, ne pourfend pas seulement le triangle en son milieu, elle passe au-delà des trois étoiles du baudrier dans *le croisement des étoiles-cadres d'Orion*, juste à l'endroit où elle croise *le milieu du côté de ce triangle*. Il est évident que la gnose chrétienne a puisé ses connaissances au sein de **la Tradition Primordiale**. Il ne fait de doute que Jésus à son retour d'Égypte ait tenté de réanimer cette flamme en communiquant avec les hiérarques esséniens et nazaréens. Au fil du temps, hélas, les valeurs traditionnelles inscrites dans ses protoévangiles se sont altérées, au point qu'aujourd'hui, le message n'a plus grand rapport avec celui des origines. Souhaitons qu'il puisse être ravivé par les nouvelles découvertes, elles compléteraient les thèmes manquants, éclairciraient les énoncés confus, tout en éliminant les intentions dévoyées. L'époque que nous vivons *a beaucoup de points communs avec celle du christ*, mêmes interrogations sur la finalité religieuse, même absolutisme en matière de conviction, même pression exercée par une classe dominante, même différence clanique entre les possédants et les appauvris, même incertitude dans la projection du futur.

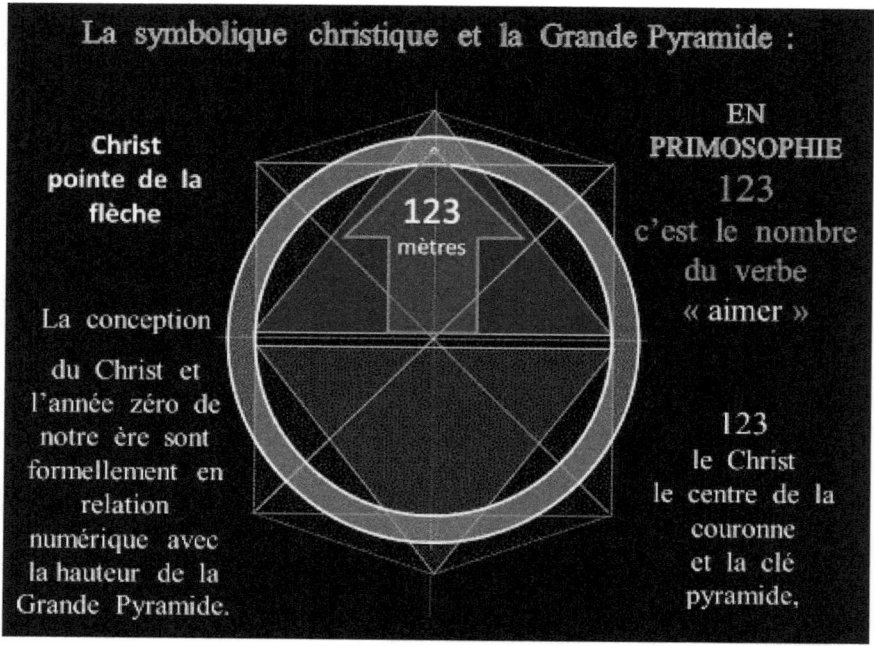

Ce nombre 0,012732395 que nous voyons figurer à droite de cette illustration, représente « *la clé de la serrure pyramidale* », celle-là même que nous pouvons utiliser pour ouvrir les portes secrètes de la Grande Pyramide. À titre d'exemple, avec cette clé numérique, lorsque nous possédons la distance de la demi-base, il suffit de multiplier cette dernière par 1,273239544 pour obtenir la hauteur de l'édifice et inversement. Non seulement la Tradition Primordiale nous donne « 122,9745352 » pour **la trajectoire temporelle du départ d'altitude d'Orion à la conception Christ**, mais le reliquat chiffré 0,02546479 m correspond à deux fois la clé pyramide.

1,273239544 x 2 = 2,546479, pour cette équation 0,02546479.

Quant à **123m** c'est le 36 de la tradition universelle, n'égale-t-il pas 3 chiffres qui réalisent 6 qui réalise 9 ou l'ensemble des chiffres qui procèdent à l'ensemble des nombres.

Serait-ce la différence par excellence, entre une banale coïncidence et un authentique miracle ? La portée exceptionnelle de cette opération n'est pas seulement réservée à ceux qui établissent des probabilités,

« 123 » est une révélation divine, deux fois la clé numérique constitue, le plus simplement du monde, une affirmation concrète. Observons maintenant combien sont judicieuses les dispositions géométriques lorsqu'elles sont placées sur le schéma original.

La relation Christ – Pyramide – Constellation d'Orion, impose alors le sceau magnifié d'une immuable harmonie. Sur l'image précédente, le pentagone symbolise la pensée humaine à la recherche d'un souverain équilibre. Celui-ci lui est donné au sein du complexe pyramidal, tantôt dans sa manifestation *féminine tête en bas*, tantôt dans son expression *masculine tête en haut*. Cette symbolique est similaire aux deux triangles équilatéraux à pointes opposées, **le feu purificateur** *pointe en haut*, **la céleste lumière** *pointe en bas*. Ces jeux de formes et de nombres prédisposent l'esprit à un sentiment d'authenticité, n'est-il pas dit de toute éternité qu'ils sont l'un et l'autre représentatifs de la rectitude ? Qu'en serait-il, s'il ne s'agissait que d'une façade idéogrammatique livrée aux évaluations du hasard ?

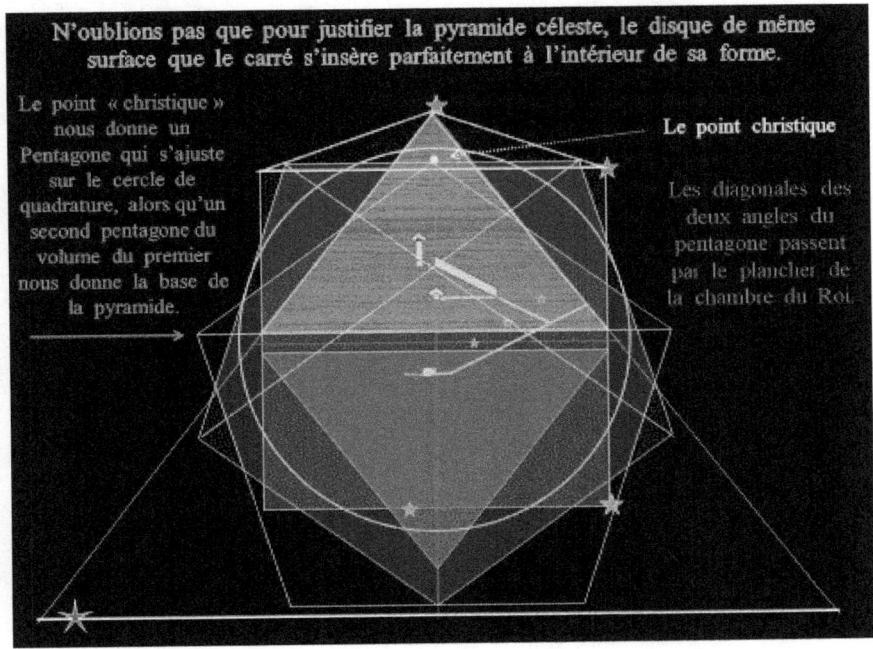

Il y a fort à craindre que nous ne puissions sans incohérences, tenter de raisonner sur des faits allusifs. Avec les nombres et la géométrie, ce risque n'existe pas, une subséquente allégresse impose sa réalité à la conformité de l'ensemble.

L'hagiographie se rapportant au Christ qui nous donne l'année zéro de notre ère est troublante, en aucun cas elle ne peut être assimilée à des coïncidences. Plutôt devrait-elle être comparée à une révélation d'ordre philosophico-spirituel, que nos capacités cérébrales, lorsqu'elles se trouvent désynchronisées du ressenti intuitif, ne sont pas à même de saisir. Cette différence que l'on note, entre la conception de Jésus à sept années de l'an zéro, peut s'avérer pour certains invraisemblable et peut-être même dénuée de sens. Rappelons que pour la culture hébraïque de l'époque, l'âge de 7 ans était plus important que la naissance elle-même (pour les garçons, fête de la circoncision). En des temps où la mortalité infantile était chose banale, le rabbinisme n'accordait « chance de vie » qu'à celui ou celle qui parvenait à franchir cette portion d'âge.

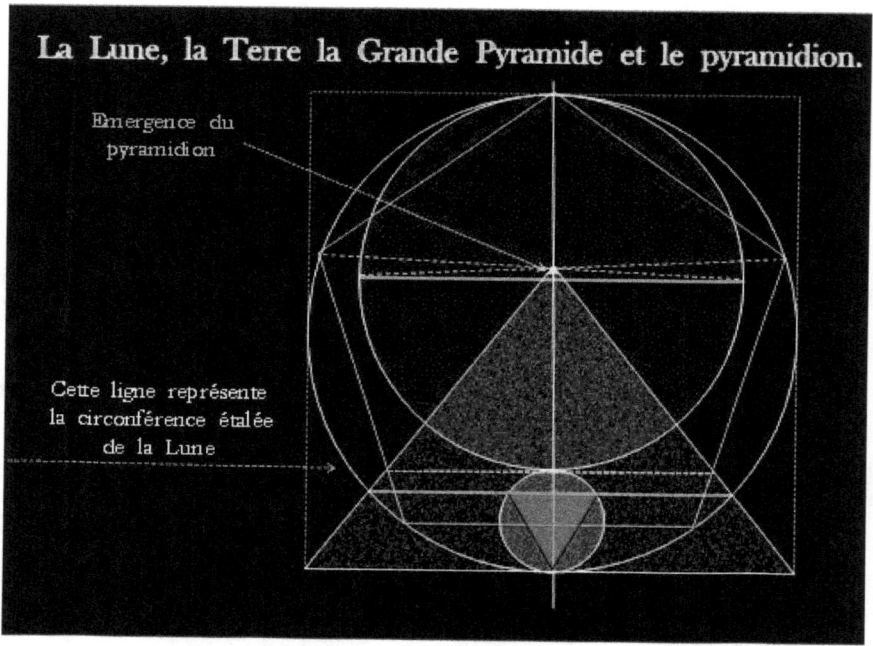

Une raison corollaire à la première voulait qu'à l'âge de 7ans révolus, l'enfant fût censé parvenir à un « stade de responsabilité », cela engageait ses décisions dans beaucoup de domaines. À la lueur de ces appréciations, nous comprenons mieux pourquoi un tel décalage s'imposait sur le plan de la prise de conscience. Ne fallait-il pas que Jésus se dégage, de l'irresponsabilité relative que l'on prête à l'enfance, pour entamer un parcours clairvoyant du rôle qu'il était appelé à tenir, lequel sans doute constituait déjà sa raison d'être ? Cette date de 7 ans écoulée (âge de raison), retenue pour représenter l'année zéro de notre ère correspond à l'an 747 de Rome. Quant au Brumalia du solstice d'Hiver pour la naissance célébrée en date du 25 décembre, nous avons là et de manière flagrante, un rappel à la Tradition originelle, puisque le 25 décembre était la fête de Mithra, ainsi que celle du dieu Odin. Les premiers chrétiens fêtaient la Pâque, certes, mais *ignoraient la fête de Noël* qui ne fut célébrée qu'au IVe siècle de notre ère, après les tribulations du règne de Constantin où la foi chrétienne fut livrée aux prémices du catholicisme par Eusèbe de Césarée et ces condisciples.

Une troisième naissance, non moins importante, s'effectuait pour les garçons au double de cet âge, c'est-à-dire aux environs de la quatorzième année. L'adolescent se devait alors d'adopter une ligne de conduite, de prendre une décision concernant son avenir et de réfléchir à l'implication qui allait être la sienne dans l'existence. C'est à cette époque, et selon toute probabilité que l'éducation de Jésus fut confiée à la secte des esséniens, lesquels, sans renier totalement la loi hébraïque, suivaient un courant spirituel proche de l'école pythagoricienne. Ce nombre « 14 » était particulièrement apprécié des Égyptiens, nombre indissociable du dieu Osiris et de sa subdivision corporelle, que l'on retrouve dans *les 14 stations du chemin de croix des catholiques*.

Les nombreux recoupements que nous avons considérés nous obligent à penser que ce ne peut être qu'à l'âge de seize ou dix-sept ans que Jésus, étudiant confirmé, entama son voyage en Égypte. Il le fit en compagnie de son précepteur essénien législateur de la communauté de Qumram, selon certains textes celui-ci avait pour nom Ben Pandira. Le *Talmud* avance même le nom de son premier initiateur Rabbi Perahiah, né sous le consulat de Publius Rutilus Rufus. Ces références sont corroborées par les rouleaux esséniens de la Mer morte, en déchiffrement depuis plus d'un demi-siècle.

Nous remarquerons qu'un si long temps de décryptage ne peut avoir pour seule explication que l'extrême prudence requise envers des publications révélatrices et non opportunes en ce qui concerne le contenu de ces parchemins.

Il en résulte à ce que l'on sait, que les précepteurs de ce jeune homme, dont certains grands hiérarques devaient pressentir le fabuleux destin, durent s'employer à lui donner une formation de caractère spécifique, impliquant en tout premier ordre la géométrie et les nombres.

Ce voyage en Égypte fut de longue durée et selon toute probabilité, la petite délégation essénienne séjourna à Alexandrie avant de poursuivre en direction de Memphis. En ces lieux une éducation anticonformiste liée à *la Tradition Primordiale* dut constituer les prolégomènes des enseignements réservés à Jésus. Ces informations seraient à prendre avec circonspection, si à défaut d'historicité manifeste, elles étaient démunies de sens. C'est parmi la pluralité de ces recoupements que nous parvenons à cerner un cheminement cohérent pour ce personnage exceptionnel que fut *Jésus le missionné*. Tenons compte du fait que les textes historiques furent largement interpolés au cours des âges, et qu'aucun d'eux ne revêt un caractère parfaitement fiable, cela explique pourquoi aussi peu d'historiens s'exprimèrent sur son parcours existentiel.

Le voyage en Inde et non en Égypte que suppose un certain nombre d'auteurs, nous paraît hautement improbable du fait que l'Égypte pays limitrophe conservait les vestiges d'une science supérieure plus appropriée à l'éducation préalable qu'avait reçue Jésus. La langue égyptienne était souvent pratiquée en Palestine, mœurs et coutumes étaient proches ce qui était loin d'être le cas pour l'Inde.

(Il nous faut hélas jongler avec beaucoup d'interpolation, n'est-il pas reconnu que le paragraphe concernant Jésus, dans les chroniques de Flavius Joseph, est fortement soupçonné de faux par l'ensemble des historiens.)

Jésus avait donc des maîtres à penser, peut-être avaient-ils ces initiateurs, la possibilité médiumnique de voyager dans le temps ou en des corps ectoplasmiques, science préfiguratrice d'une autre dimension. Avaient-ils la possibilité de visualiser les fabuleuses concordances attachées de toute éternité au nom et à la date de procréation de leur jeune élève futur prophète ? Les racines de deux, de trois, le nombre pi, le nombre d'OR et la géométrie la plus sacrée, sont accolés à cette datation. Les étoiles mêmes, le Soleil et le cycle de précession des équinoxes lui consacrent un concert d'harmonie.

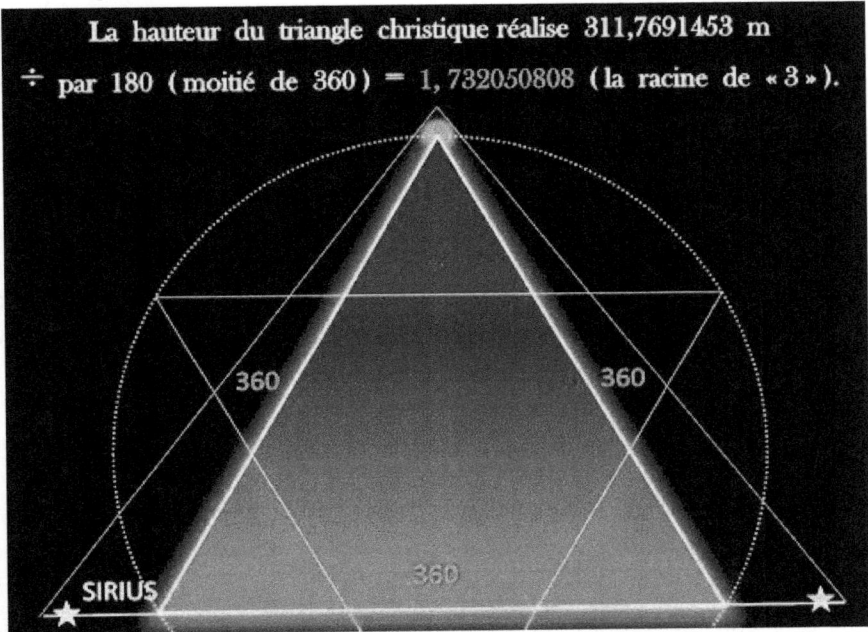

Précisons qu'en tant que chercheurs, nous ne sommes en rien obnubilés par les concepts des doctrines religieuses, moins encore sommes-nous de fervents adeptes du principe liturgique que l'on révérerait et porterait au pinacle. Au-delà de cette mise au point, nous sommes intéressés par la manifestation des faits, des concordances, des similarités provoquées par les analogies, mais aucunement enclins à exaucer une doctrine au détriment d'une autre, quelle que soit sa nature. Toutefois, il faut bien reconnaître que nous avons en ces corrélations dont nous faisons état, des apports eurythmiques hors du commun que nous ne pouvons passer sous silence du fait de leurs improbabilités scientifiques que leur imputent les services officiels.

S'il ne s'agissait là que d'ingénues « *manifestations du hasard* », alors ce serait plus formidable encore. Nous serions en mesure de prouver que *le hasard est intelligent* et en tant que zélateurs convaincus, nous nous sentirions obligés de le révérer. À la réflexion, il est beaucoup plus probable qu'il s'agit là d'une *très haute science,* dont nos organismes neuronaux de perception ne sont pas à même d'en percevoir clairement la nature autant que la finalité. Nous avons certes, matière à nous étonner de cette insuffisance, mais Platon n'aurait-il pas été hébété par la télévision, le téléphone portable ou le GPS ? En conclusion, nous sommes subordonnés à l'esprit de notre temps, ce qui nous semble mystérieux, voire utopique aujourd'hui, nous sera demain d'une banale évidence. Il y a donc des phénomènes que nous nous devons d'accepter comme *étant plausibles* et force nous est d'admettre qu'il y en a d'autres, qui ne relèvent pas du contexte *d'évolution de la nature humaine*. Pour preuve, la disposition des étoiles d'Orion, les dimensions du Soleil, de la Terre, de la Lune, *l'implication de valeurs universelles* dans les distances, diamètres et circonférences. Aussi, sommes-nous tenus de constater que ces choses-là sont à jamais conditionnées par l'invariabilité de leurs conditions créatives. Voyons l'image suivante et méditons sur les probabilités de ces coïncidences :

> Le Soleil (cercle central, avec un triangle équilatéral fléché sur la base) est pris ici à l'échelle de la Grande Pyramide soit 139,2571262 mètres pour 1 392 571, 262 km de diamètre réel.

Le grand cercle dont la circonférence passe par le point de procréation du Christ détient en sa surface une étoile à six branches composées de six côtés affichant chacun 2160 années ou un signe du Zodiaque pour un total de 25920 années avec ses 12 fractions.

Il y a une étoile semblable au sein du Soleil, sa composition numérique n'est autre que **le Grand Œuvre alchimique** qui ne peut être dû qu'à **un Principe Créateur**. Le temps est venu d'apporter les preuves concrètes de cette existence au sein de la communauté humaine. Les grands incrédules qui en rejetant les religions ont rejeté le principe de création et au-delà la spiritualité seront demain confrontés à la preuve. Le choix sera alors celui qu'inspire la conscience, autrement dit, la complaisance dans un sophisme égotique ou la reconnaissance dans la dignité.

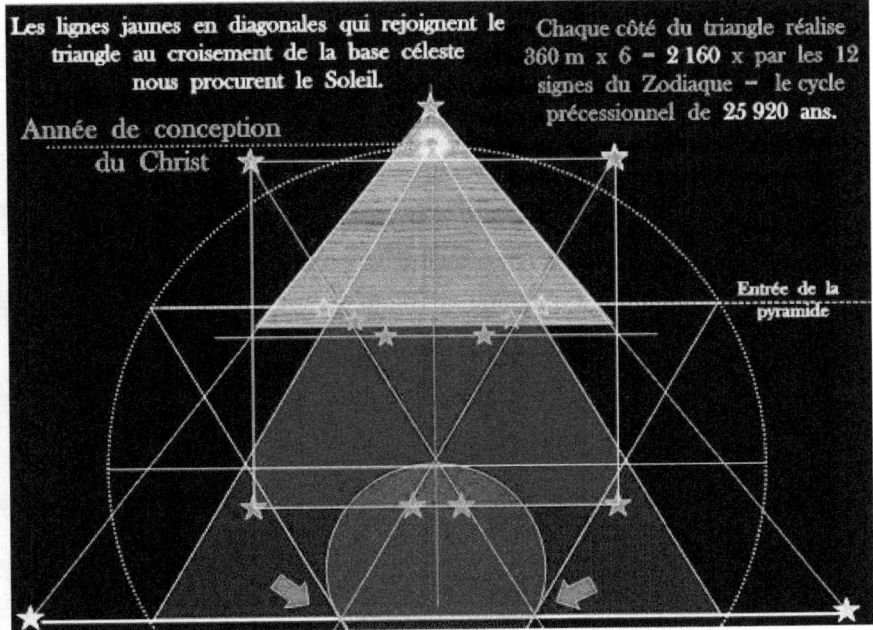

Les côtés des triangles tête haute, tête basse, nous indiquent par leurs lignes de croisements les étoiles-cadre de *la constellation d'Orion*, ainsi que l'entrée de la pyramide réelle.

Ces images que nous visualisons, sont autant de tests, pour évaluer, non point un état mental de déduction, mais la sensibilité qui est la nôtre. Si nous n'avons qu'une position intellectuelle, il vaut mieux refermer ce livre pour relire *Discours de la méthode*. Mais si quelque interpellation se manifeste en vous, c'est que votre intuition vous révèle sa présence et qu'elle vous pousse a utilisé vos deux cortex pour évaluer la subtilité du monde qui nous entoure. C'est ce qu'il convient de dénommer l'intelligence sensible, car il en faut nécessairement pour pénétrer, au-delà des apparences, la nature des choses.

Lors de son passage au méridien, ainsi que nous pouvons le constater de nos jours, la constellation d'Orion a un aspect incliné. Mais *à la naissance du Christ,* au passage du méridien, la constellation se trouvait « *parfaitement droite sur l'horizon* ». En vertu du contexte, il serait déraisonnable et restrictif de ne voir là qu'un concours de circonstances.

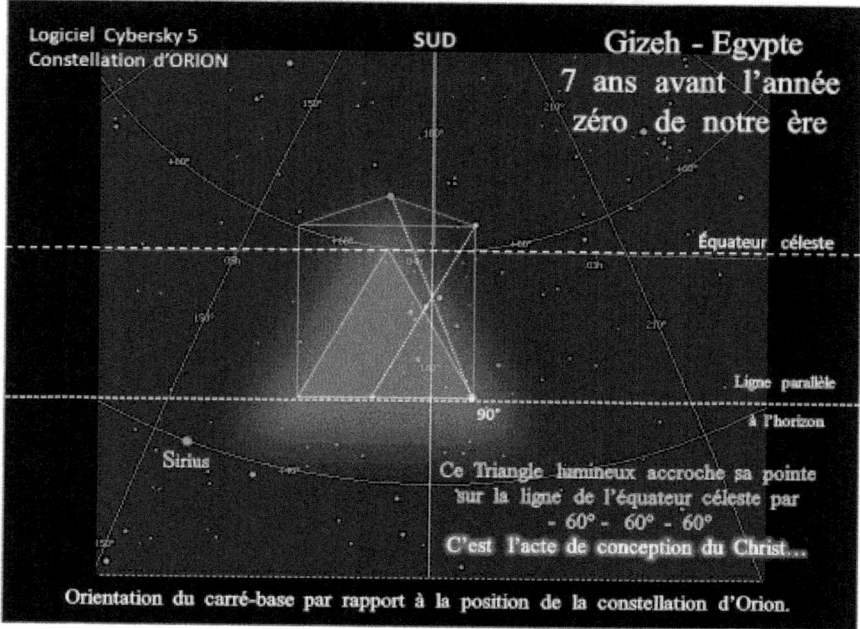

Orientation du carré-base par rapport à la position de la constellation d'Orion.

La croix apparente dans le carré réunit les quatre étoiles-cadres de la constellation d'Orion. Elles tracent le carré-base de la Grande Pyramide vue du Ciel, et le triangle équilatéral circonscrit place son sommet sur la ligne de l'équateur céleste. (Tout ce qui est ici avancé est vérifiable à l'aide de logiciels professionnels ou sur le Web en des domaines spécialisés).

En résumé le tout est tellement inimaginable et nous sommes tellement embourbés en notre matérialisme déliqueux, que ce type de vérité ressemble à une provocation. Toutes ces réalités *non médiatisées* ont de la peine à cheminer parmi *le conditionnement de nos réflexes,* imprégnés qu'ils sont par les lénifiants exposés d'une société en voie de déliquescence. Nanti de l'esprit de connaissance, nous pouvons comprendre pourquoi la religion égyptienne apparaît aussi naïve à nos contemporains.

Elle est encore nommée « polythéisme » alors qu'il s'agit d'un « hénothéisme » issu de la Connaissance Primordiale. Nos sociétés ne possèdent plus les critères qui permettaient aux anciennes civilisations de demeurer en état permanent d'éveil spirituel. Pour des esprits suffisamment éclairés, un seul de ces tableaux que nous faisons figurer devrait remettre en question bien des choses sur le plan de la cohésion, notre devoir collectif n'est-il pas de faire un effort en ce sens ? Le vieil adage, qui consiste à dire « *fait un pas vers le Ciel, le Ciel en fera deux vers toi* » est plus que jamais d'actualité. Les temps ont changé, ce n'est plus la foi du charbonnier qui conduira les aspirations de demain, *c'est la réflexion associée à l'intuition lorsqu'elle est confirmée par la preuve.* Nous avons des éléments de motivation dans l'étude appliquée des expressions iconographiques que nous décrivons, alors changeons d'orbite évolutive. Tout en nous éloignant des dogmes institués, *les théories quantiques d'aujourd'hui nous ouvrent grandes les portes de la spiritualité.* Demain sera radieux ou apocalyptique, cela dépend uniquement de la réactivité de nos états de conscience. Nous nous devons de reconsidérer le monde en lequel nous vivons, cette infinie poursuite vers cet hédonisme primaire qui exhorte à un maximum de satisfaction pour un minimum d'effort, n'est pas digne de notre déontologie humaine. Nous nous devons d'instruire notre réflexion sur les divers aspects gnoséologiques de notre raison d'être, nous y découvrirons les ferments nécessaires à notre évolution et nous prêterons alors plus d'intérêts à ce qui existe.

Afin mesurer le degré d'illogisme que nous avons atteint, voyons comme il nous est agréable de s'émerveiller devant une puce électronique, en méprisant d'un revers de main l'infime petit insecte qui déambulait un instant plus tôt sur notre bloc-notes. Si nous avions apporté sur le sujet la plus modeste de nos réflexions, la complexité de son anatomie aurait eu plus à nous apprendre que cette réactivité magnétique mise au service de notre comportement. La puce électronique n'est d'ailleurs pas l'œuvre d'un génial être humain susceptible de faire notre admiration. Il s'agit d'une simple coordination de réactivités moléculaires discernées par des centaines de laborantins aboutissant à ce qui nous stupéfie d'ingéniosité. Alors qu'il n'y a aucun génie de fabrication, ce n'est là qu'un « assemblage moléculaire naturel » placé en au sein de judicieux assemblages par des milliers de coopérants à un projet commercial super lucratif.

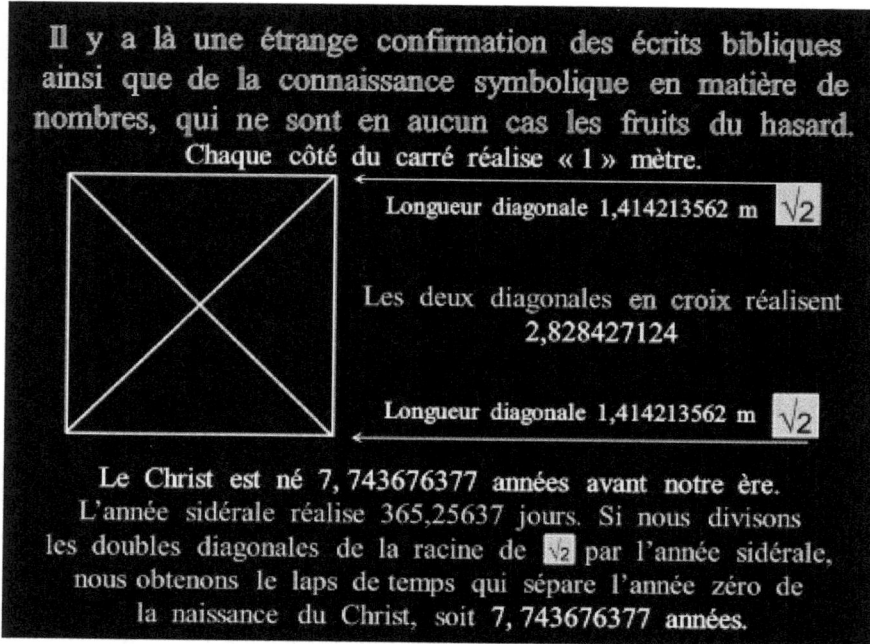

Si dans les vingt années à venir, il n'y a pas un retour naturel à la spiritualité, aucun autre facteur d'influence n'aura la puissance de redressement nécessaire pour envisager une correction de nos mœurs.

Que le Christ soit réellement mort crucifié à l'âge de 33 ans n'a historiquement qu'une importance relative, cela ne saurait interpeller notre état mental conditionné par les pièges à crédules disséminés depuis des siècles en la littérature. Mais, que ses 33 ans soient le résultat d'équations fondamentales, devrait conduire les opinions défiantes sur le chemin de la réflexion. La première démarche de la science n'est-elle pas de tenter d'expliquer l'inexplicable ? Ne pas parvenir à une interprétation concrète des faits, ne signifie nullement que l'étude n'a aucun intérêt, mais que nous ne possédons pas les éléments ou les capacités nécessaires pour aboutir à une conclusion. Cet ouvrage a pour intention de nous faire prendre conscience que nous nous dispersons en veines applications alors que le mental supérieur ne demande qu'à émerger en nous-mêmes.

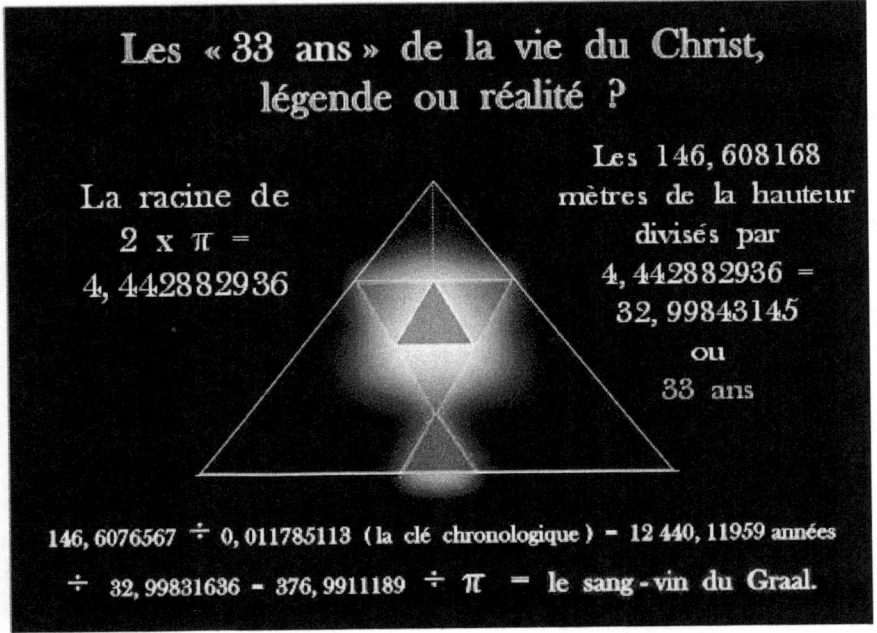

Au centre de la structure schématique de la Grande Pyramide se trouve une géométrie d'application qui affectionne les contours stylisés d'un calice. Le calice a en cette figuration le Soleil pour hostie, et la légende du Graal nous suggère qu'il pourrait prendre naissance en ce lieu. En occident, cette saga se concrétise le plus souvent par une œuvre d'orfèvrerie, un calice, plus conforme aux exploits de la chevalerie. Véhiculé par des conteurs tels que Walter d'Aquitaine, Guyot de Provin, Chrétien de Troyes ou Robert Boiron, cette mystique ou considérée telle, est de toute éternité en la Grande Pyramide.

À l'époque des tentatives de reconquêtes du tombeau du Christ, des relations s'établirent entre l'attitude libérale de quelques templiers et certains grands initiés du Maghreb. La hauteur mutuelle des sentiments aida à une prise de conscience plus élevée que celle qui animait l'esprit de reconquête du saint sépulcre. Il ne fait de doute que d'importantes révélations furent alors transmises, tant sur ce qu'était réellement le message christique, que sur la consistance du Graal.

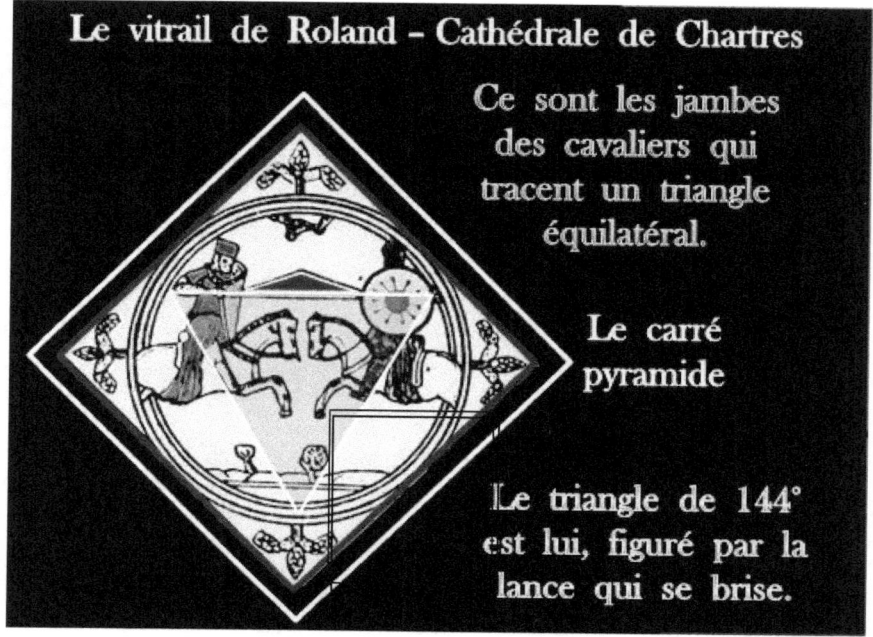

Il ne peut y avoir de meilleures illustrations que ce combat truqué entre un chevalier et son célèbre « ennemi » le Sarasin. Les compagnons du devoir de vérité à l'origine de l'œuvre n'ignoraient rien de ces relations secrètes entre initiés. La lance simulatrice se brise en une complexité où il est logique de subodorer les 144° pour compléter l'aspect schématique illustré par le carré et le triangle, vecteurs principaux de la symbolique primordiale. De toutes les légendes inhérentes à l'occident, celle du Graal est la plus répandue et la plus translative auprès des générations montantes. Elle était et l'est encore pour les êtres sensibles à cette noble démarche qui consiste à vivre la « Questre », le sentiment d'une émulation chevaleresque qui vous porte au-delà du domaine commun. La localisation de ce fabuleux calice a une origine orientale, et nous ne pouvons douter que ce sont les templiers qui véhiculèrent son graphisme en Europe aux environs de l'an mille. Il est tout aussi probable que les Grands Initiés islamistes aux origines de l'information aient été les héritiers des ultimes soubresauts de la Gnose égyptienne agonisante, après les nombreuses invasions qu'elle se dut de subir.

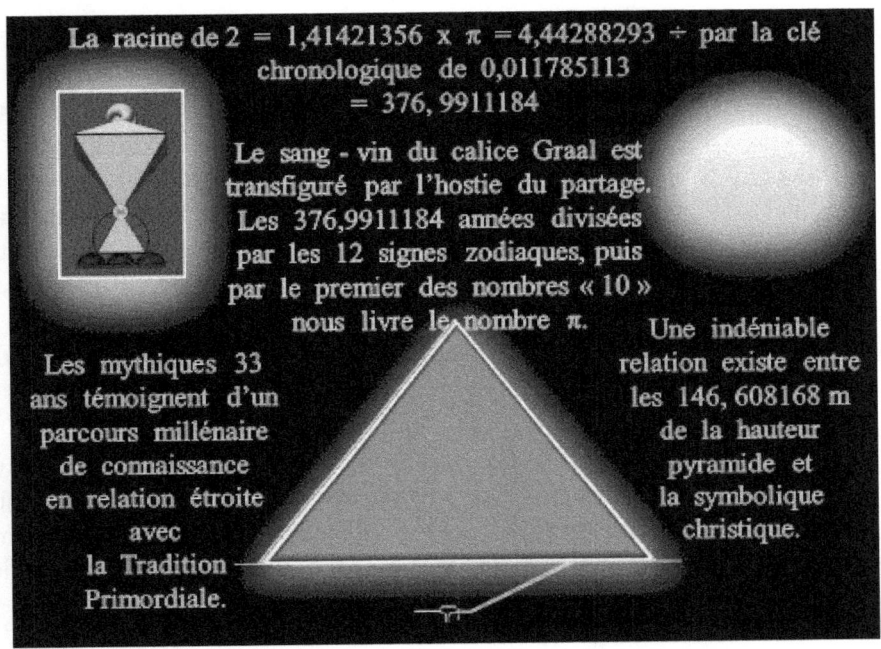

Le 120 formellement le « *sang-vin* » de la cryptologie des templiers.

Ce vase mythique serait donc issu en droite ligne de la Tradition Primordiale, il en a les indéniables archétypes. Son couvercle de 144°, les 200 m justes de la profondeur de son calice, son doseur liquide avec les chambres de décharges du roi, et pour pied le triangle circonscrit du Soleil. Le Graal s'insère dans la schématique comme s'il lui fallait justifier à jamais de sa présence dans les âges. **Jésus** que Claudia Procula, épouse de **Ponce Pilate**, appelait « *le juste* » aura servi de référence symbolique à cette métamorphose spirituelle.

À son époque, le Christ avait tenté d'exposer au peuple alors inféodé à la pensée unique, une autre voie dominante, *celle de la conscience individuelle responsable* face à la pensée grégaire, facteur sclérosant des communautés humaines.

Méditons un instant sur cet aspect paradoxal : jusqu'au Ve siècle, les pèlerins allaient prier à Jérusalem, dans une église dédiée à Ponce Pilate (le procurateur romain de Judée). En sa législation, le droit romain ne transigeait pas sur la responsabilité de la fonction. Aussi croyons-nous que les vrais motifs du bannissement de Pilate, furent d'avoir contribué à sauver la vie d'un condamné à mort, en l'occurrence **Jésus,** après sa crucifixion, non létale. Il est de notoriété que Ponce Pilate procurateur, était en opposition au sanhédrin, composé principalement par la noblesse saducéenne et pharisienne juive. Laquelle ne pouvait souffrir qu'un Galiléen (individu vulgaire) se livre à une interprétation publique des textes religieux traditionnels. Pilate ne voyait là aucune invective contre Rome et cette tentative de schisme lui paraissait plutôt opportune. Ainsi aurait-il, avec la secrète complicité de Josèphe d'Arimathie, favorisé *la pseudo-résurrection de Jésus*. Bien que stigmatisé et en danger de mort imminente, Jésus aurait été réanimé après sa crucifixion, dissimulé par la secte des Nazaréens et ensuite protégé lors de sa fuite en Syrie où il continua d'enseigner (la preuve serait rapportée par des textes gnostiques). Ces déductions sont certes contestables, au même titre que d'autres hypothèses, elles ont pourtant l'avantage d'un certain réalisme où le mythe se dilue dans la vraisemblance pour venir humecter les franges blessées de la logique.

En aucun cas Jésus n'a pu être considéré à l'époque comme l'ennemi de Rome, ne dit-il pas : *« rendez à César ce qui appartient à César et à Dieu ce qui appartient à Dieu »* ? Officiellement, condamner à la peine capitale un innocent de tout crime était puni de mort, ce que n'ignorait pas Pilate. Ce prédicateur innovant gênait d'autres idéologies que celle réservée à la déification impériale, le mieux cependant était de le faire passer pour mort en l'éloignant de ces conflits communs à la suprématie religieuse. Jésus en grand état de faiblesse se rendit en Syrie, là où il pouvait continuer à exercer secrètement son ministère parmi ses fidèles.

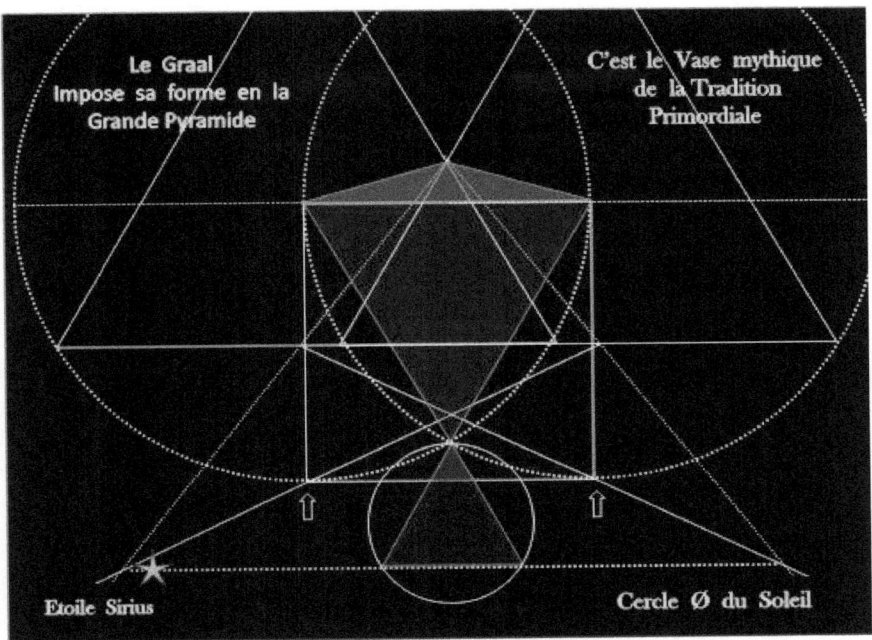

Dénoncé peu après par les membres du sanhédrin, lesquelles finirent par éventer « la forfaiture », Pilate eut alors à rendre compte de ses agissements auprès de Vitellius (**le légat impérial**) puis auprès de Tibère (**empereur**). Hélas, ce César mourut avant que Pilate ne parvienne à Rome, le procurateur dut alors rendre compte de ses actes à Caligula, empereur bouffon, lequel le condamna à l'exil à Vienne (dans les Gaules) où il acheva sa vie tragiquement quelques années plus tard. Depuis, *les églises coptes et quelques autres congrégations tiennent* **Ponce Pilate** *pour un martyr*. Jésus donc aurait été supplicié, mais il ne serait pas mort sur la croix. Nous l'avons mentionné, des gnostiques révèlent sa présence dans la région de Damas où il continua à enseigner à des hiérarques nazaréens. Une légende veut qu'il se soit rendu ensuite en Inde, au Cachemire où il serait mort à l'âge « symbolique » de 120 ans (le **sang** et le **vin** du Graal mythique).

Des siècles plus tard on substitua à *la symbolique du jeune berger à la canne patriarcale qu'accompagnait un agneau de paix*, un homme supplicié agonisant sur la croix. Une tendance dissolvante s'est alors immiscée dans la gnose native, pour faire progressivement place à une intervention rédemptrice des fautes humaines. Ce qui pourrait apparaitre comme une aberrance *si ce n'est une injustice*, par rapport à ceux qui de fautes n'en avaient guères ou peu commises. En reléguant l'homme à sa condition inférieure, en banalisant la symbolique, on a gravement compromis l'accès à *la perfectibilité du soi*, que savait si bien valoriser à l'ombre des naos secrets l'Égypte des Traditions.

Il nous fallait voir la croix en sa symbolique (géométrie). Nous avons vu l'instrument du supplice en célébrant la souffrance.

Il nous fallait voir le « 100 » (la loi des nombres). Nous avons vu « le sang » la loi de la vie.

Il nous fallait voir la couronne et le gnomon, sommet de la pyramide. Nous avons vu la tiare de dérision et ses épines du châtiment.

Il nous fallait voir la diagonale sublimant par le triangle de lumière le calice Graal. Nous nous en sommes tenus à la lance perçant le flanc.

Il nous fallait voir les « 3 » étoiles du baudrier d'Orion au flanc de la croix. Nous avons vu les trois Marie éplorées d'une perte humaine.

Il nous fallait voir avec la perforation des mains et des pieds, les « 4 étoiles-cadre » témoignage du ciel. Nous nous sommes fixés sur les plaies de souffrances des quatre membres suppliciés.

Il nous fallait voir une croix dite de Saint-André (croisement des étoiles-cadres d'Orion), révélatrice de la Grande Tradition. Nous n'avons vu que la croix patibulaire suggérée par une vision morbide de la pénitence.

C'est cette conception des choses qui nous fut suggérée au Ve siècle de notre ère et que nos états mentaux conditionnés n'ont jamais su corriger et moins encore transcender. Car le Christ n'a nullement souhaité nous étaler son martyr, il a voulu nous initier à **la raison du Père**. Laquelle est inhérente à la réalité psycho-idéographique du **nombre, de la géométrie et de l'astronomie**, source absolue de vérité pour entrevoir *la subtilité de la création en la personnification d'un Principe Créateur*.

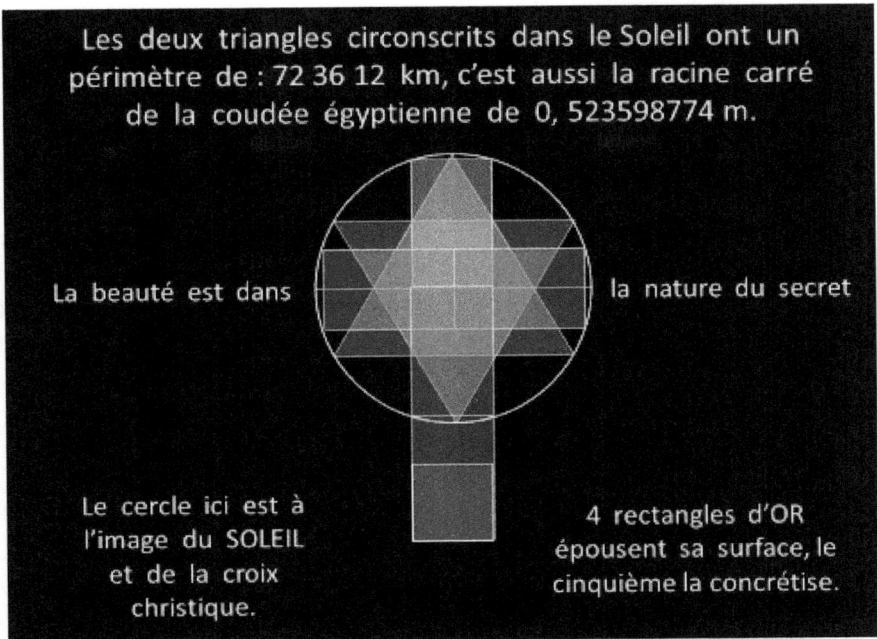

Aujourd'hui, les plus darwiniens d'entre nous ne se hasardent pas à se dire athées, ils réservent ce qualificatif aux esprits simples, ils se disent agnostiques (c'est-à-dire privé de connaissances, avec le « A » privatif grec). Cette attitude est le plus souvent accompagnée d'un dénigrement de toute métaphysique rattachée à l'ontologie.

Et pourtant, **la gnose des origines** est là, pour éclairer ceux qui dans l'interversion, ont des difficultés à trouver une réponse. Désormais, les voies sont ouvertes, entre la foi dite du charbonnier et le rejet pur et simple de toutes mystiques pour cause d'élucubrations sans fondement. En voulant lier le merveilleux à des faits relevant d'une historicité contestable, les religions ont certes, quelques siècles durant étayé la foi issue du ressenti, mais elles ont contraint cette foi à s'exiler dans le dogme où « l'ailleurs » est contingenté.

À notre âge des effervescences technologiques et des aberrances religieuses cette foi s'étiole et se meurt d'absence nutritive.

Une pléthore d'options discordantes, s'est coupée des vertus morales, jadis divulguées par l'enseignement des « *connaissants* ». Aujourd'hui privées de leur soutien populaire, les doctrines s'étiolent ou se réfugient sous le boisseau, quand ce n'est pas dans le profond des sectes. La gnose (authentique et sublime connaissance des valeurs morales et spirituelles) a de plus en plus de mal à s'insérer dans la vision communautaire. Le danger inhérent à cette segmentation, c'est que le message originel ravivé par le Christ au premier siècle, a perdu graduellement de sa richesse révélatrice. Aussi, est-il de nos jours perçu par une généralité de fossoyeurs, comme une nigauderie aux abscondes essences, pratiquée par des adeptes à la santé mentale défaillante. Alors que ce message, nous le disons haut et fort, est *bouleversant de vérités contenues*.

À sa source, il était d'audience bipartie, la plus commune des deux s'adressait aux péagers et publicains, c'est à dire au peuple en sa simplicité. La seconde phase que nous nous efforçons de rendre crédible s'adressait aux gnostiques, aux clairvoyants initiés, aux conducteurs d'âmes engagés dans les contingences de leur temporalité. Avec l'éducation religieuse classique, nous n'avons depuis le règne de Constantin que des notions fragmentaires relatives à la première partie de ces deux messages. Celui considéré populaire comporte beaucoup d'interpolations et parfois de non-sens qui laissent un sillage de doute sur son authenticité.

À l'opposé de l'esprit clairvoyant des anciens Égyptiens sur les aspects coopérants de *la religion et de la législation*, nos sociétés ont opté pour une logique axée sur un matérialisme immodéré. Aussi, celui-ci obnubile-t-il nos états de pensées, au point de compromettre toute tentative d'élévation verticale. Craignons que dans les perspectives d'un futur proche, la conscience universelle bafouée ne s'apprête à un naturel ébrouement. Demain rien de ce que nous verrons, entendrons, toucherons n'aura une garantie d'authenticité, et la matière même confondra notre jugement. Chaque jour, nos sociétés nous projettent davantage dans le domaine des apparences au détriment des valeurs fondamentales du créé. Le virtuel grignote insensiblement notre **raison d'être,** notre aptitude à penser, nos capacités à réagir. Nous versons graduellement en un monde insipide, en un conglomérat conformiste, conditionné par ce que nous imaginons être les instruments de notre liberté, alors que ce sont les contingences de notre soumission. À l'inverse de ce comportement dégénératif du monde occidental, est apparue une pseudo-idéologie religieuse aux interprétations puériles régentées par l'épouvante. Ce dogmatisme aux applications d'un autre âge, avait sans doute des raisons d'exister, mais aujourd'hui il n'est plus en phase cohérente avec son temps. C'est une négation de la perfectibilité de l'état de conscience individuel voulu par Dieu, justifiant pour chacun, le choix d'une évolution ou d'une régression. Nul être n'a le droit de se substituer aux lois divines pour châtier son prochain de ce qui constituerait une absence aux dogmes institués. Si Dieu devait se plaire à châtier, ne doutons pas qu'il en ait les capacités sans faire appel à des bras séculiers ou adeptes de quelques endoctrinements. Ces deux comportements opposés représentés par le capitalisme et l'extrémisme sont générateurs d'appréhension. Ils relèvent d'un mépris ostensible pour la nature du créé. Le monde est d'une perfection absolue, seul l'homme pourvu d'intellection peut être l'élément dissonant, cela, par l'état même de sa conscience en évolution.

Pour parvenir à pénétrer la divine synthèse, l'être humain doit se mériter lui-même, non par soumission, mais par amour du créé !

Depuis la nuit des temps et selon les textes, la fin de notre civilisation se trouve programmée dans un affrontement « *des forces du bien contre celles du mal* ». Tout laisse supposer aujourd'hui que ce sont plutôt « *les forces d'un mal intérieur, contre celles d'un mal extérieur* ». Quant au « bien », c'est la partie congrue qui émergera peut-être du magma résiduel de la supposée *fin du monde*. Cette fin ne sera en fait qu'une étape dans l'évolution de la conscience collective ?

Quoi qu'il en soit, l'heure est venue, pour que parmi nous certains cherchent à faire le point, éveillent leur conscience et dispensent autour d'eux une autre forme d'espérance. Ces travaux que nous mentionnons ne peuvent pas être pris en considération par ce qu'il est convenu d'appeler « *puissance médiatique* ». Trop d'intérêts sont en jeu pour qu'il y ait la moindre tentative de réforme, mais avec le temps la vérité finira par s'imposer ou ce sera alors le temps qui nous imposera sans ménagement sa vérité.

En l'illustration suivante, nous avons une preuve supplémentaire de la relation Terre Ciel à la date de l'avènement christique. Parallèlement, ce monument détient en sa condition spécifique l'espoir d'un renouveau spirituel. Selon toute probabilité le Christ ne pouvait l'ignorer, mais aurait-il pu l'enseigner sans être taxé d'apostat relaps aux croyances traditionnelles de ses pairs, et d'ailleurs, aurait-il été simplement compris ? L'Obsession religieuse a toujours annihilé le bon sens au point de rejeter tout ce qui est vertueux en la contestation. Si le Christ a enseigné la Grande Tradition, ce ne peut être que parmi des êtres qui avaient déjà réalisé une démarche importante sur eux-mêmes. Nous pensons aux esséniens et pythagoriciens, aux nazaréens et autres gnostiques de Syrie. Quelques décennies plus tard, ce message aura *influencé les ébionites puis les pauliens sous une forme plus adaptée.*

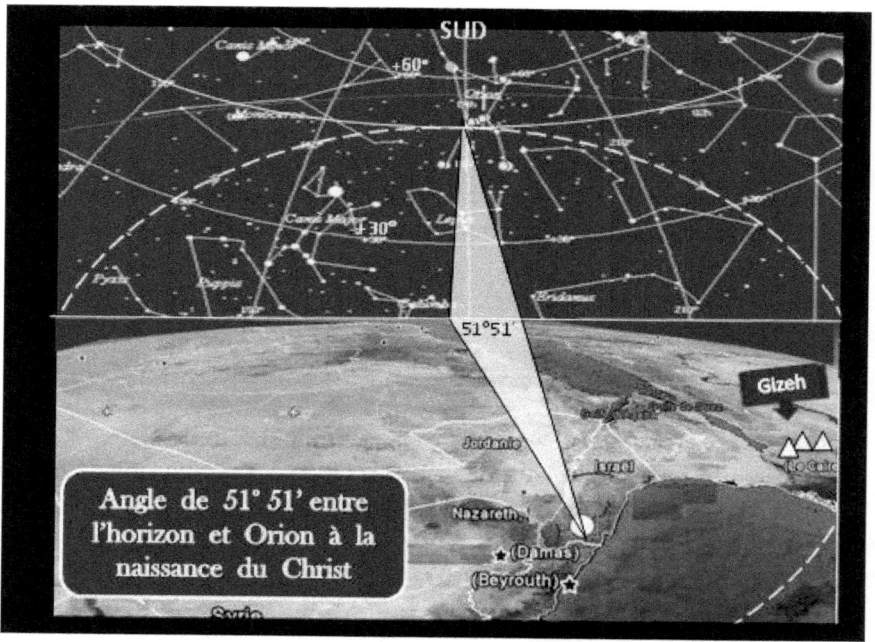

L'avènement christique à d'étranges ramifications avec l'épopée du messie Zélote Jésus Barabbas. Cet insurgé sans lignée définie, indocile aux lois romaines, revendiquait le titre de roi, ce qui n'était nullement le dessein de Jésus l'initié. Comment peut-on raisonnablement imaginer que celui qui clame : « *Quand tu as été frappé sur la joue droite, tends aussi la gauche* » est le même qui peu de temps après ordonne à ses sbires « *Quant à mes ennemis qui n'ont pas voulu de moi pour roi, amenez-les ici et égorgez-les en ma présence.* » (Luc XIX, 27). Il s'agit bien évidemment de deux personnages différents dont l'histoire a été volontairement emmêlée dans le dessein *d'amalgamer deux aventures humaines en une seule*. Si ces textes n'ont pas été différenciés de leurs contenus, cela relève d'un non-sens, ou d'une sottise. À moins que ce ne soit là que duperie intentionnelle pour laisser place, au-delà du rejet pur et simple au doute sur la personnalité afin de susciter l'interrogation.

Une telle supposition nous inciterait à différencier le dogmatisme, de la foi étayée par une inspiration cognitive.

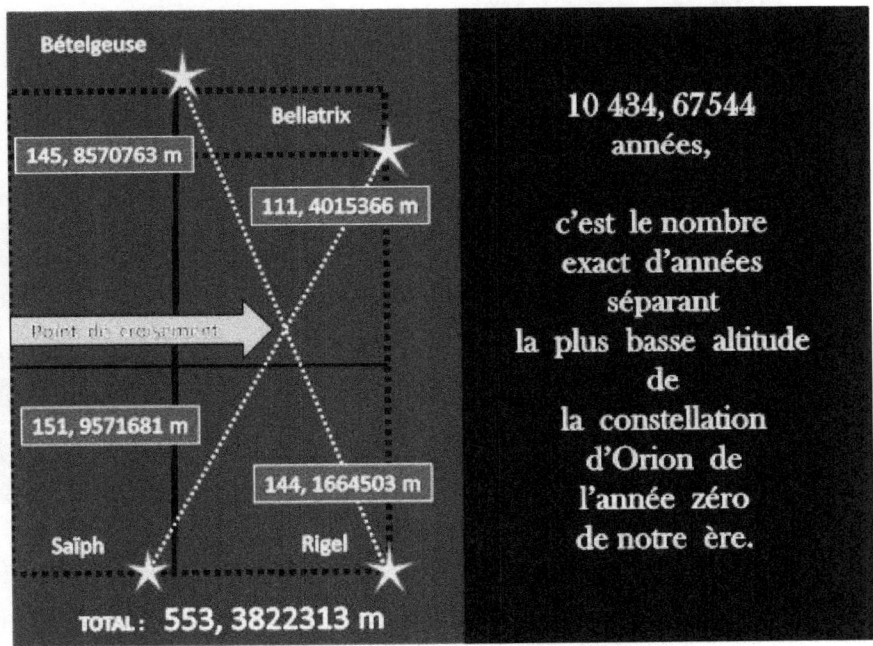

Les deux diagonales des étoiles-cadres de la constellation d'Orion placées à l'échelle de la Grande Pyramide peuvent être évaluées en mètres. Elles réalisent 553,3822313 m, total de leurs quatre portions.

553,3822313 multiplié par les « 8 demi-faces » de la pyramide que nous procure le creusement des faces aux équinoxes. Nous obtenons un total de 4427,05785 divisé par « 36 *nombre sacré* » = 122,973892 divisé par la clé chronologique de 0,011785113, nous obtenons : 10 434, 67544 années, **soit le nombre exact d'années séparant la reprise d'altitude de la constellation d'Orion de l'année zéro de notre ère.** Une fois encore, nous constatons l'étroite relation que l'on peut discerner entre Orion, la

Grande Pyramide et la date de naissance du Christ. Les domaines chiffrés ne sont pas à minimiser du fait de leurs apparentes complexités, car ils nous soulignent de manière péremptoire la justesse des concordances que nous explorons dans l'intention de magnifier l'avènement christique.

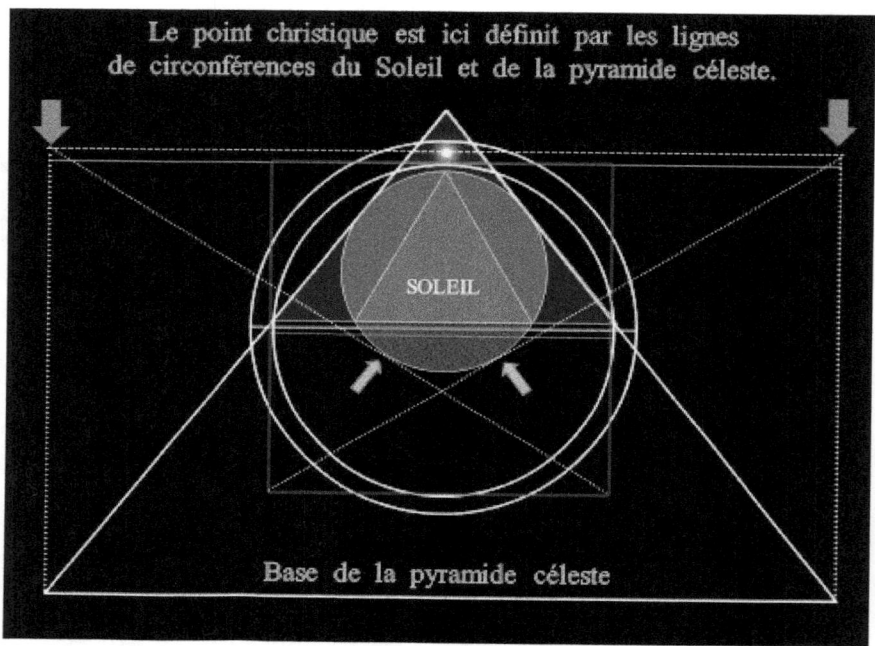

Plus de 2000 ans après ce message, ô combien significatif, nous persévérons à utiliser sans tempérance nos capacités cérébrales à amasser des privilèges. Nous amoncelons ce que nous appelons « les capitaux » tel Cro-Magnon ses dents d'ours, au détriment d'un équilibre planétaire et d'un meilleur fonctionnement communautaire. Certes, les scientifiques nous l'affirment, notre cerveau n'a pas évolué depuis cette époque et Cro-Magnon est phonétiquement tellement proche de Gros-Pognon, qu'il est plus facile en matière d'évolution d'en modifier les syllabes.

Les maîtres du monde ont toujours souhaité que les moralistes soient évincés du cadre public, ces impudents dont l'audace est de souligner leurs lacunes. Aujourd'hui la cupidité, le mercantilisme et le lobbysme ont gagné leur Légion d'honneur au sein même des classes dirigeantes. Le temps a épuisé les exhortations des prophètes, les hommes se satisfont à béatifier les plus roués d'entre nous, qu'une audace sans scrupules place au fait de la société.

Le supplicié Jésus que l'on nous dépeint gravissant les pentes du Golgotha en portant sa croix, ne portait en fait que la poutrelle horizontale de cette croix, autrement dit, l'aspect temporel, que nous avons tant de mal à assumer. Le spirituel étant le pieu de souffrance vertical de **l'évolution conscience**, planté dans la terre des épreuves. Cet aspect gémellaire que représente la croix est le véritable point de croisement des parcours existentiels, le temps du choix.

Le Christ n'a fait qu'entériner l'annonce initiale de la Grande Tradition égyptienne. Il nous incite à reconsidérer les possibilités ascendantes qui nous furent accordées aux origines de la vie, celles-là mêmes qui devraient nous permettre de déchiffrer intelligemment le message. Précisons-le encore, ce n'est pas « Christ » qui demandait à être considéré, comme l'enseignent certains dogmes, il ne plaidait que pour la reconnaissance d'un principe souverain qu'il nommait **« Père »,** afin que celui-ci soit mieux assimilable par les esprits empesés. Cette expression simplificatrice de « Père » correspondait au système de pensée de l'époque. C'était d'abord par le respect que l'homme devait aborder les prémisses de la spiritualité. En notre ère, hélas, pour accepter un courant élévateur en marge de l'enseignement divulgué, il nous faut être nanti de cette grâce que distille l'intuitif. Si nous sommes inféodés à un monde affairiste où rien de ce qui concerne la quête spirituelle n'est tenu pour crédible, comment accéder à la vérité spirituelle ? Si par défaut de choix, nous nous trouvons à l'écart des courants de pensée réputés « tendance », nous ne pouvons qu'être prostrés sur nous-mêmes ou à l'inverse nous sacrifions toute dignité aux suppôts de la frivolité. En ce cas, nous devenons des simulacres de vie que la lumière ne connaît pas, si ce n'est celle fictive que procurent les sunlights quand ils illuminent l'apparence.

Page suivante, intéressons-nous un instant à l'illustration de gauche. La tradition ayant agencé des chakras à la verticale du corps supplicié, nous remarquerons que le point « naissance » est placé sur le **front** du Christ au centre de la couronne.

Le **cœur** est au niveau du toit de la chambre du Roi.

Le **plexus** solaire est à hauteur du toit de la chambre de la reine.

Le **nombril** est sensiblement sur la ligne horizontale du croisement des étoiles cadre.

Le **sexe** est placé sur la ligne médiane au milieu du schéma.

La situation d'une cavité mythique se trouve à hauteur des **genoux** (Genou dévoilé des compagnons du devoir et des francs-maçons, synonyme d'humilité et de dépouillement matériel mis au service des compagnons connaissants).

Le croisement du Graal (le seuil solaire) est aux **pieds** (avec le contenu du calice). C'est aussi le croisement des 7 étoiles d'Orion, témoins de la connaissance. En ces époques lointaines, la pierre cachée, dite noire (Kem), était directement assimilée à la référence ; Grande Pyramide d'Égypte (*monos laos*, la Seule Pierre). Toutes ces allusions sont autant de jalons sur le chemin de la gnose christique, dont la référence est la Tradition Primordiale.

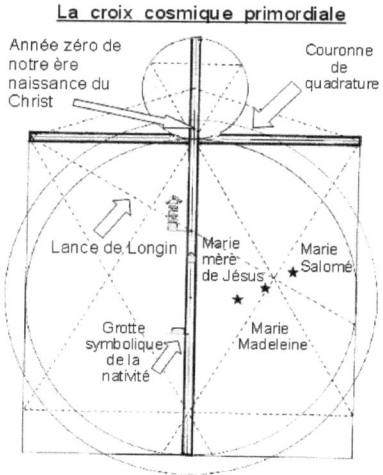

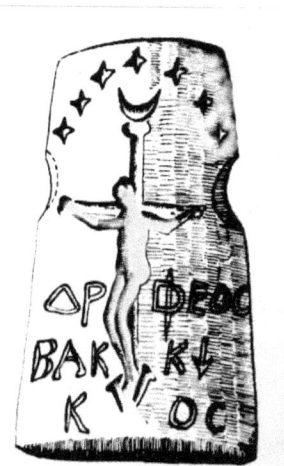

Des siècles les séparent, l'éternité les unit.

Ces « 7 » points, semblables aux 7 étoiles traditionnelles d'Orion, étaient intégrés en ce souverain message, véhiculé à l'origine des temps par « *les devins maîtres* ».

À droite de cette figuration se trouve **Orphée** crucifié, alors que brillent au-dessus de lui, les 7 étoiles. Cette estampe sur pierre est de beaucoup antérieure à la période christique (Objet visible au musée de Berlin). Beaucoup de mystiques ou spiritualistes furent crucifiés, Orphée – Mithra – Adonis – Bacchus – Krishna – Jésus et peut-être Manès, avant qu'on ne lui ôte la peau du corps et ne la gonfle telle une baudruche. Faut-il voir là, le sceau cruel, mais inaltérable de la voie initiatique, pour pérenniser l'emblématique don de soi, garant auprès des hommes de l'état de conscience ? Les images souvent sont plus évocatrices que les mots, sachons nous en imprégner pour guider notre méditation.

Selon les textes apostoliques, le Christ serait né en l'année zéro de notre ère et il serait mort à 33 ans. Certains historiens prétendent qu'il avait 35 ans, d'autres 31 ans et même au seuil de la vieillesse (Irénée de Lyon). Des textes canoniques le font naître 6 ou 7 ans plus tôt (Mathieu), d'autres 6 années plus tard (Luc). Certains le font mourir au Golgotha, d'autres au Mont des Oliviers. Des exégètes le font échapper au martyr de la croix, d'autres lui font subir ce martyr et s'en rétablir in extremis afin de poursuivre son message dans le monde géognostique. Des textes apocryphes le font achever son existence en Judée à 56 ans, d'autres au nord du Cachemire, au terme d'une vieillesse accomplie de 120 ans. S'agit-il d'un lamentable salmigondis de contre-vérités dans la confusion des genres ou d'un doctrinal et frauduleux détournement de la mystique des origines ?

Nous pencherions pour la seconde hypothèse, étant donné que pour une certaine prélature aux privilèges éminents, les valeurs attribuées à la phase temporelle s'avéraient plus généreuses que les hypothétiques promesses de l'ailleurs (Eusèbe de Césarée sous Constantin en est le plus bel exemple). Cela étant, nous ne rentrerons pas dans un débat d'exégèse intellectuel, pour la bonne raison que nous l'estimons stérile eu égard au temps écoulé et en l'absence presque totale de preuves historiques. Si nous devions nous fier aux textes évangéliques, quels qu'ils soient apocryphes ou pas, nous nous heurterions, comme tant d'autres avant nous, aux falsifications des IVe et Ve siècles celles des moines copistes. Ces illustres inconnus à l'érudition discutable, animés des intentions supposées louables de crédibiliser l'évènement, en ont souvent altéré les propriétés originelles. Il faut dire que ce terrain fut avant eux préparé par *des lettrés experts en interpolations*, tels que Tertullien, Irénée de Lyon, Jérôme, Épiphane, Ruffin d'Aquilée, Eusèbe de Césarée et quelques autres tout aussi célèbres. Cela toutefois a peu d'importance en comparaison de ce qui nous importe de traiter.

Pourquoi ?

Eh bien, parce que nous considérons qu'il y a des dates, des mesures, des distances qui nous sont maintenant livrées par le destin et que si l'on devait s'en remettre exclusivement à la mémoire des hommes, nous aurions fort à parier que la vie serait depuis toujours un grand foutoir, ce qu'elle est peut-être devenue, « le tombeau » de Khéops en est un exemple ! Le « mètre » en corrélation avec le vocable « maître » nous vient de la nuit des temps, n'est-il pas en relation avec le passé et l'avenir. Les lointains décideurs de l'année zéro de notre ère furent bien inspirés d'en tenir compte. Ce qui revient à dire que cette « année zéro » qui se trouve à la base de notre calendrier a une définition pratique et symbolique. À ce titre, elle est la plus crédible de toutes les conventions et des indices révélateurs devraient nous confirmer ce choix. En premier lieu, si vous le voulez bien, il nous faut examiner le nombre d'années qui sépare la venue au monde du **Christ** de sa fin tragique ou supposée telle. Nous avons vu précédemment que cette fin serait intervenue à l'âge de 33 ans ou **32,99831618 ans**. Seconde constatation, la vie de Jésus, pour ce que nous en savons, s'écoule en trois temps :

Départ du cycle d'Orion, 10 434, 73898 années avant **l'année zéro de notre ère.** Nous devons ôter à ce nombre (voir graphique) les années précédant le ministère de Jésus, l'enfance, l'adolescence et la longue durée d'une vie estudiantine, soit 30,7389838 années théoriques.

Il y aurait donc, du départ du demi-cycle d'Orion, jusqu'au début du rayonnement christique (début du messianisme réformateur) :

10 434,73898 + 30,7389838 = 10 465,47796 années.

10 465,47796 années, *la racine de ce nombre* nous donne **102,3**

102 = Dieu (Primosophie) plus 3 chiffres et 123.

La vie christique de Jésus le missionné se résumerait numériquement de la manière suivante 30,7389838 années + 2,25933238 années de « messianisme » ou de prédications en Palestine = **32,99831618** ou 33 années d'existence attestées sur un plan symbolique. Ce qui revient à dire, qu'il s'écoula, du départ du cycle à la mort supposée du Christ, une période de temps de 10 465, 47796 + 2,25933238 = 10 467, 7373 années. Ce nombre reconverti en mètres nous donne une corrélation semblable. Voyons cela :

En l'année 7, 74367637
avant l'année zéro
de notre ère

Le centre de la constellation
D'ORION
adoptait l'angle de la
Grande Pyramide

Et l'étoile Sirius devenait
« héliaque » elle se levait à
l'Est juste avant le Soleil.

10 467,7373 x
0, 011785113
(Clé chronologique) =
123, 364668 m
(Trinité).
Cette valeur
123
est égale à
Père – Mère - Fils

La circonférence en notre quête, a une corrélation graphique avec le hiéroglyphe « Rê » ☉ pourvoyeur de lumière. Pour ceux de nos lecteurs qui douteraient encore de la réalité christique, reprenons les mesures ayant trait à la période de temps qui sépare la conception de Jésus du point zéro de notre ère. Nous avons exactement une différence en mètres, de 0,091260101 m. Si ce nombre ne nous dit rien, il nous faut le reconvertir à l'aide de la clé chronologique de

0, 011785113 m = **7, 743676377 années** avant l'année zéro.

Cette dernière valeur a un rapport avec **le temps**. Ne sépare-t-elle pas une date de conception de caractère « divin », d'une date de référence de caractère profane ? L'an zéro est en fait le départ initial de la civilisation occidentale christianisée. Nous constatons que ce double événement fusionne en une seule date de référence, celle que nous fêtons le premier janvier de chaque année.

Tentons de renouer avec les chiffres en se référant non point à l'année tropique, mais à *l'année sidérale* pour symboliser le temps. Elle se définit scientifiquement en nombre de jours, d'heures, de minutes et de secondes. Sa réalité décimale affiche 365,25637 jours. Les décimales pourraient paraître superfétatoires, elles constituent une preuve.

> 7, 743676377 années x 365,25637 jours de l'année sidérale
> = 2 828, 427124 ÷ 2 000 = **1,414213562** la racine de (2).
>
> Autrement dit, 2 000 fois la racine de deux insérée dans les jours, avant l'entrée de notre troisième millénaire. **Est-ce un présage ?**
>
> D'autant que si nous enlevons à cette date de conception les 273 jours de gestation dans le corps de sa mère, Jésus serait né le premier janvier de l'an « 7 » avant notre ère, ce qui est hautement symbolique.

La racine de deux est à la base de la structure pyramidale, nous la retrouvons fréquemment dans les tracés géométriques et les infinités numériques. Rappelons que la distance de 0,091260101 m séparant l'année zéro de la naissance de Jésus, constitue *le sommet du triangle équilatéral de **360** de côté*, ce n'est pas la seule référence, il y en a d'autres que nous estimons de moindre importance. En résumé, nous avons là une notion de temps, impliquée dans un contexte de codifications numériques déterminées par les lois matérielles du créé.

Le problème est le suivant : la Grande Pyramide avait selon nous, plus de huit mille ans lorsque Jésus vint au monde, et que les principes que nous exposons en sa structure *étaient déjà en rapport numérique et figuratif avec l'avènement*. Nous ne pouvons expliquer cet anachronisme que par *une métaphysique de l'abolition du temps* dont étaient détenteurs les concepteurs réalisateurs de cet édifice. Hormis cette hypothèse, nous pourrions envisager l'apport de visions médiumniques, pourquoi pas d'origine hallucinogène ! L'option est peu recevable, du fait de la perfection des modules d'enchaînements et de leur cohérence.

Il nous faut l'admettre, la question même semble protéger son mystère. Récapitulons le bien-fondé du cheminement christique :

Nous l'avons vu précédemment : Jésus le missionné, a connu des périodes d'évolution, particulières certes, mais tout à fait conformes à la vie d'un homme d'exception.

Enfance imprégnée de la notion de devoir et adolescence appliquée. Élaboration d'un cursus en vertu d'une diffusion de préceptes spirituels orientés sur *une reconnaissance inconditionnelle* à un **Principe Créateur Universel**, vocable qu'il maintenait simplifié sous l'appellation de « **Père** ». Voyage initiatique en Égypte. Adoubement suprême par les Grands Hiérarques, **Jésus** le Chrestos (disciple) devient le **Christ** (le purifié). Retour en Palestine *terre immuable d'anxiété et de souffrance*. Redonner l'espérance mystique aux populations mises à l'écart (les non-juifs, Gentils). Transmettre un message gnostique de haute signification aux adeptes esséniens et nazaréens. Suggérer la symbolique cruciforme des deux voies par le sacrifice personnel. Préférer aux vecteurs existentiels standardisés l'ascendance temporelle d'un état de « *conscience* » intimement liée à « *l'âme immortelle* » dispensatrice du *phénomène intuitif* dans l'épreuve humaine.

À la suite de quoi il nous faut considérer que ces nombres, ces dates, véhiculés par les textes sacrés, bénéficient d'une réalité secrète et mystique.

Cette réalité n'est presque jamais adaptée à son contexte originel, afin peut-être que l'homme dans sa démarche intuitive fasse l'effort nécessaire pour en discerner le bien-fondé uni aux attributs divins. Nous avons mémorisé que le Christ avait, selon les sources répertoriées 33 ans au terme supposé de son ministère, 32, 99831618, comme nous venons de le voir. Nous avons également pris bonne note, qu'il a été conçu 7, 743676377 années avant l'année zéro de notre ère.

7,743676377 années + 33 années = **40, 74366538** années

Le Christ avait donc près de 41 ans, lorsqu'il fut crucifié selon son assentiment au cours de ses prêches publics. Reconnaissons que ce nombre a moins d'impact, à priori, que les fameux symboliques 33 ans des récits bibliques.

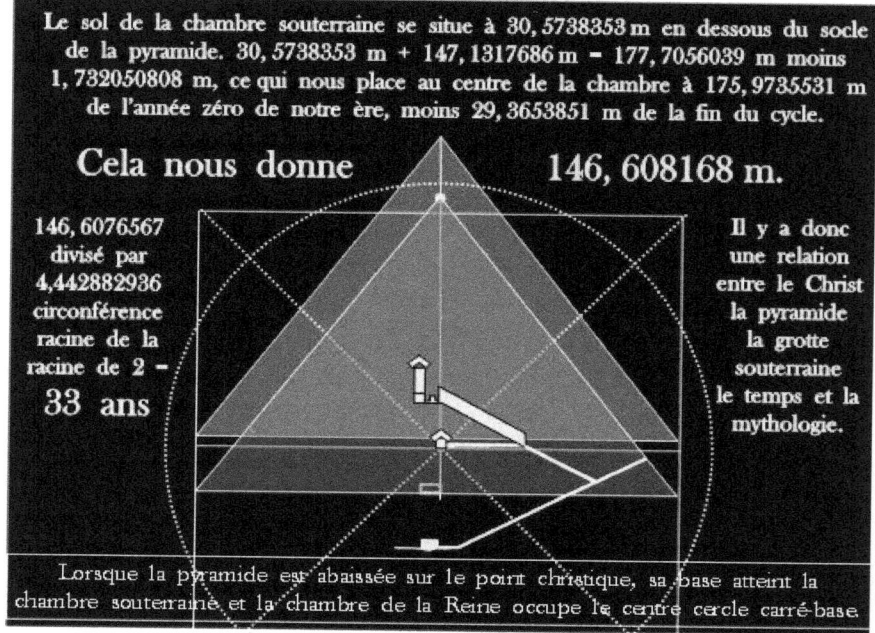

Cependant, si nous cherchons à aller au-delà des apparences, nous découvrons que le nombre 40,74366538 recèle des mystères beaucoup plus importants qu'un simple panneau indicateur de piste.

Ce nombre nous révèle la teneur du lien symbolique, qui devrait relier nos capacités de déduction au divin attribut de la création.

40, 74366538 ÷ 8 (les 8 demi faces de la pyramide) = 5, 092958173

(Ce dernier nombre considéré en kilomètres et multiplié par 10 000 nous donne la circonférence unie de la Terre et de la Lune 50 929,58173 km)

$5{,}092958173 \times \pi = 16 \quad \sqrt{} = 4 =$

Les branches de la croix = la clé placée en circonférence de la Grande Pyramide.

Le diamètre de la circonférence de (4) nous procure la clé pyramide de 1, 273239544. Ce nombre nous l'avons vu, nous permet d'établir des rapports d'harmonie avec les éléments de la structure pyramidale.

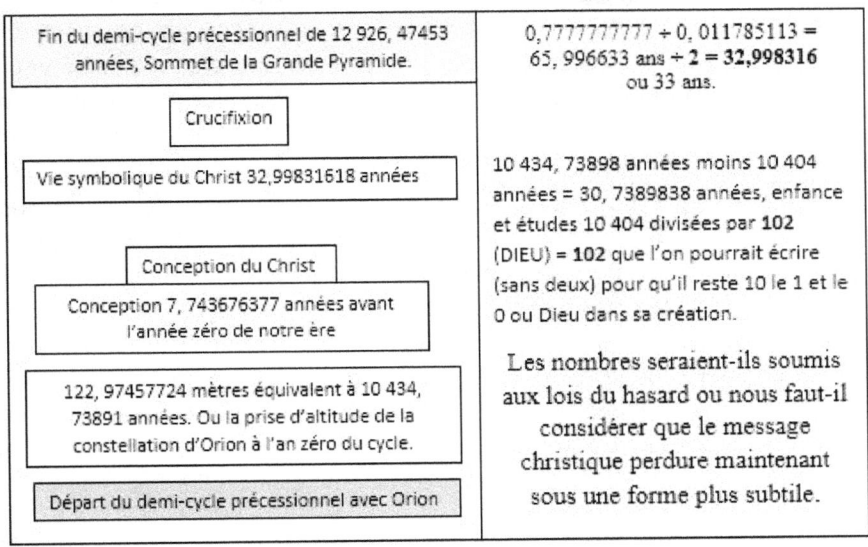

Les valeurs que nous exposons ne sont pas les produits d'une utilité fantasmatique. Ces valeurs sont autant de pierres debout, jalons émergents du chemin existentiel, sur lesquelles nous pouvons espérer progresser. Rien ne peut être moins soumis aux cohortes de la suspicion que les lois numériques et géométriques. Elles seules sont capables de rasséréner un état de conscience en proie au doute. Rappelons au passage que 1,273239544 placés au carré nous donnent *les diamètres moyens de la Lune et de la Terre* au mètre près. Les écrits, les paroles, les actes peuvent être subordonnés au doute, à la défiance, à la perplexité, à l'interprétation, mais les nombres et leurs résultats échappent à ces confusions des genres. Ils ont le mérite d'être ou de ne pas être. C'est là sans doute, la raison de leur large imprégnation dans la structure pyramidale, afin d'évincer la défiance des grands sceptiques sur les qualités du message exposé.

Les nombres en leurs propriétés ne peuvent pas s'interpréter sans analyses rationnelles, ce que ne nous offre pas la narration événementielle, lorsqu'elle engendre des dialectiques aux accents spécieux. Toutefois, une question prend le pas sur toutes les autres : qui a disposé dans le ciel les agencements stellaires de la constellation d'Orion, pour que celle-ci réponde aux normes angulaires tout à fait spéciales de la Grande Pyramide ? Nous avons là une énigme de taille, semblable à celle des diamètres et distances des astres qui nous sont familiers. C'est avec cette analyse des circonstances que nous mesurons l'improbité de ces égyptologues orthodoxes spécialisés, qui ne veulent voir de la réalité des faits que ce que leur préconisent les conventions, alors même que celles-ci sont les suppléantes de l'ignorance.

Ce graphique illustre le parcours existentiel de Jésus, de sa naissance à la fin de son « mandat » public le jour de sa crucifixion. Nous pouvons considérer la période s'étendant de sa naissance à l'année zéro de notre ère comme étant représentative de l'enfance, comprenons une mise en éveil de la conscience. Quel que soit le degré atteint dans l'absolu par un sujet donné, en l'occurrence Jésus, chaque réincarnation sur la Terre des épreuves implique son lot de souffrance. C'est précisément le consentement non point dans la résignation, mais dans l'endurance et la ténacité qui exhortent nos capacités humaines à se dimensionner.

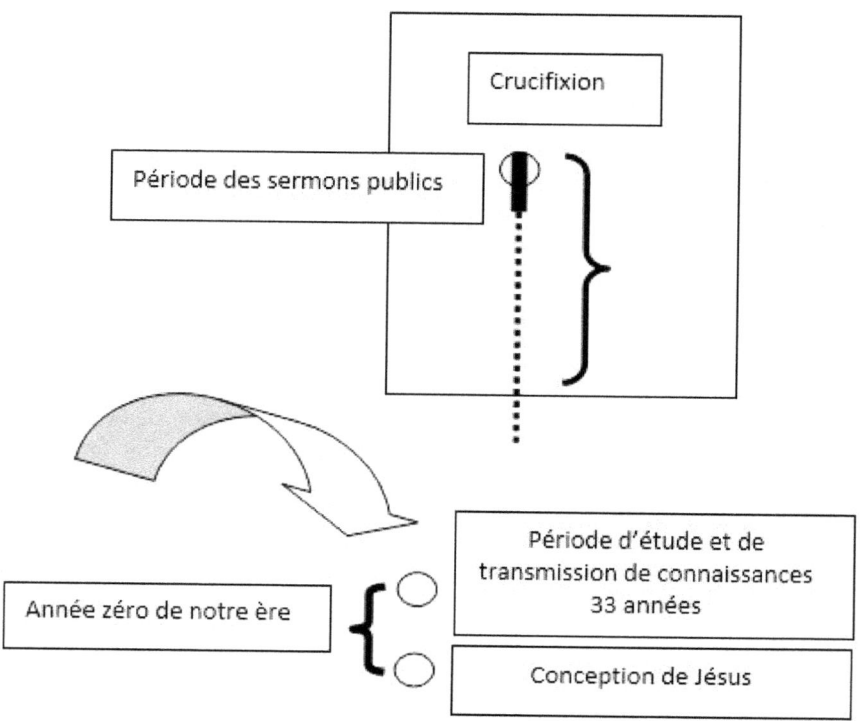

S'il n'y a que des concours de coïncidences, reconnaissons que ceux-ci sont remarquables, ils pourraient faire l'objet d'une thèse s'intitulant « Les facéties du hasard et ces affabulateurs ». Un grand nombre de diplômés viendraient alors déverser leurs défiances, en cet aven de dédain que représente l'incrédulité pour tout ce qui ne résulte pas de l'acquis. L'ego, voilà le mal. Il nous faudrait voir le monde avant de nous soucier du monde qui nous voit. Déplaçons notre curseur d'amour vers la nature des choses, vers **le Père du créé,** ce qui était le leitmotiv du Christ. Parmi les nombres évoqués par celui-ci, les racines de $\sqrt{2}$ de $\sqrt{3}$ et π constituent les éléments vecteurs d'une symbolique universelle, c'est celle que les concepteurs de la Grande Pyramide ont tenu à faire valoir. Mais comment et pourquoi retrouvons-nous ces valeurs à des dates si éloignées les unes des autres, pour des raisons dissemblables, dans quel mystérieux dessein et pour quelle finalité ? Nous n'avons pas de réponse formelle, si ce n'est que l'immense serpent souterrain de *La Tradition* ressurgit parfois çà et là au gré de ses humeurs ou de lois que nous ignorons.

Le couronnement du nombre avec 123 – La croix impliquant le choix d'Orion – La circonférence Terre Lune avec le nombre 5, 092958173 à x par 10 000 – Le centre couronne, la quadrature et les rapports avec les trois principales dates de départ des religions occidentales – Le triangle équilatéral de lumière avec 3 fois 360 – Le chiffre (4) dont le diamètre représente la clé symbolique réalisant 1,273239544 m, base numérique de la Grande Pyramide - Le nombre π avec le périmètre - Les 365,25637 jours de l'année sidérale avec la racine de 2 - L'angle de la pyramide placé en Palestine – L'horizontalité d'Orion sur la méridienne à la date signifiée – Les 100 000 000 – Les relations avec la chambre souterraine - L'extraction avec les périodes de temps de la circonférence du Soleil – La schématique de la lance coupant en son milieu le triangle du calice et les trois Marie au pied de la croix -

---

Si nous cherchons à connaître l'indice d'élévation que représente la naissance du Christ, par rapport à la verticale matérialisant la montée en altitude de la constellation d'Orion, nous avons cette élaboration numérique :

Le triangle équilatéral circonscrit dans le cercle a sa pointe haute sur l'année de naissance du Christ,
année moins 7,743298685 de l'année zéro de notre ère.

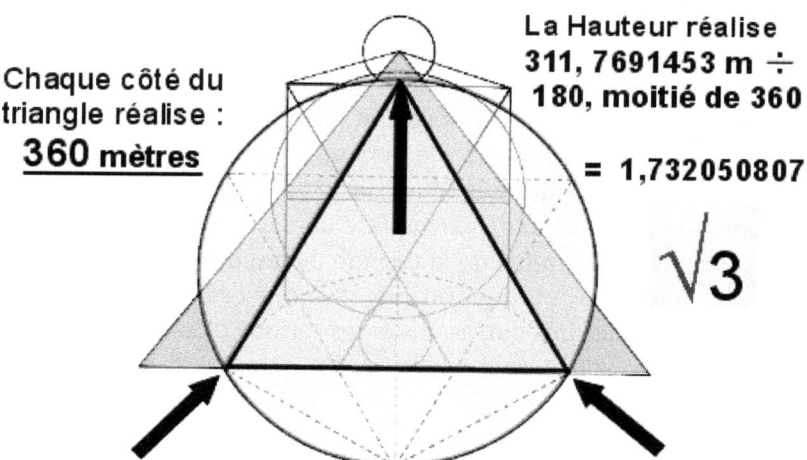

La base du triangle repose sur la base de la pyramide céleste

Du point zéro de prise d'altitude de la constellation centre du schéma, au point sommital de la pyramide, il y a 152,339963 m. À l'échelle Grande Pyramide, cette distance représente un demi-cycle précessionnel.

Le point zéro de notre ère se situe à 122, 9745772 m de hauteur, nombre proche de 123. Rappelons cela : 123 moins 122,9745772 = 0,0254228 divisé par 2 = 0,0127114, différence avec la clé pyramide 0,00002 ou deux centièmes de millimètres. Si nous désirons connaître le point de naissance du Christ, il se trouve, nous le savons, en dessous de l'indice de 122,9745772 m à 0, 091260101 m, soit :

122,9745772 moins 0, 091260101 = 122,8833171 m d'altitude.

Pour gagner le sommet de l'édifice représentant le demi-cycle, nous avons : 152,339963 m moins 122,8833171 m, il reste donc 29,4566459 m. Entre ses deux distances se trouve fatalement à ce niveau un périmètre, constitué par le pourtour de la pyramide. Peut-être est-il intéressant de le connaître, car aucune distance se référant au Christ n'est anodine au sein de notre monument.

370,1631296 m ÷ 0,011785113 (la clé chronologique) ÷ 10 000 = **3,14**0938314 décimales π simplifié avec un interstice de 0,00065433

Il est certain que *nous devrions trouver **pi** avec toutes ses décimales*, mais il nous manque six dixièmes de millimètre sur 3,14 m.

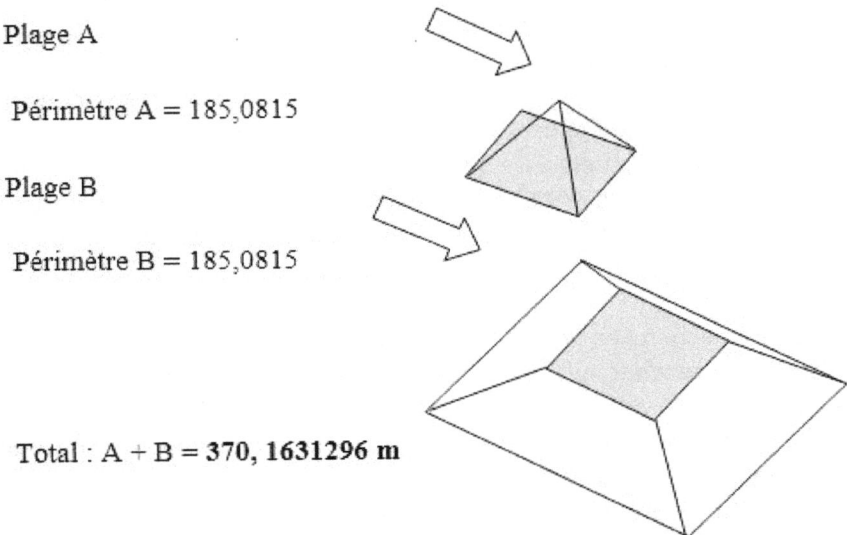

Plage A

Périmètre A = 185,0815

Plage B

Périmètre B = 185,0815

Total : A + B = **370, 1631296 m**

Nous le voyons, les calculs sont complexes et le plus souvent subtils au point d'être déroutants. Le but poursuivi est avant tout de démontrer que le Christ était bien programmé en années de vie et en pérennité de références à l'intérieur de la Grande Pyramide. Nous avons vu que les preuves schématiques sont impressionnantes, tant géométriques que numériques.

La paix universelle n'instaurera ses valeurs qu'en popularisant les critères cachés du premier monument au monde. N'oublions pas que **les 4 branches des croix** christique ou spatiale avec les étoiles-cadres d'Orion doivent ouvrir aux hommes les voies de la **Tradition primordiale**. Il est urgent de réaliser qu'en ce monde voué au matérialisme nous avons besoin de preuves pour amplifier nos aspirations spirituelles, pour envisager une existence plus équilibrée que la nôtre. Cela n'empêchera pas une majorité d'individus de renier ces témoignages, pour faire que se perdurent pouvoirs et intérêts, car pour ceux-là, l'animalité est encore toute proche. Ils n'ont plus les griffes et les dents du bestiaire d'hier, mais ils ont la volonté de puissance que procure l'argent, et celle-ci conditionne l'évolution des peuples. De nos jours, 1% des individus possèdent autant de richesses que les 99% restant dans l'autre moitié du monde, soit une demi-Terre où les non dotés s'entassent sur l'autre moitié pour tenter de subsister.

Si nos recherches ne concernent qu'une minorité de la population, ce qui importe c'est que ces personnes-là soient sensibilisées par cette œuvre régénératrice. Vu le contexte anxiogène dans lequel nous évoluons et la ruine des états de conscience, c'est déjà beaucoup. Nous pouvons espérer un renversement de la situation où nous nous trouvons impliqués, lorsque notre choix s'exercera non point sur l'enseignement reçu, mais sur une déduction logique eu égard aux nécessités d'évolution. Nous aurons alors gravi une orbite évolutive supérieure, *celle que nous indiquent depuis des temps immémoriaux les messagers de notre devenir.*

Sur cette image (page suivante) issue d'un logiciel professionnel, le point de croisement des étoiles-cadres de la constellation d'Orion est positionné pile sur le méridien. La constellation se tient en angle droit sur l'horizon céleste, alors que l'étoile Sirius est sur la verticale du triangle 3-4-5. L'année zéro de notre ère a donc ici une judicieuse précision. Une concordance troublante s'ajoute à celles que nous avons décrites, c'est le rapport naturel que l'on peut établir entre la chambre souterraine et *la grotte dite de la nativité* : le sol de la chambre souterraine se situe à 30, 5738353 m **(théoriques)** en dessous du socle de la pyramide. 30, 5738353 m + 147, 1317686 m = 177, 7056039 m moins 1, 732050808 m (racine de trois), cela nous place au centre de la chambre à 175, 9735531 m *de l'année zéro de notre ère*, et à moins 29, 3653851 m de *la fin du cycle* ou 2 491,735 années.

La hauteur sur le socle de la Grande Pyramide est égale à 146,608168 m, divisés par 4,442882936 (circonférence de la racine de 2) = 32,99843145 ou 33 ans. Il y a donc une relation entre le Christ, la pyramide, la grotte souterraine, le temps et la mythologie.

En regard de ces nombreux paramètres et concordances, nous en déduisons que le message christique est de toute éternité et que l'époque de sa révélation concrète est un temps pointé. Ce Grand Initié qu'était Jésus, ce Christos adoubé, ce théurge prédicateur avait pour mission première de raviver auprès des initiés de Palestine, à l'intérieur des sectes de connaissances telles que l'essénisme et le nazaréisme, une flamme vacillante sur le point de s'éteindre, celle de **La Tradition Primordiale.** Les mêmes circonstances se présentent aujourd'hui à nous, mais nous n'avons plus en nos sociétés de profit de maîtres en état de sublimité pour concevoir et accomplir.

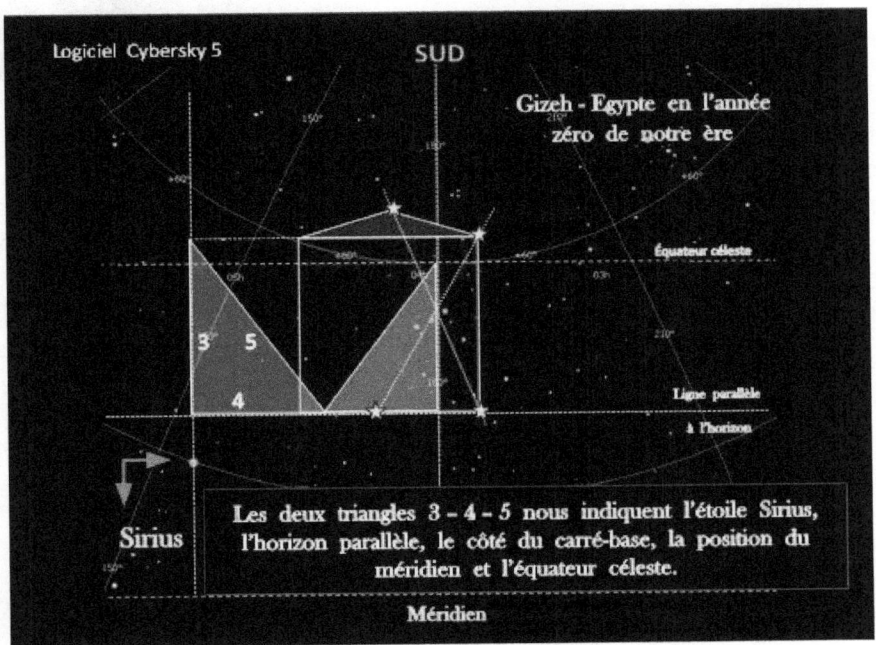

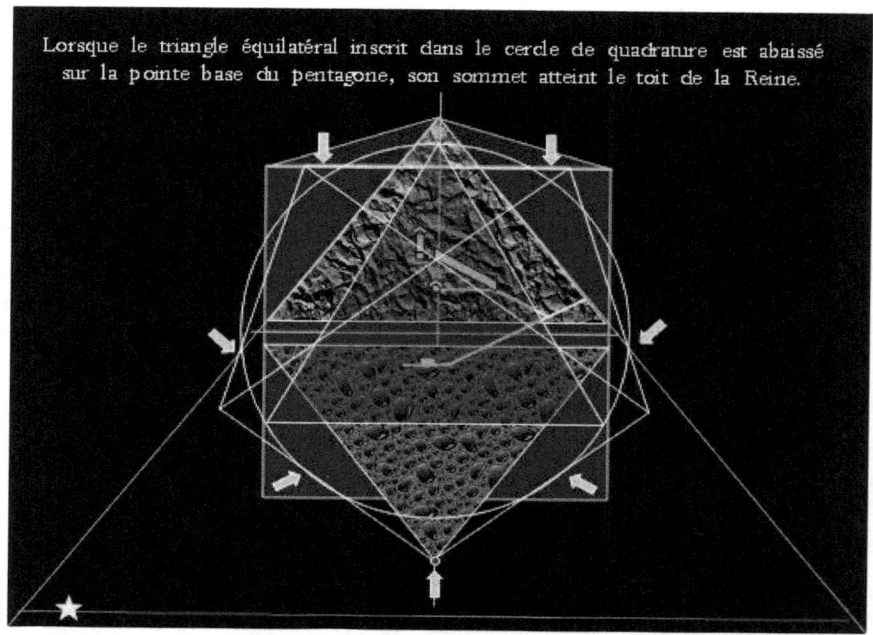

Un tel message répondait aux critères d'une science hermétique, agrégée sous le sceau du secret dans les dernières écoles ésotériques de l'Égypte Antique. C'est cela qu'il nous faut aujourd'hui retrouver, face à un enseignement dévoyé qui a progressivement pris le pas sur nos facultés de discernement.

Peu nombreux étaient dans l'entourage du Christ les disciples aptes à saisir la portée universelle du message dispensé et moins nombreux encore étaient ceux qui étaient capables d'en répandre le prosélytisme. Nazaréens et futurs ébionites tentèrent à l'ombre d'un sectarisme rigoureux d'en transmettre les valeurs gnostiques, mais ils ne purent éveiller dans la multitude la grâce du discernement.

La seconde mission christique était de populariser l'approche spirituelle, entendons par ce terme, de la rendre abordable à la population cosmopolite des « Gentils », ce qui était loin d'être une évidence. Cette population qui n'était pas d'origine juive était résolument tenue à l'écart des dogmes ritualisés par les sadducéens et les pharisiens. Cette gent des réprouvés ne pouvait pas avoir accès à l'espérance divine, Jésus dit Yeshua aura ainsi tenté d'ouvrir la voie spirituelle à des dizaines de milliers d'entre eux. Ce prosélytisme était en marge des lois instituées par les autorités religieuses. Bien que distinctes, les deux missions que s'était fixées Jésus n'étaient pas franchement incompatibles, mais l'une et l'autre étaient difficilement applicables dans le contexte subversif de l'époque.

Ce désir de révélation pourrait-il être concrétisé de nos jours par l'un de ces êtres charismatiques qui ont jalonné le courant de l'histoire ? C'est tout à fait peu probable. Si à une dimension planétaire un tel personnage se manifestait, il lui serait impossible d'obvier aux filtrages des lois, des religions, des mœurs ethniques et culturelles.

Si Jésus se représentait prêchant au gré des places publiques, il réunirait certes autour de lui quelques curieux sous influence, mais très vite les événements le concernant prendraient une autre tournure. Quel que soit le lieu du globe où s'exercerait son ministère, il serait surveillé, suspecté, appréhendé, livré, non au sanhédrin de triste mémoire, mais à des services sanitaires. On lui découvrirait une pathologie responsable de son état, et il y a fort à parier qu'il terminerait ses jours en d'accueillants asiles neurologiques où les drogues en ces lieux rendent le verbe au silence. Et jamais au grand jamais, les médias ne se feraient l'écho d'un délire mégalomaniaque teinté de paranoïa dû à une obligation de soin. Notre Jésus disparaîtrait ainsi dans le plus serein des anonymats sans qu'aucune de ses paroles considérées chimériques ne soit jamais répercutée. Il nous faut donc abandonner toutes idées de révélation orale nous parvenant d'être mandatés, qui tenteraient de refaçonner nos concepts de vie, à la faveur d'une logique étrangère à nos mœurs. Plutôt nous faut-il envisager une forme didactique de connaissance, plus adaptée au comportement actuel et à l'adhésion par la preuve que nécessite notre attachement à la matérialité. Mais revenons à l'histoire :

Des décennies après la disparition du Christ de la vie publique, les poncifs qu'étayait un pouvoir temporel, ont scotomisé le double aspect du message. En recomposant une historicité idéelle et peu crédible, faite de vérités contrefaites, combinées à un surréalisme simpliste, au détriment d'une humaine simplicité. C'est sous l'empereur Constantin qu'une conjonction de prélats peu amène fonda les lois qui allaient régir le dogme. C'est ainsi que des prosélytes conditionnés par cette engeance sulfureuse diffusèrent dès le quatrième siècle une option déifiée de la présence christique. Extraite de l'imaginaire, ce choix avait pour dessein, d'asseoir un pouvoir temporel dirigiste, en créant l'illusion théocratique sur fond de foules illettrées en mal de devenir.

Aux origines du message christique prévalait une Gnose qui ne contredisait en rien les conceptions égyptiennes et pythagoriciennes instruites en partie par les esséniens. Le message christique avait pour perspective de démontrer *la raison du « **Père** »* (entendons : le Principe Créateur) à travers *les analyses tangibles du créé*.

De nombreuses interpolations de textes originaux ont été pratiquées de la part de ceux qui se réclamaient les détenteurs du message christique. Ceci étant, peut-être ont-ils contribué à maintenir une conduite morale auprès d'une population désillusionnée. Mais reconnaissons que c'est là une expérience discutable lorsque l'idéologie est conditionnée. En nos temps actuels où l'analyse objective et le savoir se sont vulgarisés, il en résulte une déconsidération du phénomène religieux. La candeur infantile qui en émane n'est plus à même de satisfaire l'esprit, si elle persiste encore à solliciter les consciences.

Aujourd'hui, le message se doit d'atteindre les cœurs par cette faculté que le Principe Créateur aurait souhaité voir s'activer en chacun de nous… *développer un état de conscience responsable, valorisant* pour les êtres humains que nous sommes ! Au lieu de cela, nous nous impliquons dans trois attitudes plus ou moins généralisées :

(1) Par passivité ou faiblesse d'adhésion aux causes perdues, on peut s'immerger dans le dogme avec l'assurance d'obtenir un certificat de bonnes mœurs.

(2) Certains, en un sophisme arrogant, affichent leur athéisme avec le dédain du penseur surplombant la candeur populaire. Supplicié par sa conscience à la recherche d'un équilibre, on peut aussi se prétendre agnostique, par crainte réflexe d'être un jour confondu par la preuve.

(3) Enfin, on peut n'être issu de rien pour n'aller à rien ou avoir simplement omis d'y penser, c'est tellement accaparant la vie !

Ces trois aspects les plus fréquents du grégarisme populaire nous éloignent de nos responsabilités individuelles en inhibant avec le facteur temps nos états de conscience !

Ce que nous pourrions reconnaître comme étant un miracle, c'est que parvenu au troisième millénaire, la légende du tombeau persiste à supplanter la vérité, car à défaut de critères plus raisonnables, cette convention est aveuglément respectée par des milliers de diplômés de par le monde. L'unique avantage d'un tel constat, c'est qu'il nous renseigne sur nos réelles capacités cognitives et sur la langueur évolutive de l'esprit de nos sociétés. Les arguments nombreux qui tendraient à prouver sont sciemment négligés, l'ambiguïté persiste telle une apathie chronique. Alors que dans les hémicycles universitaires, les doctoraux auriges qui détiennent les rênes de l'enseignement semblent préférer le confort du non-dit aux turbulences de la vérité.

Le triangle équilatéral qui repose sur la base céleste déterminée par l'étoile Sirius réalise 360 m de côté. Sa pointe atteint avec une précision confondante le point de naissance du Christ. Ce sont là les 360° de la lumière spirituelle, nous l'avons vu, le total des dix doigts des mains = 360. Lorsque ces mains sont jointes en prière, les chiffres assujettis à chaque doigt sont les suivants (9.8.7.6.5 – 4.3.2.1.0 = 90 – 81 - 72 - 63 - 54 = **360**). Les 360 vases d'albâtre que les prêtres égyptiens puisaient chaque année en les eaux du Nil. Ce nombre est aussi celui des Sumériens qu'ils assimilaient à l'éternelle lumière sur la tiare du Grand Roi.

S'il en est ainsi, une question se pose, lancinante, dérangeante, déroutante entre toutes : comment pouvaient-ils savoir, ces concepteurs, qu'il allait naître en ces âges, un être qualifié de « *fils de Dieu* » ? Pour nous, dont les visions sont plus modestes, Jésus le missionné, avait accompli selon le plan divin, le cycle complet de ses réincarnations, aussi est-il vraisemblable qu'il bénéficiait de l'assentiment d'un ailleurs inconnu. La société traduit ce phénomène par l'euphémisme un rien ironique de « *petit Jésus* ». Cependant, notre personnage perdure dans les esprits depuis plus de 2000 ans. Lorsque celui-ci quitte l'ombre des églises, nous le retrouvons sur les sentiers de la connaissance en conseiller des états de conscience. Il en résulte, que nous ne pourrions éluder de notre démarche la force d'un tel message, nous l'estimons consubstantiel à la quête spirituelle. L'impressionnant cumul de preuves que nous sommes à même de faire figurer n'est rien, par rapport à ce que nous détenons et ce qu'il reste à découvrir. Il ne fait de doute qu'il s'agit là d'un plan « divin », dans le sens d'une connotation métapsychique véhiculée par la Tradition Primordiale.

« *Si la vérité numérique est aussi farouche, c'est qu'elle ignore combien elle est belle, l'homme commun ne sait pas comment le lui dire !* »

De tels rapports numériques peuvent surprendre, car ils n'ont pour analogies que des motivations intuitives, celles-ci sont à même de relier les cycles aux astres, les nombres aux distances, les phénomènes au temps, les consciences à l'universalité. Tout en cet univers se meut dans un Principe de synchronicité où chaque élément n'est solidaire de rien et dépendant de tout.

Les philosophies religieuses

Pour un esprit cartésien, il est incongru de considérer que la couronne christique que nous mentionnons au fait de notre schéma soit vectrice d'une quelconque datation. Qui plus est, qu'il y ait une relation s'étendant sur des millénaires et qu'une datation référentielle des trois religions occidentales soit mentionnée ? Ou encore, que cette couronne coïncide avec les dates de naissances de célèbres mystiques tel que Bouddha (Siddharta Gautama) autour de 630 ans avant l'année zéro de notre ère. Cependant cher cartésien inconditionnel, tout cela est parfaitement exact et vérifiable.

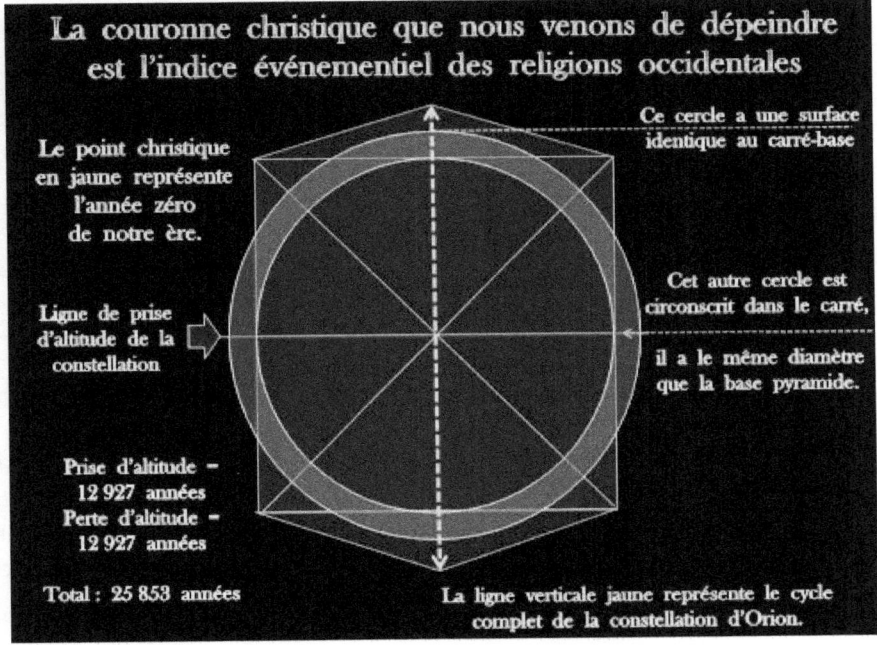

Cette couronne nous l'avons vu est composée de deux cercles, l'un est dit de quadrature, il a la même surface que le carré-base ici représenté, l'autre est le cercle circonscrit du carré-base de la Grande Pyramide.

Ces deux cercles aux lignes parallèles (soulignés ci-dessous par deux flèches), forment la plage de datation que nous exposons. Les distances de séparation qui s'étalent en hauteur de part et d'autre du point zéro de notre ère sont représentatives des âges qui séparent entre elles les trois religions occidentales. Ces mesures ne font plus l'objet de suspicions depuis l'an 2000 où... par un effet du hasard, les évaluations officielles ont rejoint les règles normatives que nous exprimions depuis une trentaine d'années.

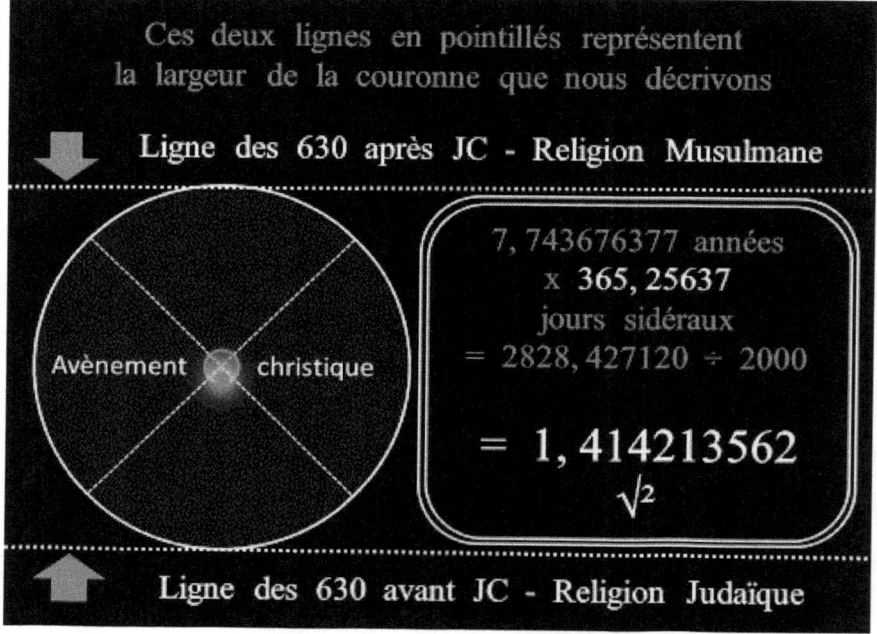

C'est sous le règne de **Josias, roi de Juda** en terre de Canaan, exactement en 630 avant J.-C., que furent compilés les textes mythologiques sous toile de fond historique relaté par la Torah. Les cinq livres composant « **le Pentateuque** » regroupent : La Genèse – L'exode – Le Lévitique – Les Nombres – Le Deutéronome.

C'est-à-dire l'histoire en partie cryptographiée des peuples de la Bible, dont se réfèrent aujourd'hui encore, trois des plus importantes religions de la planète. **630 av. J.-C.**, c'est le siècle de rupture du cordon ombilical qui reliait jusque-là, le peuple juif à l'Égypte traditionnelle. Cette date, symbolique entre toutes, se manifeste par la disparition de « **L'Arche** d'Alliance ». Le prophète Jérémie n'ignorait rien de l'importance de cet événement et des déchirures que cela provoquerait dans les siècles à venir. **629** ou **630** av. J.-C., c'est également la date qu'avancent les historiens pour la venue au monde de Zarathoustra, le Zoroastre grec. Rappelons que cet homme remarquable enseigna une religion d'amour où le feu purificateur constitue, aujourd'hui encore, une des traditions symboliques les plus anciennes et les plus remarquables de l'Iran. En Égypte, entre l'invasion assyrienne d'Assarhaddon en 671 av. J.-C. et l'invasion des Perses avec Cambyse II en 525 av. J.-C., les hiérarques furent contraints d'admettre que la civilisation du Nil ne serait plus jamais ce qu'elle avait été. C'est ainsi que parallèlement à l'apogée de l'Assyrie, on assista à la fin théorique de la civilisation la plus remarquable de l'antiquité. L'Égypte sacerdotale procéda alors à un enfouissement concerté de **« La Tradition Primordiale »** dont elle était plus que d'autres en ce monde, dépositaire. Les Grands Prêtres décidèrent de mettre **la clé** sous les ruines des temples et **la serrure** dans les religions nouvelles en émergences. Il y eut par la suite quelques tentatives hégémoniques dans la lignée de celles de Néchao II, pour retrouver le prestige d'antan. Mais l'épopée se terminera lamentablement et « La Grande Égypte » se tapit sur les bords du Nil pour apparemment ne plus se mouvoir.

Moins 630 av. J.-C. Cette date sur notre schéma nous indique la fin du carré base et le début de l'épaisseur de la couronne de quadrature. Schématiquement, cette dernière trace son cercle inférieur à l'intérieur du linteau de 144° recouvrant le carré-base.
La couronne possède une largeur circulaire de : 14, 8351142 m ÷ 0, 011785113 (Clé chronologique) = **1 258, 801184 années**.

Il est intéressant de constater que la période de temps relative à **1 259 années** que nous mentionnons, a vu éclore les esprits les plus brillants dont l'Antiquité a éternisé le souvenir. Des grands mystiques, de Bouddha à Mahomet en passant par Jésus, Zoroastre et Mani.

Ceux-là ont profondément modifié directement ou indirectement, les critères spirituels qui allaient engager les temps futurs. Alors que des mathématiciens, des moralistes, des philosophes, de Pythagore à Proclus donnaient l'impulsion d'une pensée révélatrice. Sur un autre plan, des conquérants redoutables et des stratèges peu communs, tels qu'Alexandre, César ou Cyrus ont agité les frontières du monde antique.

Cet espace-temps d'un peu plus de mille années, en corrélation avec l'épaisseur de la couronne, aura engendré les génies les plus impressionnants, les plus éloquents mystiques, connu les plus effrayantes invasions et les plus notoires déplacements de populations dont l'histoire a conservé la mémoire.

En 630 avant notre ère, des exigences nouvelles sont dispensées par les monarchies dominantes. Elles imposent à la vie communautaire une réglementation du mode de vie. Ces classes dirigeantes aspirent à des attitudes plus collectives que celles qui consistaient à se laisser guider par ses états de consciences, principalement pour le choix des dévotions. Les populations concernées se trouvent déstabilisées par le bouleversement des mœurs, alors que jusque-là, il apparaissait qu'elles bénéficiaient d'une autonomie libérale. Signe distinctif d'un changement d'époque, l'individu se soumet, mais il est désormais sujet à duper la rigueur prescrite avec l'attrait des dérives existentielles. Détail signifiant, en 630 avant notre ère, les premières pièces de monnaie sont frappées en Asie Mineure. Jusque-là l'échange imposait son intérêt, maintenant ce sont les intérêts qui vont imposer les échanges en engendrant le capital.

630 avant notre ère, c'est le point bas de la largeur de la couronne, autrement dit, le nord du carré-base mis à plat.

L'aspect de la couronne constitue donc un pont, un anneau de lumière, une frontière au-delà du temps sacré, mais aussi une béance ouverte sur le monde futur.

Pour les classes dirigeantes, cette métamorphose sera principalement orientée vers les tentations primaires, celle du pouvoir facilité par les échanges commerciaux, les conquêtes, la notoriété, l'appât du gain. C'est le début d'une culture hédoniste qui atteindra son paroxysme en nos temps actuels. Tout cela, au détriment de l'ancestrale connaissance, qui favorisait la dimension du soi par la sapience et la quête spirituelle. Nous, êtres humains, allions désormais devoir vivre au-delà du cercle formé par la couronne. Nous allions devoir osciller entre une application dans le concret et la nostalgie d'un appel intuitif. Celui-ci est chaque jour plus évanescent, car chaque jour nous nous éloignons de ce paradigme « couronné de 1260 années ». Sans en avoir vraiment conscience, l'humanité alors entamait l'âge des grandes épreuves psychologiques. Cet âge aujourd'hui est loin d'être achevé, il est seulement entré dans la phase aiguë de son dénouement.

Allégorie de la création du monde, soutirée d'une bible en mauvais état datant de l'année 1602. Nous remarquons combien est présent en la mandorle rayonnante, le triangle équilatéral fruit de toute science ésotérique. Sur cette illustration, figure en juste place la Lune, le Soleil et la diversité de la création à travers la pensée imaginale des rédacteurs bibliques. **Le Principe Créateur** évolue au centre d'une matière animée, nimbé du triangle représentatif de sa paternité, celui-ci symbolise la lumière aux origines numériques et géométriques du créé.

Puérilité touchante ou sublime connaissance ? Quand l'allégorie n'a pas les rigueurs de l'esprit, elle a le chatoiement de l'âme.

Ne nous hâtons pas trop de rejeter en des formules péremptoires ces écrits jugés naïfs qui nous viennent de l'aube des temps « *un trésor est caché dedans…* ». L'immensité des âges, la difficulté des traductions, les interpolations successives, ont altéré les faits originels, au point parfois de les rendre impénétrables ou infantiles. Anachronisme et confusion ont écoulé leurs anormalités dans le sablier du temps. Nous ne disposons plus aujourd'hui de recoupements suffisamment fiables pour rétablir avec certitude le sens de l'histoire. Aussi, si nous sommes adultes et n'avons plus de diplômes à passer, soyons réalistes et prudents avec les chronologies enseignées.

Il est plus que probable que d'autres civilisations que la nôtre ont connu et parfois dépassé, le niveau de technologies que nous avons aujourd'hui atteint. Nous l'avons vu, des quantités d'objets, de bijoux, d'outils, d'empreintes ou d'ustensiles de toutes sortes ont été découvertes dans les couches profondes des strates rocheuses, parfois dans des formations magmatiques à plusieurs centaines de mètres sous terre. Ces strates sont indubitablement garantes des millions d'années écoulées, mais presque unanimement, et c'est grand dommage, les spécialistes impliqués dans l'orthodoxie discréditent ce genre de découvertes, avec ce dédain qu'autorise « la compétence » sur les chemins balisés par l'acquis. L'évocation chronologique que nous défendons avec l'exemple de la couronne de quadrature, suggère, nous l'avons dit, la naissance des religions occidentales.

Ce principe d'agencement était connu au moyen-âge par les compagnons du devoir de vérité. Certaines représentations ne sont pas dues au hasard, le sens caché qui en émane est évident, même si des fioritures en obscurcissent parfois la lecture. Il est logique de penser que les millénaires ont altéré la pureté du message originel, aucune ethnie, aucune religion ne peut prétendre détenir son intégralité. Il demeure çà et là des fragments plus ou moins authentiques, lesquels sont loin de reconstituer le puzzle. Si vérité il y a, elle ne peut qu'émaner de sites archéologiques réputés ou non, disséminés de par le monde, dont le premier d'entre eux est incontestablement la nécropole de Gizeh en Égypte. Pour parfaire notre quête de vérité, revenons au point christique et à la chronologie qui en découle :

Très vite nous nous apercevons que ces soi-disant « concours de circonstances, » sont révélateurs de corrélations inexplicables pour un esprit rationnel. Ces étrangetés nous incitent à franchir un cap où le discursif s'associe à l'intuitif pour intégrer un niveau supérieur d'intellection, celui précisément qui nous contraint à considérer que l'existence, telle que nous la pensons, comporte d'immenses plages inexplorées. Ces espaces-temps ne peuvent être détachés de la notion spirituelle à laquelle les peuples anciens se référaient, non par crédulité infantile, mais bien par respect d'un héritage que leur avaient laissé leurs aïeux. À peine anticipée de quelques mois, cette date de 629,400592 années apr. J.-C. (point haut de la couronne) pourrait correspondre à la décision par **le prophète Mahomet** de la prise de **La Mecque**, alors que **630,1590 apr. J.-C.**, se trouve être la date de conquête effective de la Cité. L'évènement est d'une importance capitale, puisqu'il conduit à **la naissance de l'Islam**. Avant cette date, le Prophète avait semble-t-il, reçu l'essentiel de ses révélations, mais la religion, en tant que telle, ne prit existence effective qu'en 630 après J.-C. Il nous apparaît surprenant que les trois évènements d'inspiration mystique ayant déterminé « l'évolution » de nos sociétés occidentales soient ainsi représentés par ce graphique :

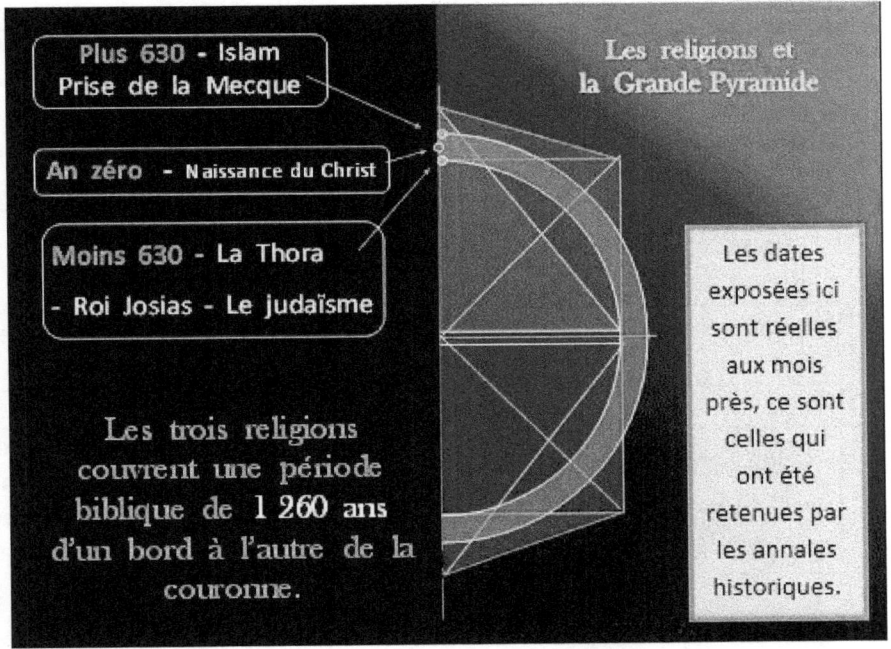

De surcroît, sur le terrain au-delà du carré-base, à l'emplacement exact des trois religions occupant la largeur de la couronne, était érigé « **le temple inférieur** ». Celui-ci adhérait à la base de l'apothème de la Grande Pyramide et nous ne nous montrerions nullement étonnés que « le Naos » soit situé au centre d'un espace de 14 mètres, celui de la ceinture.

Le prophète Mahomet occupe en cet âge la frange haute de cette énigmatique couronne, d'une largeur estimée, nous l'avons vu, à 1 258,

8011 années ou encore **1260,318149 années**. Bannissons les décimales et rappelons que c'est après avoir bouclé 1260 « cycles luni-solaires » que **le Soleil et la Lune** se retrouvent au même point de l'écliptique.

Ce qui est troublant, c'est qu'il est dit dans l'apocalypse XI/3 :

> « ... et je donnerai à **mes deux témoins** (les deux dates), de prophétiser revêtus de sacs (la nudité cachée), pendant **1 260 jours** ».

Années, cycles, jours, si l'on considère que ce nombre de jours est emblématique d'une période de temps, sous forme de cycles (types de permutations communes à l'époque biblique), les deux prophètes **Jésus** et **Mahomet** sont bien au rendez-vous des nombres. 1260 multipliés par l'ensemble des chiffres, soit 1, 2-3-4-5-6-7-8-9 puis divisé par les 2 témoins = 777,7777777. Ce merveilleux nombre divisé par « **le 100 du calice Graal** », multiplié par les « **6** » jours de la création, puis par π nous livre quoi ? La hauteur de la Grande Pyramide sur son socle :

146, 6076567 m à quelques dixièmes de millimètres près.

> « Montre-toi fidèle jusqu'à la mort, et je te donnerai, **la couronne de vie.** » Apocalypse II,10.

Quant aux « **sacs** » dont se « **revêtent** » et non se « vêtent » les deux prophètes, il est question ni plus ni moins d'un code. À preuve, lorsque les enfants de l'Antiquité, pour se protéger des inopinés orages de l'été, revêtaient leur tête des « culs-de-sac », les fonds en pointe retournée de ceux-ci, formaient des capuches qui caractérisaient ce type d'accoutrement (cette pratique est toujours en vigueur dans les pays du tiers-monde). Stèle dite : « les Encapuchonnés »

Northumberland, Angleterre, IIIe siècle apr. J.-C. Cette représentation de ces trois bonshommes est stupide ou elle est profondément ésotérique ?

On ne sera pas étonné par l'analogie de forme, entre les sacs ainsi décrits et les 3 pyramides de Gizeh, ainsi que les trois étoiles alignées du baudrier d'Orion. Peut-être nous faudrait-il entendre ; « *revêtu de l'esprit pointu des trois monuments* » ce qui était une façon d'évoquer le message caché de la **Tradition Primordiale**.

Là se tiennent les deux témoins, en relation **Terre - Ciel** par l'intermédiaire de la manne 〰〰 ' « eaux célestes » ▬▬▬ ou plus prosaïquement, onde sur des têtes revêtues de **connaissances**.

Si pour nous « les modernes », ce genre d'interprétation ne dépasse guère en majesté les cachotteries de dames parlottes sur les bancs publics, il fut un temps où de tels indices éveillaient fort judicieusement la curiosité des gens d'esprit. Il y avait là un langage dans le langage, un jeu dans le jeu, qui conduisait à la connaissance sans jamais se départir d'un aspect ludique, quand il n'était pas facétieux ou un rien provocateur. En ces âges lointains, les domaines du sacré côtoyaient la banalité.

C'est ainsi que les profanes non-initiés avides de pouvoir retournaient le fond des puits, alors que les trésors reposaient bien en vue sur la surface tranquille des étangs. À l'heure d'Internet, nous n'avons plus le sens du caché, le goût du mystère ; nous expliquerait-on ceux-ci, que nos facultés en overdose d'images subliminales banaliseraient sans les saisir les plus évidents symboles. Ce qui fait que les textes anciens nous sont aujourd'hui d'assimilation ardue. Ne qualifions-nous pas d'inepte ce qui est sacré, de puéril ce qui est supérieur, de nul ce qui devrait être notre raison de vivre ?

> « *La dégénérescence est moins le verdict de la fatalité, que l'amer fruit de l'inconséquence* ».

Dans la sourate « 74 » verset « 30 » du Coran, *afin visiblement d'inciter à l'éveil,* l'Archange Gabriel s'adresse en ces termes au prophète : « **19 sont chargés d'y veiller...** »

74 (la sourate) + 30 (le verset) + 19 (la citation) = 123 (nous l'avons vu, pour le Christ, il y a aussi une relation avec le nombre 123). Le verbe « aimer » = 123 en Primosophie ou 3 chiffres pour faire 6 = 3 6 = 36.

19 x π = 59, 69026041 (cercle) ÷ 0, 523598774 (la coudée universelle la plus mystérieuse) = **114** (il y a 114 sourates dans le Coran).

Nous conseillons à notre lecteur de visionner le film « Horizon 444 » Le Grand Œuvre.

114 ÷ 0, 523598774 = 217, 7239628 ÷ 19 = 11, 45911559. Puisque 19 = 1 + 9 = 10. 11, 45911559 x 10 = 114, 5911551 x π = **360** (le cercle de lumière) multiplié de nouveau par « 10 » = **3600** m le pourtour structurel de la Grande Pyramide, référence universelle.

Nous avons constaté précédemment que le triangle équilatéral dont la pointe touchait *l'année de naissance du Christ*, était pourvu de côtés réalisant 360 m. Nous avons là 3 côtés du triangle, 3 périodes de temps, 3 êtres porteurs de révélations, Josias, Jésus, Mahomet. Trois messages différents certes, mais ô combien complémentaires, si nous tenons compte de l'atavisme métapsychique de chacun de ces trois héritiers. Ils ont le même Père spirituel et la même nourrice liturgique, seule diffère l'enseignement pratique, lequel ne peut être qu'à l'échelle humaine. Il est

avéré que le séjour sur Terre est une épreuve pour la conscience, en nous « entretuant » au nom des *principes qui nous furent inculqués*, nous ne corrigeons rien de ce qu'est la vie, si ce n'est que nous accentuons *l'affliction du « Père »*, lequel avait misé sur l'utilité que nous ferions du raisonnement.

Enfin pour parfaire cette année **630,1590744** après J.-C., nous ajouterons deux troublants concours de circonstances : L'un a trait précisément à cette époque, à l'inversion, du champ magnétique solaire. L'autre concerne la restauration des pyramides de la Lune et du Soleil à Teotihuacan, exactement en cette période de temps, ce qui est un indice intéressant, compte tenu de ce que nous avons préalablement exposé sur la manifestation de signes divins à des époques données. La fin de la couronne est donc immanquablement un passage, d'une époque à une autre, *la fin d'une façon de penser à une manière d'être,* d'un temps d'exaltation spirituelle à un matérialisme inconséquent. Il est certain, que ces 1260 années, propres à la largeur de la couronne, sont à la base d'un système de pensée, axé sur trois monothéismes aux tendances dogmatiques.

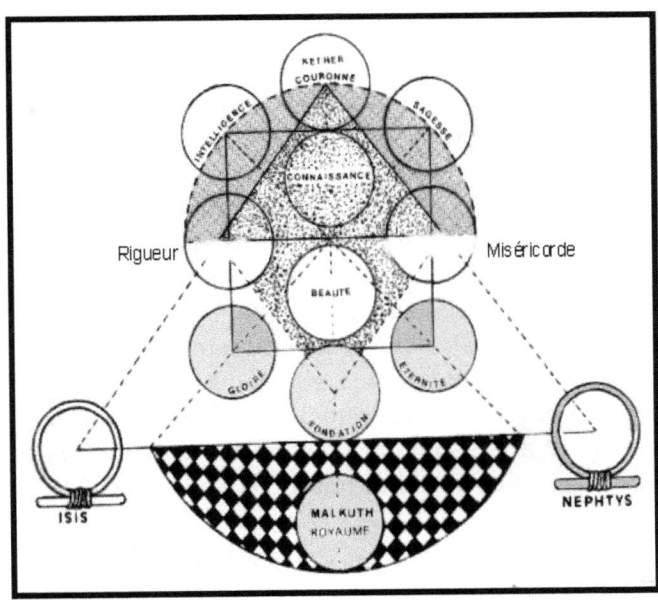

Il serait intéressant d'apporter une note philosophique sur cet aspect des choses. Ce n'est pas là notre propos, mais reconnaissons que le concours de circonstances est singulier. Ce qui nous subjugue, c'est que les 3 religions soient ainsi regroupées en la largeur précise de la couronne de quadrature. Leur présence ne serait-elle pas révélatrice d'un âge cyclique de mutation ? Si c'est le cas, ce n'est nullement là une banalité et il serait indispensable que nous apportions une réflexion approfondie sur ce postulat. Peut-être devrions-nous remettre en question l'évolutionnisme darwinien invariablement dressé contre le créationnisme ? Il nous faudrait également entrevoir un système existentiel différent de celui qui sied aux multi-spéculateurs des intérêts du peuple. Il est temps de s'éveiller à une autre réalité, précisément celle qui devrait nous amener à la base du symbolique pyramidion, âge d'OR de la chronologie. Dans la schématique que nous exhortons, les plages occupées par les trois religions réunissent le cercle (spiritualité) et le carré (matérialité) en une surface identique. Les hommes sont certes différents par l'éducation qu'ils reçoivent, mais le seraient-ils sur le plan d'une réflexion plus élevé, les incitants à reconsidérer l'unicité dans la synchronicité, éloignant par le fait même les antinomies religieuses. Tout en étant respectueux de nos filiations cultuelles, nous devrions en ces deux cercles que couronne une sémiotique pénétrante, être interpellés en nos états de conscience. En exacerbant notre animosité vers l'autre, nous affligeons **le Principe Créateur Universel,** par le lamentable usage que nous faisons de nos capacités mentales. Notre regard blasé par la récursivité du quotidien ne discerne plus ce que nous désigne le Soleil ou ce que nous fredonne la Lune.

Comment estimer que le berger se trouve esseulé sous la voûte constellée de ces nuits, alors que sa conscience est en symbiose avec la sublimité de cet appel silencieux ? La brume poisseuse de nos cités nous plaque au sol, nous dissimule ces domaines propices à la méditation, cette indispensable médiatrice du repositionnement personnel. L'obscurité ambiante en laquelle nous vivons, se nomme « matérialisme immodéré », il oblitère en nous toute expansion d'éveil. Son principal désagrément est de nous limiter à la condition primaire de ce que nous sommes, sans l'attrait d'imaginer ce que nous pourrions être.

La durée totale du demi-cycle précessionnel est de 12926,47453 années, moins **les années précédant la naissance du Christ**, évaluées à 10 434,73897 années, il reste 2 491,73556 années après le Christ, *pour parvenir à la fin du demi-cycle précessionnel.* Il nous faut donc ôter la différence en années de la partie tronquée au sommet de la pyramide. Actuellement, la Grande Pyramide n'a plus que **138,75 m** de haut, considérons donc (147,1317686 m moins 138,75 m) elle est donc symboliquement amputée de 8,3817686 m, ce qui nous donne (divisés par 0,011785113) 711,216651 années d'atrophie. Voyons à combien d'années après l'année zéro de notre ère a eu lieu cette déprédation :

> 2 491, 73556 années, moins 711,216651 années
> = 1780, 519194 années après Jésus Christ.
> Une volonté de puissance se manifeste de par le monde. Guerre d'indépendance des États-Unis d'Amérique. Le monde va basculer dans

> une autre manière de vivre, la Révolution française couve déjà en ses foyers, l'ère industrielle est à nos portes.

L'église aujourd'hui n'a plus qu'un pouvoir figuratif sur les masses, mais nous savons bien que le relais est pris par les organismes marchands et autres prédateurs dominants. Nous changeons de dominateurs pas d'affliction.

Aujourd'hui, le but poursuivi est le même, une volonté de puissance générée par le capital, celui-ci et dulcifie par médiatisation sous la houlette des lobbys. Mais il en résulte un doute, un doute immense sur *la raison de vivre*, qu'il nous faut combler par l'adhésion au système ou la marginalité. Ne faut-il pas à cet homme nouveau, un maximum d'apparence pour un minimum d'éducation, un minimum de conscience, un minimum de sens civique, Joint à un minimum de labeur, pour faire un maximum d'argent ? La décollation du sommet de la Grande Pyramide coïncide en Occident, sur le plan des datations, à une phase accentuée du pouvoir de conquête. On peut en déduire que les déprédateurs de cet édifice qui mobilise notre attention (la Grande Pyramide) ont été à leur insu les instruments du destin. Ils ont configuré par le démantèlement du pyramidion et cela, espérons-le, en toute innocence, deux périodes cruciales de l'histoire des hommes.

Part leur volonté destructrice, ces déprédateurs ont délimité plusieurs siècles d'intolérance religieuse, d'immodération et d'abus d'autorité. La parole des prophètes était là, certes, mais ceux qui étaient chargés de la faire appliquer étaient devenus des oppresseurs. Toute interprétation ou déviation du message spirituel primordial ne peut qu'engendrer un dogmatisme, suivi de comportements criminels, en tous points semblables aux idéologies profanes et dominatrices. Que de crimes n'avons-nous pas commis et ne commettons pas encore, hélas... **au nom de Dieu,** qu'on le nomme ainsi ou autrement **?**

Si nous considérons la voie ascendante et le haut du monument avec ses 711 années manquantes, nous mesurons le vide hallucinant et interrogateur des voies du futur. Nous oscillions entre un hédonisme pernicieux et une idéologie doctrinaire, les deux mènent à une faillite de la dignité humaine ? C'est à la fin du XIIIe siècle, qu'une tendance décisive s'amorce. Elle conduira la gent populaire vers un détachement progressif des valeurs traditionnelles, pour verser en quelques décennies seulement en un rationalisme sans discernement. En opposition à ce transfert culturel, **le Graal** cet instrument comptable du temps, esquissé au sein de la Grande Pyramide, a le rôle témoin de la connaissance perdue. Aurait-il failli à cette tâche ou demeure-t-il dans l'attente de l'instant ?

C'est en 1190 de notre ère (date que nous retrouvons par ailleurs) que le Trouvère Guyot de Provins côtoya à Mayence, au sacre du fils de Frédéric Barberousse, le futur conteur de « **la légende du Graal** », Wolfram Von Eschenbach. Le héros occitan Perceval, devint ainsi par la volition d'une interpénétration édifiante, Parzival, la sommité mythologique des opéras germaniques magnifiés par le maître de Bayreuth. Le XIIe siècle vit ainsi fleurir les légendes arthuriennes avec **Chrétien de Troyes,** Robert de Boron et quelque autre. Il ne fait aucun doute aujourd'hui que ce fut par le biais des dernières invasions vécues par l'Égypte traditionnelle que **« la légende du Graal »** fut ravivée et véhiculée à travers le Maghreb (le couchant). La Perse d'abord où le mythe s'enchâssa des fioritures orientales, puis pénétra la péninsule Balkanique, avant de passer au Ve siècle de notre ère, aux mains des Wisigoths. Ces partisans de l'arianisme, animés par une foi intense, auraient alors importé le vase en Occitanie, dont ils avaient fait de Toulouse leur capitale. Il n'est donc pas impossible qu'il y ait eu une relation entre le trésor d'Alaric Roi des Wisigoths et le trésor, dit, de « Salomon », auquel le **Graal (en tant que pièce d'orfèvrerie)** était censé appartenir. Ce Graal (ersatz miniaturisé de l'authentique) aurait été ramené par Titus après le pillage du temple de Jérusalem. Le Roi Alaric s'en serait à son tour emparé lors de la prise de Rome en 410. Il se peut aussi qu'aux premiers âges de notre ère, une pièce d'orfèvrerie semblable à celle que nous décrivons ait été transportée en Écosse par Joseph d'Arimathie. Les Desposynes ou suivants du Maître, qui se veulent être de la lignée du Christ en auraient hérité. Quoi qu'il en soit ce calice n'était qu'un symbole dont l'esquisse avait été suggérée par l'architecture intérieure de la Grande Pyramide.

(En ce qui concerne les Desposynes, cette thèse, bien que séduisante, partisans - Prieuré de Sion - a peu de fondement historique).

Avec l'apport des mariages mérovingiens et dans le contexte de l'époque, il n'est pas invraisemblable de présumer que le calice a pu être acheminé jusqu'aux mains des Wisigoths, le secret ayant été jusque-là bien gardé. La symbolique précède toujours le caractère subtil d'une réflexion. Plus tard, les cathares d'Occitan se réclamant du manichéisme se sentirent moralement dépositaire de « la légende du Graal », qu'ils glorifièrent sous trois aspects complémentaires :

Le premier aspect était enseigné sous le couvert du secret. Il était à la fois mythique et caractéristique. Il était divulgué aux sectateurs ayant prêté serment de fidélité. Dans l'ignorance des détails, on subodorait qu'il existait une forme de calice dissimulé au sein de cet édifice de légende qu'est la Grande Pyramide d'Égypte. L'évocation de cette présence en la pierre demeurerait pour le commun des affiliés un soutien intemporel mystérieux et sacré. En ces âges déplorables de la prêtrise catholique, la foi des cathares était indissociable des mystères restitués par le Proche-Orient. Un absolu respect dominait la révélation. Il présidait aux manifestations cultuelles sous la forme d'un calice à révérer.

Le second aspect se manifesta quelques décennies plus tard, à l'insu du clergé. Il fut colporté à travers les anodines expressions des contes et légendes.

L'engagement individuel était réputé être une quête vertueuse dont

« l'œuvre » emplissait l'âme de noblesse. Longtemps, ce Graal mythique incita les arts lyriques à sa célébration et la chevalerie armée à sa défense. À notre époque, cette *seconde expression* demeure à la fois théâtrale et éducative. Elle séduit plus particulièrement les amateurs de légendes à l'esprit cultivé, publications, opéras, symphonies et mythologies théâtralisées lui conviennent parfaitement. Ses agencements sont allégoriques, sa mission est de véhiculer à travers le choix des mots et la diversité des réalisations, l'esprit culturel d'une Tradition Primordiale dont la sublimité s'est lentement diluée dans la nuit des temps. Ainsi, le sentiment demeurant d'une tradition révélatrice a aujourd'hui pour exhortation d'exposer sous une forme allusive les composants d'une mythologie imaginale. Celle-ci s'attache le plus souvent au sens moral, en éludant la teneur du message et de ses origines.

Un **troisième** aspect du Graal, que nous qualifierons de « cultuel », servait d'ossature au rituel des Parfaits. Il s'agissait d'une œuvre d'art concrète. Elle représentait un calice ouvragé, serti de pierres précieuses sculpté en un pur cristal de roche, autrement dit, une pièce d'orfèvrerie d'une valeur vénale unique au monde. Ce chef-d'œuvre répondait aux critères numériques et géométriques ayant trait au premier aspect, sans toutefois approcher, même de loin, sa richesse évocatrice. C'est pourtant ce Graal-là que les hommes ont recherché avec le plus d'opiniâtreté, ce qui informe sur les appétences et aspirations primaires du genre humain. Ce calice, il est vrai, possédait une authentique valeur marchande due aux nombreuses gemmes qui ornaient les points particuliers de sa contexture. On peut imaginer une émeraude d'une rareté exceptionnelle, enchâssée au point sommital de son couvercle (linteau de 144°). Ce Graal concrétisé appelé « *Saint Vaissel* » *aurait disparu lors du siège de Monségur*, le dernier bastion de résistance cathare en 1244 de notre ère. Un culte d'une très haute teneur ésotérique avait lieu sur cette éminence escarpée considérée inviolable. Cette élévation sacralisée où officiaient jadis les « parfaits » cathares se trouve à une *altitude* voisinant les **1200** mètres au fait du château. On peut donc imaginer une élévation intérieure d'une trentaine de mètres de haut, ce qui reviendrait à dire qu'un culte ou un hommage de connaissance aurait pu être rendu à **1 232,395 m** diamètre de « 40 000 », *ce sont là les décimales de la clé numérique ouvrant les systèmes de valeurs de la Grande Pyramide.*

Une seconde hypothèse voudrait que le Calice en question ait eu pour destin de passer aux mains des Arabes en **711** à la bataille de Jerez de la Frontera où l'armée des Wisigoths fut littéralement anéantie. Curieusement, nous avons 8,380 m ou **711 années** manquantes au sommet de la Grande Pyramide. Ces blocs de pierre, œuvre d'impies idolâtres, motivaient l'abomination. Ils furent pour la plupart détachés par les Arabes au début du XIVe siècle de notre ère, après le séisme du Caire (1301). De tels blocs aidèrent, sans plus de scrupule, à la reconstruction de la mosquée.

De telles singularités constituent l'apanage de la Grande Pyramide. Il apparaîtrait que toute l'histoire du monde réside en elle. Hélas, inéluctablement, le monde d'aujourd'hui n'a pas l'élévation de conscience nécessaire pour découvrir ce que recèle son concept. La symbolique du Graal peut nous aider en ce sens. N'a telle pas traversée contrée et âges. N'est-elle pas devenue la pièce maîtresse qui peut encore témoigner de la connaissance perdue ? Et si elle n'a pas la témérité de nous la révéler, elle a celle de nous la subodorer ?

Nous venons de constater qu'il y a, fort curieusement, **711 années de vide** au-dessus du sommet actuel de la Grande pyramide. En 630 de notre ère nous avons le début de l'islamisme, 711 moins 630 = 81 racine du « 9 ennéade » ou des *chiffres* composant tous les *nombres*. Il est certain que de tels rapprochements peuvent étonner et même susciter le doute. C'était cependant l'apanage de ceux qui ont véhiculé cette connaissance au-delà des frontières de l'Égypte.

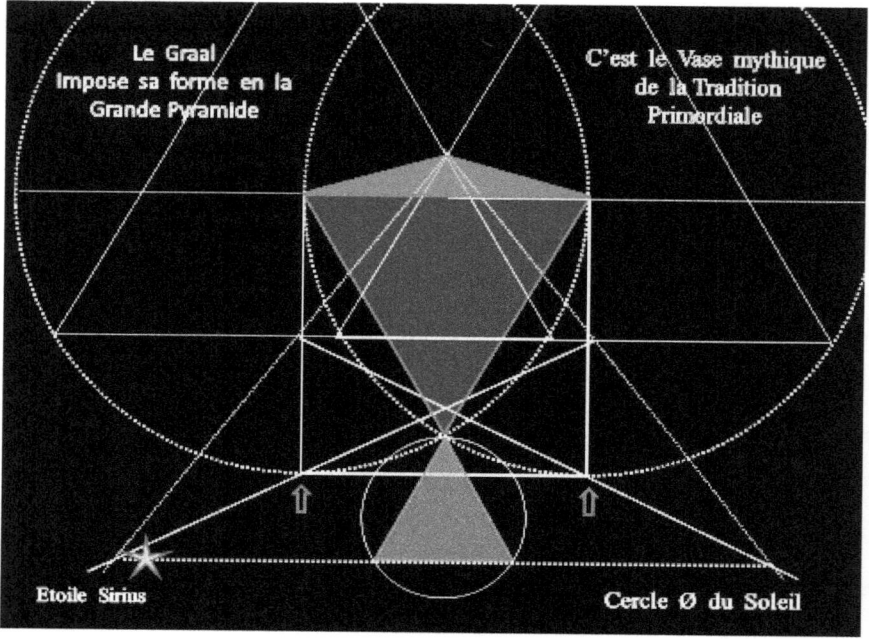

En cette hypothèse, les Arabes auraient rapporté **le calice** au Proche-Orient, d'où il s'était expatrié quelques siècles plus tôt pour conquérir le ponant. Les légendes attachées au « Graal » ont fait le tour du bassin méditerranéen afin d'opérer la plus mystérieuse des missions de caractère exotérique. Face à ces menaces subversives d'expansion, la terrible inquisition papale de l'époque se mit en devoir d'enrayer cette « gnose perturbatrice », dangereuse pour la pérennité du culte. Elle agit donc, avec la célérité que l'on sait. C'est peut-être ce que voulait nous signifier, il y a plus de deux mille ans, Jésus Barabbas (le chef zélote alter ego évangélique de Jésus), lorsqu'il exhortait ses disciples à l'agissement, en énonçant ; « *j'apporte l'épée…* ». Aussi, devons-nous impérativement faire le parallèle avec le Jésus d'ascendance spirituelle, qui lui, *prêchait sur la symbolique de la croix,* celle d'Orion (dite de Saint André) et celle dite pattée où il fut supplicié. Ce sont aujourd'hui ces deux croix intercalées qui rentrent dans la composition du drapeau britannique aux origines impénétrables !

Le Graal, « l'authentique » que nous qualifierons d'intemporel, se trouve donc à jamais inséré au sein du concept pyramidal. Ce **Graal**-là symbolise la sublime référence, il est inamovible, inclus en la structure de pierre, sa virtualité assure sa protection et sa pérennité dans les âges. Là où se géométrisent ses formes, il est à l'abri des déprédateurs et autres iconoclastes, il est l'incontestable référence de la **Gnose** initiatrice.

Notre lecteur aura compris, qu'il nous est impossible d'évoquer l'un des trois aspects du Graal, sans faire allusion aux deux autres, car ils sont les éléments composites d'une même nature, à l'échelle de l'âme, de l'esprit et du corps. Nous avons vu que si nous tentons d'évaluer de façon conventionnelle la partie manquante de la pyramide sur l'échelle chronologique, nous obtenons la date de **1780,519194 années** après le début de notre ère. Cette époque correspond à une intensité des conquêtes guerrières de la part des sociétés occidentales, avec peu de respect pour les peuples dont on conquiert terres et biens, en outrageant leurs mœurs et coutumes. Conjointement, on assiste aux premiers combats d'une laïcité pour enlever les ultimes bastions d'un dogmatisme religieux encore inféodé au pouvoir. Les sociétés en effervescence vont bientôt secouer le joug des monarchies, mais parallèlement, elles vont s'acoquiner à un pseudo confort matériel, lequel par son apport quotidien de leurres, occultera graduellement la véritable « raison de vivre ». Ne laissant aux peuples, d'autres téléologies que celle de se soumettre jusqu'à la perte d'identité au pouvoir marchand, responsable initial du déséquilibre planétaire. L'homme aujourd'hui replet en son rôle de consommateur consommé, est donc sur le point de replonger en ce néant psychopathique d'où il croit naïvement s'être extrait. C'est sans doute cet aspect des choses, qui fit que par une facétie du destin, l'échelle chronologique fut amputée de son sommet. Pour les observateurs que nous sommes, elle laisse un vide, qui va de la plateforme chaotique de nos ambitions temporelles, jusqu'au sommet de l'idéal humain.

Cela signifie que si nous voulons perdurer nous nous devons d'édifier une philosophie digne de notre qualité d'être pensant et non édifier des immeubles de mille étages pour amonceler notre surpopulation dispensatrice de calamités mortifères.

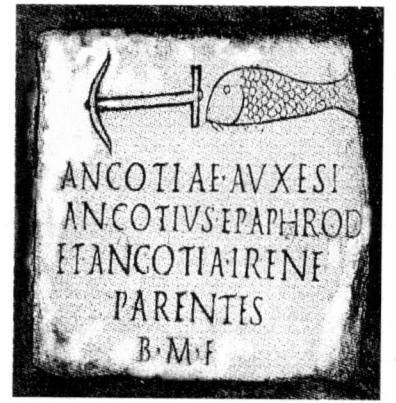

Le signe des Poissons aspire déjà au Verseau. C'est la résurgence du sexe reproducteur, le 14ᵉ morceau du dieu Osiris (ancre et ankh) inscription réalisée vers l'an 100, début de notre ère par les premiers chrétiens dans les catacombes de Rome.

La parole perdue de la connaissance est peut-être sur le point de remplir sa mission réformatrice. La fin de l'ère des Poissons régurgitera-t-elle la quatorzième partie de la légende osirienne, créant par le fait même cet état de réconciliation avec le processus divin ?

L'**ancre** emblématise la ténébreuse profondeur en laquelle évolue le poisson, autrement dit sous « l'ère des Poissons », pour tenter de retrouver une stabilité de surface indispensable à la survie. L'**Ankh** égyptienne dont la forme lui est graphiquement similaire symbolise « la vie ». Cette vie est elle-même représentée par *le phallus reproducteur* qu'un certain poisson du Nil a un jour ravi à la vigilance d'Isis. La Déesse tentait de recomposer le corps de son époux disséqué en 14 morceaux par le dieu Seth. L'élément phallique dont il est question est ici assimilable à *la connaissance perdue,* celle-ci devrait connaître un renouveau holistique à la fin de l'ère des Poissons dans la matrice du Verseau. N'est-il pas commun de penser que les signes du zodiaque tiennent des rôles subtils dans la vie de la communauté humaine ?

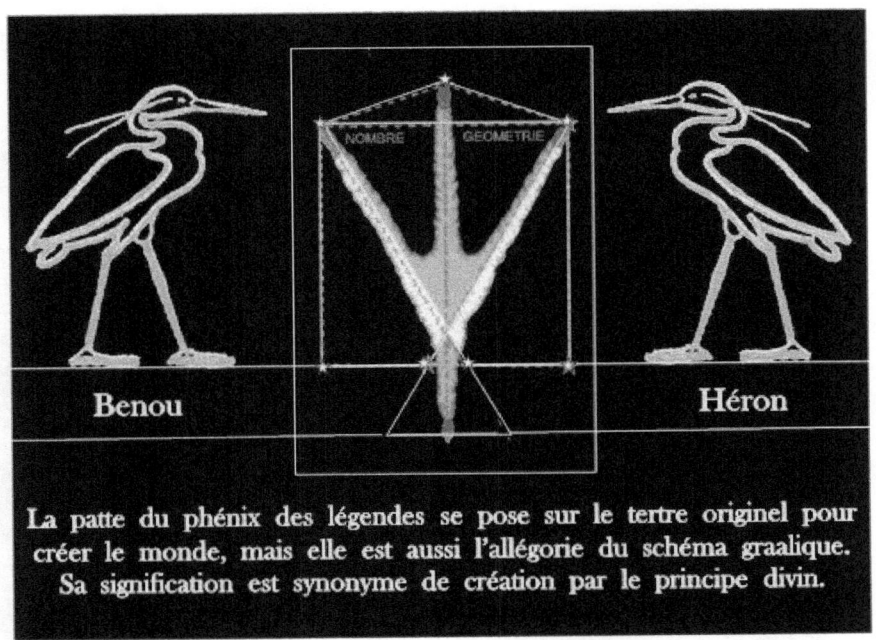

La patte du phénix des légendes se pose sur le tertre originel pour créer le monde, mais elle est aussi l'allégorie du schéma graalique. Sa signification est synonyme de création par le principe divin.

L'oiseau Benou posant sa « patte » sur le Benben afin de créer le monde, le héron cendré « *l'Alcyon, Phénix des légendes* », a placé le sceau d'une symbolique en toute chose. Il appartient aux êtres humains d'en rechercher les diverses affinités. En regard de cela, la Grande Pyramide n'est pas seulement ce que l'on décrit. Elle est par ses figures de connaissances, l'insolent emblème de notre insuffisance à concevoir et interpréter.

La symbolique du Graal nous pousse à franchir le mur de l'abstraction avec un ressenti qui influe sur la logique déductive. Chez le connaissant le discursif s'inspire de l'intuitif pour interpréter la présence de sublimité en la perception de l'inexpliqué. L'intellection attachée au quotidien est alors reléguée à une fonction plus sommaire. On comprendra que celui qui n'a jamais été sensibilisé par la symbolique ait une certaine réticence à accepter ce genre d'éclaircissement qu'il classe volontiers parmi les allants d'une métapsychique nébuleuse et contraignante. Nous nous devons de connaître l'origine du mot « symbole ». Il nous vient de la civilisation hellénique, il signifiait « *la moitié entrouverte d'un tout* ». La philosophie d'alors voulait que lorsque les deux morceaux de ce « tout », après avoir été éloigné par le temps ou les voyages, s'assemblaient de nouveau sur leur exacte brisure, l'objet retrouvait sa légitimité intrinsèque *enrichie d'une double valeur.*

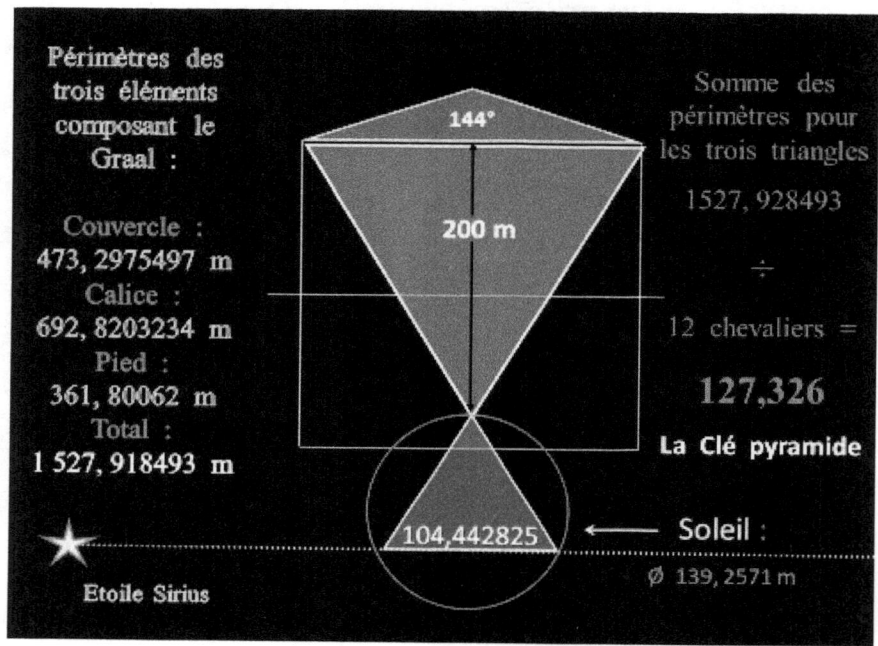

La somme des périmètres des trois éléments du Graal 1527,928493 m, divisée par les 12 chevaliers de la « Quêstre » traditionnelle, réalisent 127, 32. Divisé par le « Sang » graalique, cela nous donne la clé pyramidale avec tous les rapports inhérents à la Grande Pyramide 1,273239544 diamètre de « 4 ».

Les Grands Thèmes de la Tradition

Disséminés dans les coutumes mystiques propres à chaque peuple, nous discernons des attributs cultuels, allégoriques ou métaphoriques qui sont autant de preuves originelles de la Tradition des origines. Ceux-là ont le rôle d'incitateur à plus de discernement. Ils ouvrent des perspectives intéressantes sur les fondements de l'équilibre universel.

Le **Soleil**, la **Terre**, la **Lune, la constellation d'Orion** sont des exemples de cette constitution primaire. Les nombres suivent avec d'innombrables références, dont certaines sont incontournables, tant leurs exposés sont des clés numériques à l'origine de la pensée : les 360°, le nombre PI, le nombre d'OR, les racines de 2, de 3, de 5, l'ennéade et les cinq polyèdres réguliers dits de Platon, ainsi que leurs fondements géométriques, le Ciel de nuit avec ses compositions et astérismes, le triangle 3.4.5, le grand cycle de 25 920 ans et ses inter-cycles. Aussi pourrait-on prétendre que notre monde humain repose en partie sur ces postulats, dont les agencements illimités permettent des combinaisons profitables à l'évolution de la pensée. Sur le plateau de Gizeh où sont positionnées les trois pyramides, subtils objets de notre étude, ces valeurs exposées sont prépondérantes. Nous les retrouvons au terme de myriades de calculs, quand ce ne sont pas elles qui s'imposent en tant que principes fondamentaux. Le plus souvent les équations dont ces valeurs font l'objet interpellent le mental en étalant leurs précisions sur huit ou neuf décimales.

Cela nous engage à penser que l'Univers est constitué de nombres prépondérants, constellés de points nodaux géométrisés et d'un insoupçonnable principe d'influence géomagnétique alimenté par un phénomène de synchronicité. C'est la multiplicité de ces influences qui se trouve à l'origine évolutive de la matière. Selon les dernières découvertes scientifiques, ces éléments de compositions posséderaient des codifications mémorielles infaillibles qui rentreraient en animation réactionnelle, *quelles que soient les distances* qui les séparent. C'est dans les nuances de ces phénomènes, considérés hier encore comme étant paranormaux, que minéraux, végétaux, animaux et humains évoluent à la recherche du meilleur équilibre. À une échelle anthropologique, ce fabuleux procédé évolutif ne motive que rarement nos pensées, il est vrai que nous avons du mal à concevoir que la vie n'est pas un dû, mais un cadeau du processus originel.

Quittons si vous le voulez bien la philosophie de l'infiniment petit pour étudier un aspect de la Grande Pyramide : les huit demi-faces découpées réalisent 3 600 mètres, voilà qui pourrait surprendre certains spécialistes en la matière, si tant est qu'ils existent ? Cette valeur est prise à partir de *l'extrémité du fruit du socle*, c'est-à-dire en englobant la totalité des lignes structurelles de la Grande Pyramide s'élançant vers le sommet. Ce qui fait de ce monument un témoignage spirituel émanant de l'universalité. *Ce qui équivaut à délimiter autour de l'édifice une sorte d'aura protectrice, qui existe sans avoir une réalité tangible. Les nombres ici exposés répondent aux critères des constantes universelles.*

Il est impossible que ce soit les facéties du hasard qui puissent être à la base de ce résultat, **le fruit du socle** étant de surcroît aux normes du ⌀ solaire **0,1392751 m**, et de ses décimales théoriques.

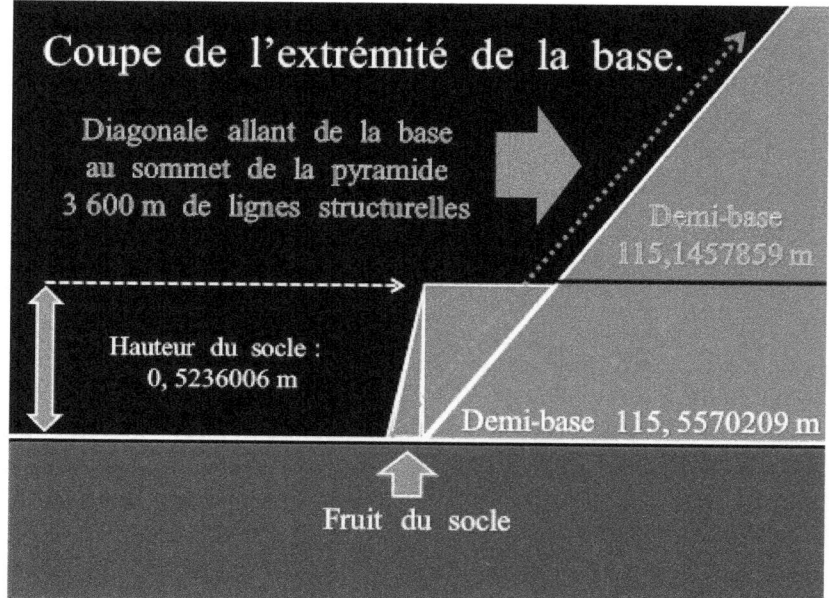

À la base de la Grande Pyramide se trouve le socle d'une coudée juste de hauteur.

Si nous prenons l'extrémité du fruit du socle, et tirons une ligne imaginaire jusqu'au sommet, la Pyramide affiche alors avec ses 8 blocs de demi-faces, **3 600 m de structure.**

0, 5236 m

Périmètre du triangle 8 fois reporté sur le carré base : 450 m x 8 = 3 600 m.

Hauteur : 147, 1317686 m
Apothème : 187, 172076 m
Demi-base : 115, 6962778 m

8 Triangles + 4 arêtes

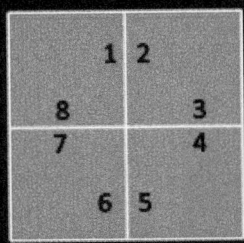

Il y a 3 600 secondes en une heure de marche de 3 600 mètres

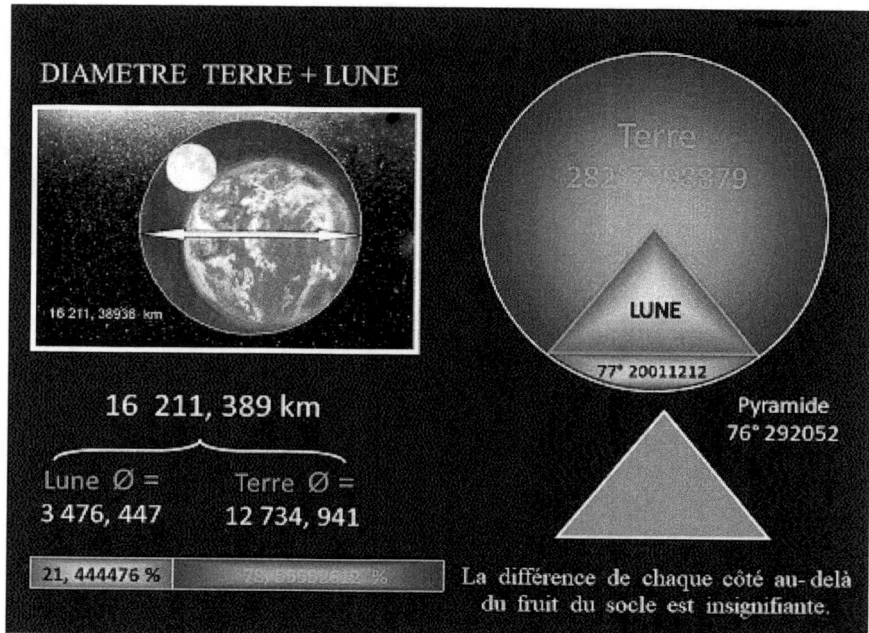

En 1620, l'alchimiste Robert Fludd eût-il la prescience de ce que nous dévoilons en élaborant un graphisme identique, sans toutefois mentionner l'allusion aux deux astres ? Ce qui prouve, s'il en était besoin, que la tradition a toujours été véhiculée sous le manteau des âges.

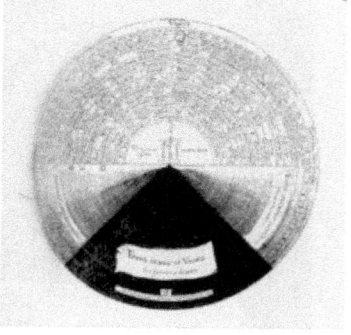

La Grande Pyramide est implicitement dépositaire des volumes terrestre et lunaire qu'elle nous restitue sous la configuration de la symbolique.

Il nous suffit d'observer le diamètre de « 4 » = 1,273239544 que nous estimons être « *la clé pyramide* » pour découvrir, **placé au carré** multiplié par 10 000 et considéré en kilomètre, le diamètre de la **Terre** et de la **Lune** parfaitement relié. Chaque calculatrice nous donnera la réponse en quatre secondes. Là se trouve corroborée la théorie des affinités numériques et de leurs filiations dans le temps.

Souhaitons que l'hypothèse qui consiste à ne voir en ces deux astres qu'une fortuite et cosmogonique rencontre, sans interprétations plus clairvoyantes, ait désormais du mal à s'imposer. La confirmation pourrait s'établir par probabilités, car des dizaines de cas semblables concernant la Terre et la Lune font l'objet d'études mathématiques on ne peut plus sérieuses, avec des résultats tout aussi inattendus.

Ces deux astres répondent à des normes d'affiliations universelles numériques et géométriques dans la lignée des grandes constances. Ce type de révélation devrait exalter en nous nos prémonitions intuitives. Au lieu de cela, il génère généralement un sentiment dubitatif, tout en motivant une réaction « tourne page » qui caractérise une simplicité d'esprit. *Si c'était vrai... ça se saurait...hein et les médias en parleraient...hein... Alors, ben c'est qu'c'est bidon ?*

Il suffit pourtant de prendre sa petite calculette pour basculer séance tenante dans un autre monde, celui d'Alice au pays de Mer veille (le phonogramme **mer** = pyramide en ancien égyptien).

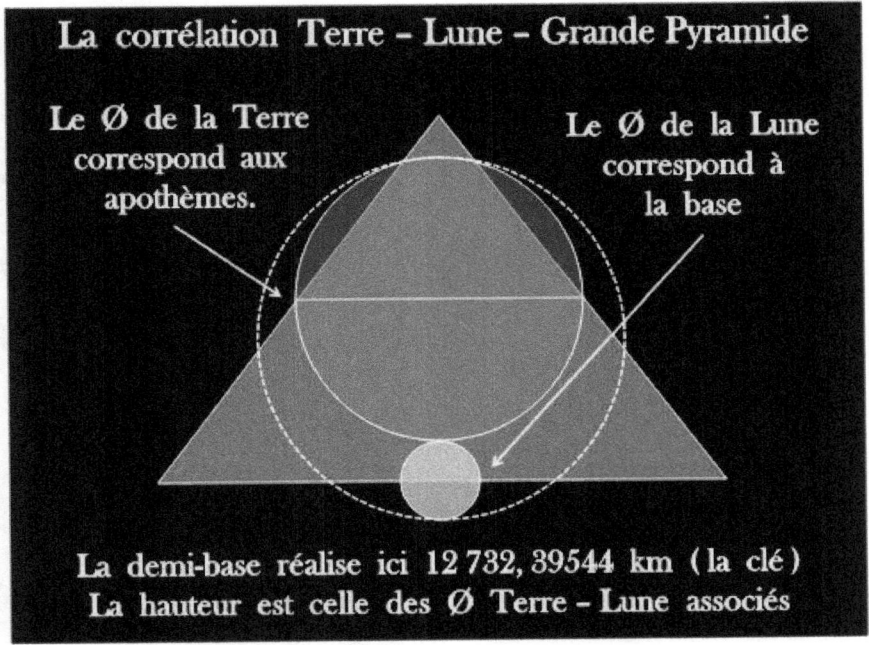

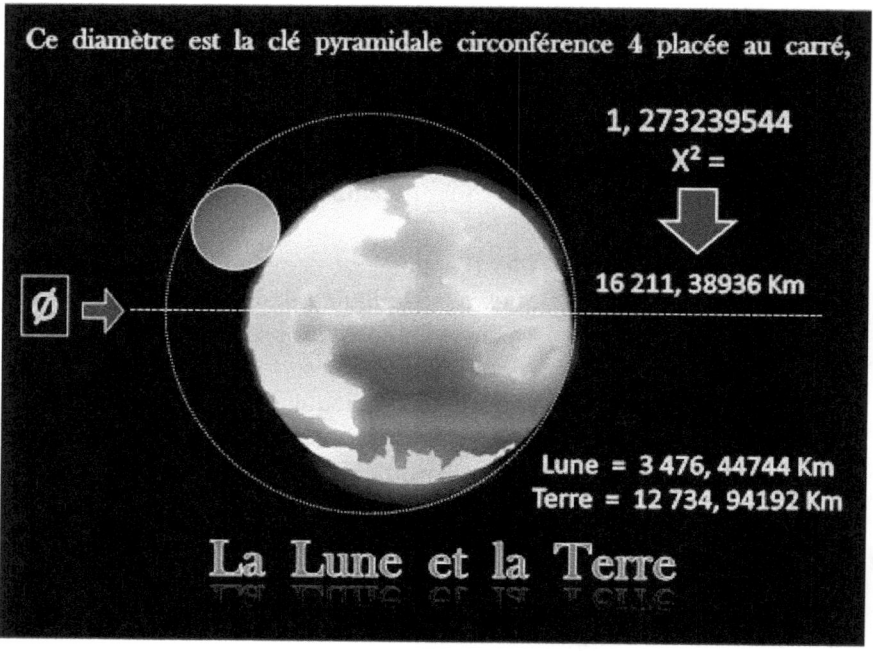

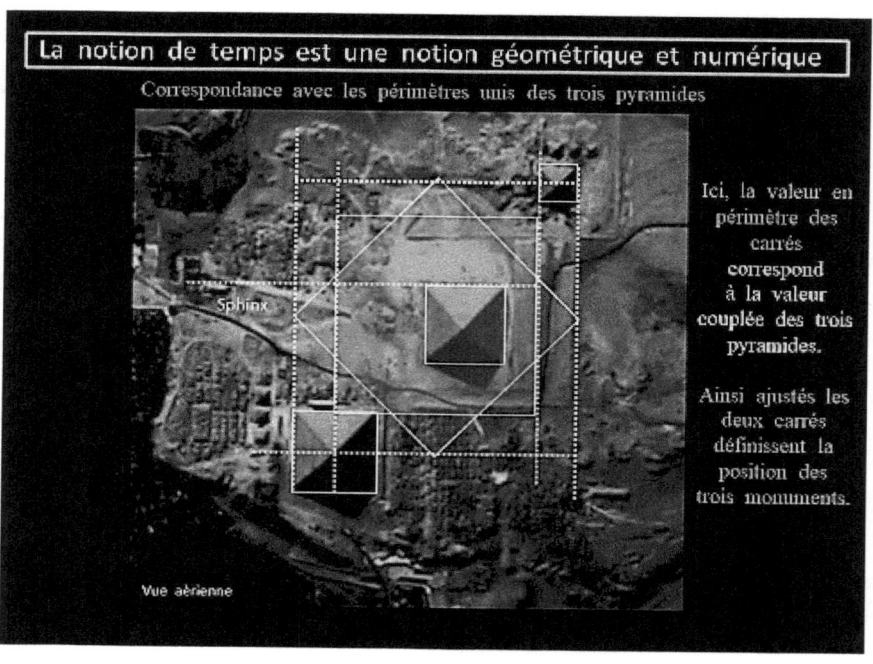

À la vue de telles représentations, les gouvernants du monde devraient adopter un comportement responsable, pour tenter de renouer les liens d'ordre spirituel que nous ne cessons d'évoquer. Sinon, nous devrons assumer l'inconséquence de notre reniement.

La Terre - La Lune - La Grande Pyramide
Unies pour constituer une énigme historique

Par le plus grand des hasard… !

La Grande Pyramide indique avec une rigoureuse précision, la circonférence de la Lune au centre de la Terre.

Il y a « **32** voies qui mènent à la sagesse » sur lesquelles Dieu aurait appliqué son sceau. Ce qui fait que, dans la tradition hébraïque, il y a 32 règles appelées « Baraïta ». On dit de ces 32 règles qu'elles sont aptes à servir d'interprétation aux aspects secrets de la Tora. Parallèlement, il y a « 10 séphiroth » correspondant aux dix chiffres. Ceux-là sont comparés à des niveaux, de phases ou de saphirs. Ils sont étroitement liés aux « 22 caractères » composant les lettres de l'alphabet. 10 + 22 = 32. Ce dernier nombre est comparable aux deux fois 32 cases du jeu d'échecs. Ce jeu n'est pas si innocent qu'il y paraît, puisque le nombre de cases est équivalent aux 64 hexagrammes du livre des changements.

Les quatre lettres du Tétragramme יהוה forment le nom de YHWH (Yahvé). Rappelons que pour les Hébreux, le nom divin est réputé imprononçable. Conscients de cet impératif de tradition, codifions les quatre caractères par « 4 zéros » en les juxtaposant aux lettres de la manière suivante : 0 0 0 0. Ajoutés au nombre 32, cela nous donne **320 000**, autrement dit : la valeur du verbe + les nombres + la référence des caractères à Dieu. Par ailleurs, nous avons découvert que les 0 0 0 0 (**chiffre 4**) se situent à la base de la création.

Les 4 zéros représentent « la clé numérale de la Grande Pyramide »
$4 \div \pi = 1,273239544$ = la clé, $X^2 = \times 10\,000$ = Terre + Lune.
Sur le plan de la symbolique, voyons ce qu'il en est lorsque ce nombre se manifeste dans l'analyse structurelle suivante : le triangle circonscrit en le ☙ 1,273239544, circonférence « 4 » a pour côté :

1, 102657791 x 3 = 3, 307973372
x 0, 523598774 (la coudée ésotérique) = **1, 732050807** la √3.

DIEU = Le Principe Créateur en 4 éléments chiffrés 0000.

Le verbe = Les 22 lettres avec lesquelles Dieu a créé le monde.

Le nombre = Les 10 séphiroth ou chiffres : 0-1-2-3-4-5-6-7-8-9.

La géométrie = Le triangle circonscrit dans la circonférence du 4.

Tentons maintenant d'interpréter le prolongement logique, mais extraordinairement hermétique, du nombre **320 000**.

En ce qui concerne les rapports avec la Grande Pyramide nous pouvons considérer que les 4 faces visualisées génèrent 8 demi-faces. Par leurs dispositions, les demi-faces sont garantes d'un phénomène d'ombres et de lumières en périodes d'équinoxes. Rappelons que le creusement des faces se révèle consubstantiel au plan structurel de la Grande Pyramide donnée par **la constellation d'Orion**.

320 000 ÷ π = 101 859, 1635 ÷ 8 demi-faces = 12 732, 39544 x 1,273239544 (La clé numérale de la Grande Pyramide) = considérée en kilomètres : 16 211, 38935 km, ce sont les diamètres Terre - Lune.

La Grande Pyramide

Sur le revêtement se produit un éclat aux solstices et aux équinoxes.

12 734,94192 km ; ⌀ moyen de la **Terre**.

3 476, 44743 km ; ⌀ moyen de la **Lune**.

16 211, 38935 km ; ⌀ Diamètre moyen de la Terre et de la Lune.

Ce qui signifie en clair que, sans modifier les données générales de la pyramide, en conservant les angles de 51° 51' 14" 31 pour la base et de 76°17'31"39 pour le sommet, nous avons les diamètres des deux astres. Ils réalisent ainsi une immense pyramide virtuelle de 16 211 km de haut. Avec un périmètre à la base équivalant à 80 000 fois la clé numérale, ce qui nous permet son déchiffrement ! La pente serait alors de 20 613, 66245 km pour chacun des quatre côtés. Divisée par la demi-base, elle nous procurerait une approche correcte du « Nombre d'Or ». 20 613, 66245 ÷ 12 732, 39544 = **1, 618** 993264.

Si la hauteur de la Grande Pyramide était égale au rayon de la circonférence Terre-Lune, chaque face nous donnerait 12 732,39544 kilomètres. Il nous suffirait alors d'ajouter deux fois la valeur de la clé pour obtenir la valeur moyenne de la Terre, soit :

12 732, 39544 + 1, 273239544 + 1, 273239544 = **12734, 94192**
base clé clé ∅ Terre

Ainsi réunies, les deux pyramides réelles et virtuelles comprennent la longueur totale du cycle précessionnel (**elles forment un losange**). La hauteur de ces monuments constituerait deux rayons unifiés, établissant un diamètre de 16 211, 38935 km et le périmètre de cette pyramide seraient alors égaux à la circonférence Terre Lune. Nous obtenons des conclusions identiques avec la tradition chrétienne, les 3 jours de construction du temple christique, ainsi que le nombre **320 000** qui en résulte.

Le Soleil même ne saurait être hors-jeu dans ces conventions chiffrées puisque :

> **∅ Soleil = 1 392 571, 259** km ÷ 100 000 = 13, 92571259 ÷ 0, 523598774 (la coudée ésotérique) = 26, 59615202 X² = 707, 3553022 x 72 (les 72 acolytes de Seth qui ont enfermé Osiris dans un coffre avec l'intention de le priver de la lumière de Rê)
> **= 50 929, 58176** km
> (Le total considéré en kilomètres nous donne la circonférence Terre – Lune au mètre près).

Aux aperçus de cette logique mathématique, nous pouvons en déduire qu'il y a une relation directe entre **le Soleil, la Terre** et **la Lune**. Au seuil de ce troisième millénaire, ces nombres qui sont attestés par « **La Grande Tradition** » seront-ils demain à l'origine de l'éveil que nous sollicitons chez nos contemporains ? Hélas, la tentation matérielle est si forte, le pouvoir médiatique si grand, les meneurs de jeu si corrompus, que la moindre considération pour ce type de raisonnement tiendrait du miracle ! Ce serait pourtant notre planche de salut, pour enfin concevoir que l'ordonnance de la vie n'est pas due au hasard. Que chaque identité que nous représentons à une place ordonnancée en cet Univers, et que nous ne sommes pas les fruits d'une coïncidence obtuse. Ce ne peut être que l'espérance unanime en *un Principe Créateur* qui fera un jour de nous des êtres responsables, à condition cependant, que nous ne nous soumettions pas inconsidérément aux dogmes institués. Afin que nous soyons moralement libres et responsables de nos actes dans la plénitude de notre état de conscience. Une société qui est soumise à des tendances collectives, amoindris la conscience individuelle des sujets qui la composent. Ceux-là sont insidieusement contraints à des pratiques d'exhortation qui enraye leur processus d'évolution. Ce qui n'est pas le propre de l'homme, il lui faut réfléchir et évoluer selon ses aspirations. Sur le plan collectif, des lois doivent restreindre les actions nocives tout en respectant le particularisme qui favorise la mutation.

Le dogme est un engagement réducteur et simpliste de l'inspiration humaine. Lorsque la pensée n'a pas la volonté de s'élever par elle-même, il lui faut effectivement des ordonnances doctrinales pour suivre un parcours spirituel convenant à sa nature. C'est pourquoi nous ne saurions critiquer les religions. Mais le psychisme humain est perfectible. La preuve est faite par le nombre et ses mystères sont cognoscibles.

L'antique et mystérieuse Égypte n'a pas fini de nous étonner. À l'orée des temps nouveaux, elle était détentrice d'une **Tradition Primordiale** hautement élaborée. Celle-ci dispensait chez ses adeptes une déontologie de connaissance favorable à l'équilibre du genre humain. Aujourd'hui, un establishment omnipotent, imprégné de tous les enchantements du pouvoir, dirige un monde pénétré d'une addiction au profit qui annihile toute forme d'évolution spirituelle.

Avec la clé perdue nous avons rejeté « **le lien Terre – Ciel** », gage du souverain équilibre. Celui-là même, que nos Anciens avaient patiemment entretenu des millénaires durant à travers la symbolique émise par **la Tradition Primordiale**. Jadis, le message s'adressait sans distinction fondamentale à une population à la conscience épanouie ou évanescente. Les deux étant parfaitement compatibles du fait de l'interprétation polysémique de l'enseignement. Aujourd'hui, certains d'entre nous avons l'impérieux devoir de répandre aux quatre vents du renouveau les bribes de cette Tradition. Elle aura pour le commun des êtres le même effet que lui prêtait l'antiquité.

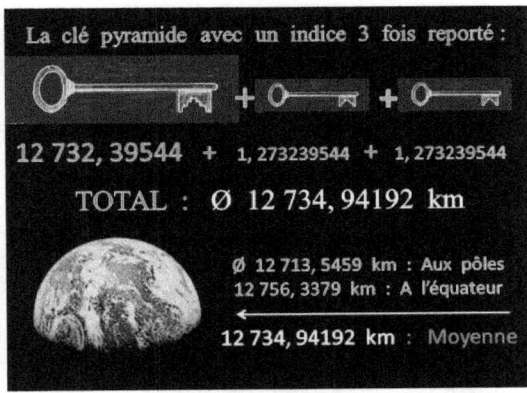

Prenons conscience de ce que représentent aujourd'hui notre situation sociale, le grégarisme « télévisionnel », le surarmement, la croissance hyper productive, l'empoisonnement des éléments vitaux, le pouvoir des multinationales, la spéculation des businessmen et l'absence de moralité. Est-ce-là les gages rassurants d'un futur existentiel ? Ne pourrions-nous pas entrevoir une perception plus rassurante, plus digne des êtres pensants que nous sommes censés être ?

Quant à ceux qui soutiendraient que ces choses décrites ont toujours existé, nous serions en consonance à une différence près et elle est essentielle, ces constatations n'étaient pas à l'échelle de la planète. On peut éteindre un feu local, mais on ne peut que périr dans un feu général. Avons-nous humainement le droit de régresser ainsi, genoux à terre dans l'indignité à être ? S'il nous faut disparaître, que ce soit psychologiquement debout en lutte contre l'adversité dont nous affligent les faiseurs de destinées.

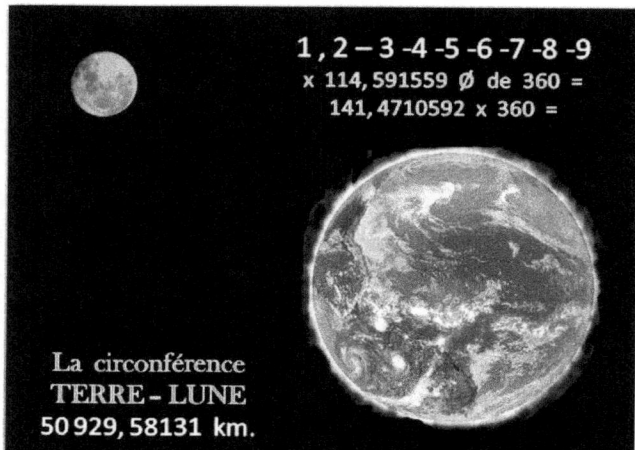

Soyons clairs :

Que la Terre et la Lune ne soient pas simplement issues d'un dégorgeoir du Big-bang a de quoi malmener le confort intellectuel des inconditionnels du scientisme.

La théorie qui veut que deux amalgames pierreux créés par le hasard aient eu l'amabilité de se placer en orbite autour du Soleil aura dans un futur intelligent une certaine apathie dans la conviction. Ces deux rotondités n'ont-elles pas de temps à autre le même disque ou l'une d'elles ne montre-t-elle pas une seule face, ne s'équilibrent-elles pas afin de créer la biodiversité en laquelle nous vivons ? Nous savons ce qu'est l'argent et son pouvoir, mais c'est dans la première tranche de ce troisième millénaire que nous allons apprendre ce qu'est la vie en commençant par apprécier le créé.

La Grande Pyramide sur laquelle nous avons focalisé nos recherches est un ordinateur de pierre. La matière rare dont est fait le clavier est minéralo-cosmique, les circuits sont géométriques et les touches sont numériques. Le courant qui alimente ce complexe ne provient pas des spéculations boursières, il est astral. Les interfaces sont intuitives et les composants neuroniques. Le code de mise en marche est « privilège conscience » c'est pourquoi si peu de zélateurs du matérialisme intégral ne peuvent l'utiliser.

C'est un très vieil ordinateur, mais, comme il avait à sa mise en fonction beaucoup d'avance, il nous permet d'espérer qu'en intégrant ses conseils, ce ne seront plus ceux qui spéculent sur la misère humaine vers qui nous inclinerons inconsidérément la tête, mais vers des êtres responsables aux qualités humanistes et spiritualistes.

Soyons magnanimes, le progrès de notre civilisation est déjà très net, si nous prenons pour exemple le football, il y a 13 000 ans, les deux bouts de bois des buts étaient deux tibias de girafes et le ballon un testicule de mammouth. Les supporters étaient animés de simiesques hou...hou...hou, au lieu du sophistiqué et contemporain allez...allez...allez. Ils portaient leurs smicardes offrandes de cacahouètes au dieu de l'éclair en boule, les huiles d'alors s'en engraissaient les pattes, les huiles d'aujourd'hui en font leur beurre. Rien de bien nouveau sous le Soleil, mais tout de même le progrès est là indéniable et prometteur !

Revenons à des considérations moins intellectuelles. Nous voyons que les cavités internes de la pyramide ne sont pas disposées au hasard d'une construction débridée, mais qu'elles se confondent avec le cheminement de la pensée humaine.

La Grande Pyramide ne s'exprime pas avec des mots, elle met sa potentialité à la disposition d'un pouvoir de réflexion. Certes, son trésor est sans commune mesure avec l'or de Toutankhamon. C'est pourtant sur celui-ci que scrutent d'espérance nos plus grands esprits professionnalisés.

Le vrai thème de la chapelle Sixtine, c'est le doigt de Dieu tentant d'éveiller l'intelligence humaine. Visiblement harassé par ses mutations successives, l'homme ne peut se mettre debout pour suivre son créateur, alors il suit l'évolutionnisme, plus apaisant sur le plan de l'engagement humain. Il semblerait que l'incapacité de l'homme à transcender le fruit de sa réflexion le cantonne dans une attitude lymphatique qui est la plus grande offense faite à l'esprit vivant. Nous ne pouvons voir le Principe Créateur, mais nous pouvons voir sa création. C'est à travers elle que nous devons louer l'harmonie de synthèse qui préside aux choses.

Nous avons eu un aperçu de la filiation Terre – Lune en parfaite harmonie avec l'intelligence universelle, en cette équation le Soleil était absent, cependant il ne saurait être soustrait de la trilogie. L'union Lune, Terre, Soleil existe bien, elle se réalise à l'aide des « 72 noms cachés » de la mythologie. C'est aussi le décalage du point vernal un degré en 72 ans, multiplié par 360°, cela nous donne le cycle précessionnel de 25 920 ans. « 72° » ce sont aussi les angles du linteau placés au-dessus du carré-base, les 72 anges tutélaires des Chaldéens, les 72 officiers de Moïse et les 72 décans de la vielle Égypte. Ce nombre est donc une grande constante de l'Univers.

L'initiateur caché est là, au seuil de nos interrogations, laissons-le nous conter la vie telle qu'il la perçoit et imprégnons-nous de sa sagesse. Les éléments dissimulés en la nature des choses sont-ils à même de nous expliquer l'existence autrement que nous la percevons ? C'est un vaste sujet dont la science commence à percevoir la complexité et la distinction paradoxale.

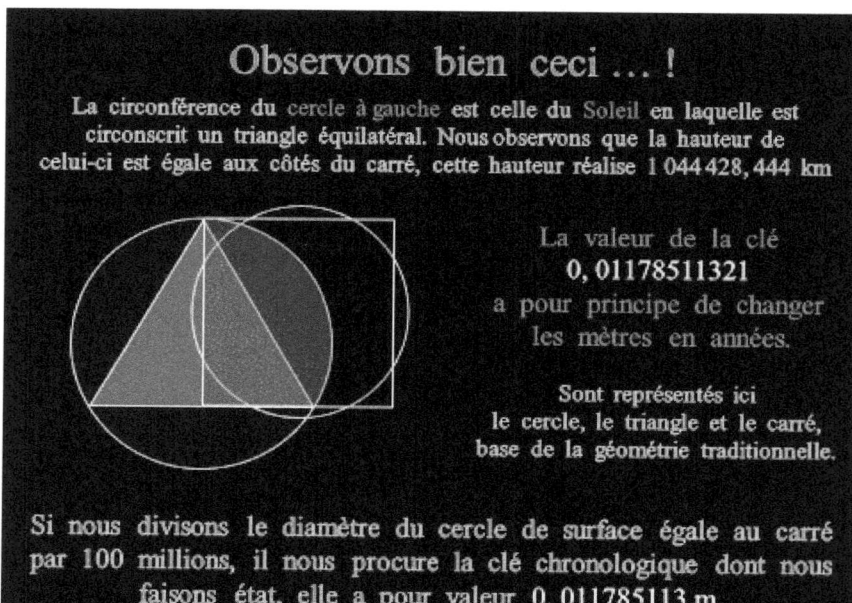

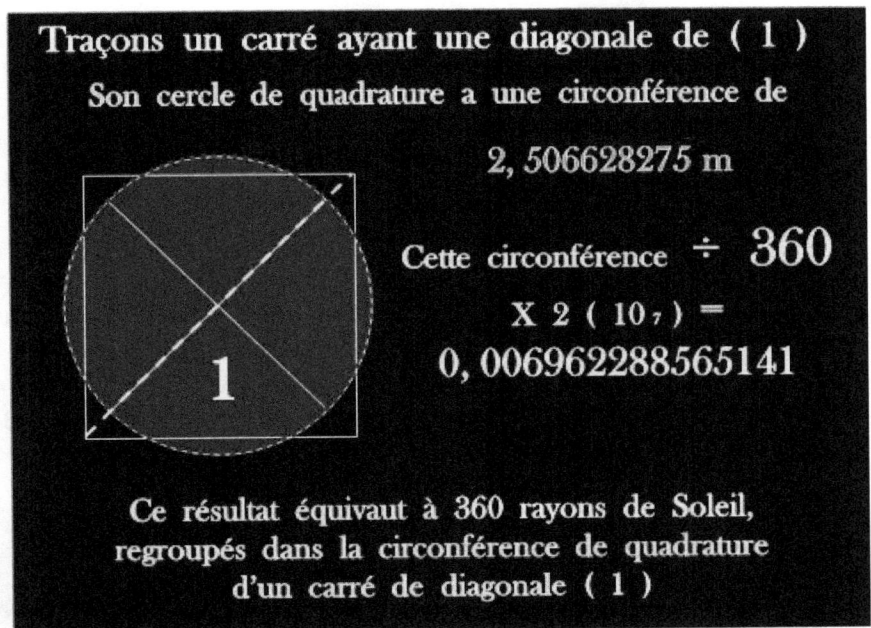

Les scientifiques investis dans les disciplines nucléaires se sont affranchis de cette assurance que leur conférait, hier encore, l'acquis des siècles précédents. Aujourd'hui, un humble reconditionnement des théories einsteiniennes les contraint à plus de circonspection en ce qu'ils prônaient naguère comme étant les éléments d'une matière physique et énergétique. Les récentes découvertes sur l'abstraction des particules élémentaires, ouvre un champ immense dans les domaines de la subjectivité.

Hélas pour nous, l'attitude n'est pas de mise en égyptologie ou en paléontologie, sciences de conventions plus que de déductions. À l'évidence, ces formules combinatoires d'ordres numériques et géométriques, que nous proposons et sublimons, ne motivent en rien l'orthodoxie méningée de ces professionnels. Mais qu'on le veuille ou non, c'est la présence des nombres et des formes qui maintient la dynamique de composition de l'Univers, sans laquelle celui-ci s'épandrait dans le plus absolu chaos. Il serait néanmoins audacieux de prétendre défricher la complexité de ces intitulés et d'expliquer clairement leurs fonctions et finalités. Nous ne pouvons dans le meilleur des cas, que constater leur présence, leur synchronicité, leur devoir de maintien, lesquels sont autant de mystères que nous ne sommes pas près de clarifier dans les domaines de l'infiniment petit, et dont les répercussions s'exercent sur l'infiniment grand.

Pour corroborer ce raisonnement, nous révélons quelques-unes de nos découvertes réalisées sur le plateau de Gizeh. Celles-ci ont l'avantage de nous indiquer la méthode à suivre pour parvenir à des résultats probants, non par d'infinis tâtonnements, principe de la science expérimentale, mais par la prise en considération des **grandes Constantes numériques universelles**. En leur unité même, les chiffres sont à la base de ramifications combinatoires, et celles-ci sont révélatrices de l'harmonie sous-jacente de l'Univers. Nous en avons un flagrant exemple avec le 3 et le 4, Nout et Geb, le ciel et la matière dans la mythologie égyptienne.

La résultante est d'une lumineuse simplicité. Ces chiffres ont le mérite, non seulement de marquer la différence « pôle équateur » de manière subtile, mais de faire glisser la logique dans le domaine du créationnisme où la solution s'impose naturellement. De tels agencements prouvent, sans contestations possibles, l'implication de l'omniscience dans la concrétisation d'une harmonie généralisée. Si nous nous éloignons du

« *vénérable vieillard à barbe blanche* », père suprême de l'infantilisme créatif que nous encensent les mythes, nous nous rapprochons d'un *principe de Coordination Universelle*. Il est flagrant que cette omniscience ne se limite pas à la concordance de ses réalisations, mais qu'elle projette ses principes et agencements dans l'union d'elle-même, pour la perfection du synchronisme génésiaque. C'est cela qu'il nous faut admettre comme principe de base pour notre changement d'orbite évolutive, s'il y a une volonté de perfection dans le monde où nous vivons, nous nous devons de l'aider à s'impliquer.

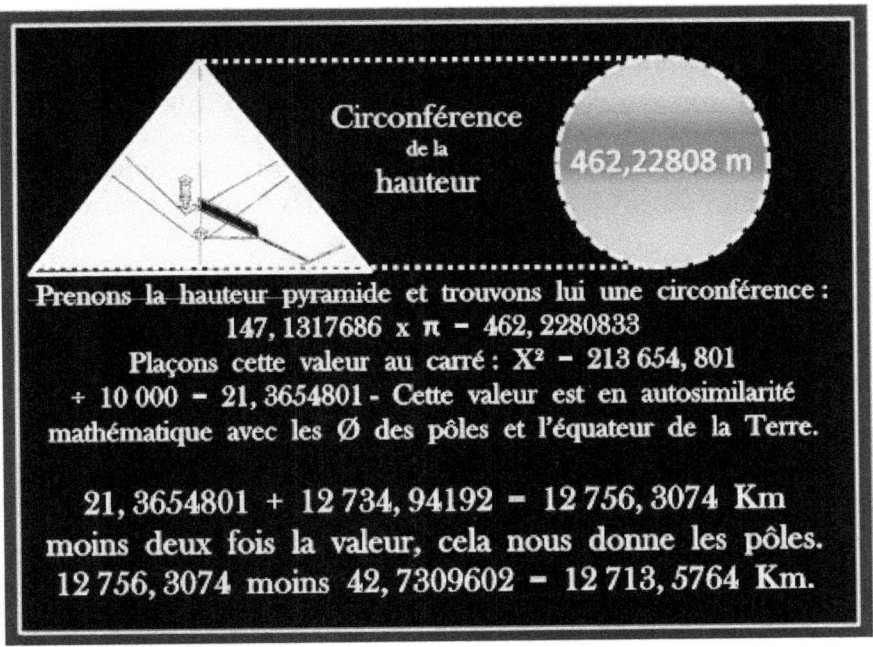

Cette différence infime de décimales que nous constatons entre les deux énoncés est due à des transferts numériques, nous pouvons dire qu'en fonction de l'origine, si les formulations divergent, les résultats sont identiques. Comment expliquer rationnellement ces conclusions, sans risque de se fourvoyer en des démonstrations inintelligibles ? Ne devons-nous pas nous rendre à l'évidence en acceptant un univers théogonique composé de facultés autocréatrices ? Il va de soi que ce type de formulations nous projette dans une conception déiste du monde, si le terme nous agresse, imaginons tout simplement un **principe intelligent** apte à unifier et régenter la nature des choses.

Ce « *principe souverain* » dont il est question n'a pas spécifiquement forme humaine, il n'est pas assimilable à un honorable vieillard, il n'est pas hirsute à souhait, il n'a pas la versatilité de comportement que lui prête certaines religions. Il n'est pas à l'écoute de nos doléances, il ne nous prescrit en rien une conduite morale et pourtant **il est**.

Dieu réside dans le tout absolu de sa création, sauf en notre **conscience évolutive**, car c'est à elle de venir vers lui et d'être par notre discernement, l'agent pourvoyeur de son appétence créatrice.

Abandonnons cette idée commune, qui consiste à pressentir en la science humaine l'unique assurance de notre perfectibilité. Nous aurons alors le recul nécessaire pour envisager un univers plus logique d'aspect et plus admirable d'accomplissement. Quel est celui ou celle d'entre nous qui a sacrifié une heure de sa vie à contempler sa propre nature ? Non par admiration narcissique en comparaison à des natures semblables, mais par réflexe conscient de la perfection des organes qui nous animent et nous permettent de vivre. J'invite ceux qui n'ont jamais tenté la chose à le faire. C'est un voyage vers le merveilleux où seuls les évolutionnistes, aux neurones robotisés par la suffisance, voient là un parcours basique dont ils estiment intrinsèques le parfait accomplissement. Selon leur point de vue, la nature aurait été soumise dès l'origine à des tâtonnements infinis pour parvenir par elle-même à ce qui lui convient d'être. Dans le cerveau reptilien de ces évolutionnistes, lorsque cette nature serait parvenue à la finalité qu'est l'homme, elle se serait écriée fière de sa prouesse accomplie ; « *C'est super...j'ai fait ce Mec Adam et cette Meuf Ève à l'aveuglette par simples petites touches d'atomes évolutionnistes... comme ça !* » En suivant ce sentier scabreux où on butine toutes les sottises du monde, nous ne voyons pas pourquoi nous n'avons pas trois yeux pour plus de commodité, deux devants et un derrière afin de mieux déceler les sourires goguenards des darwinistes. Pareillement, des doigts de pieds au caractéristique *ver luisant* pour les marches de nuit, ainsi que pour éviter les classiques porte-bonheur des trottoirs. Il serait aussi avantageux d'envisager le déploiement d'une troisième main en éventail, pour se faire de l'ombre, maintenir par grand vent son bébé, sa femme ou son chapeau. Non hélas, nous n'avons rien de ces agréments, et ils vous diront ces évolutionnistes que c'est le choix d'un sélectif engrangement. Mais alors... qui a fait ce choix ?

La nature, nous diront-ils, par des milliards de milliards de sélections, toutes plus affinées les unes que les autres et par une lente élimination de ce qui n'était pas strictement nécessaire aux spécificités conceptuelles de l'environnement.

Il y a donc un Principe Créateur ?

Nullement voyons, c'est ridicule, cela s'est fait par lentes mutations darwiniennes jusqu'à la perfection qu'est la nôtre... il n'y a nulle intelligence en ce laborieux cheminement, il n'y a qu'un... tâtonnement hasardeux. En fait, il s'agit d'une procédure de rectification et d'adaptation par participation collective des dispositions circonvoisines aptes à légiférer sans cogiter.

« Beurk », tentons de passer à un autre développement :

« Ouais... mais non, en ce qui concerne l'image, c'est un bug métapsychomagnétique dû à de mauvais branchements des connexions neuronales. Dans quelques millions d'années, après maintes mises au point de transmutations darwiniennes, la nature aura rectifié cette petite erreur de rectangle avec le nombre d'Or, la Lune et la Terre. Parce qu'entre nous, c'est ridicule ce truc, on y pressent le spirituel... quelle régression ! »

Décidément, la science des darwinistes est absconse !

Cette verve linguistique est celle que nous tiennent les évolutionnistes de crainte qu'il n'y ait en leur matérialisme paroxysmique une faille qui laisserait passer la candeur spiritualiste. Elle viendrait troubler leurs méninges déjà passablement mises à mal par nos impudentes révélations. Cette obstination à concevoir ainsi la réalité existentielle est inhérente aux données identitaires. Renier ses principes de causalité ce serait annihiler sa personnalité. La spiritualité étant indissociable des pratiques religieuses, y adhérer constitue pour cette gent une faiblesse de raisonnement. En résumé, ils ne peuvent concevoir la spiritualité sans le phénomène religieux.

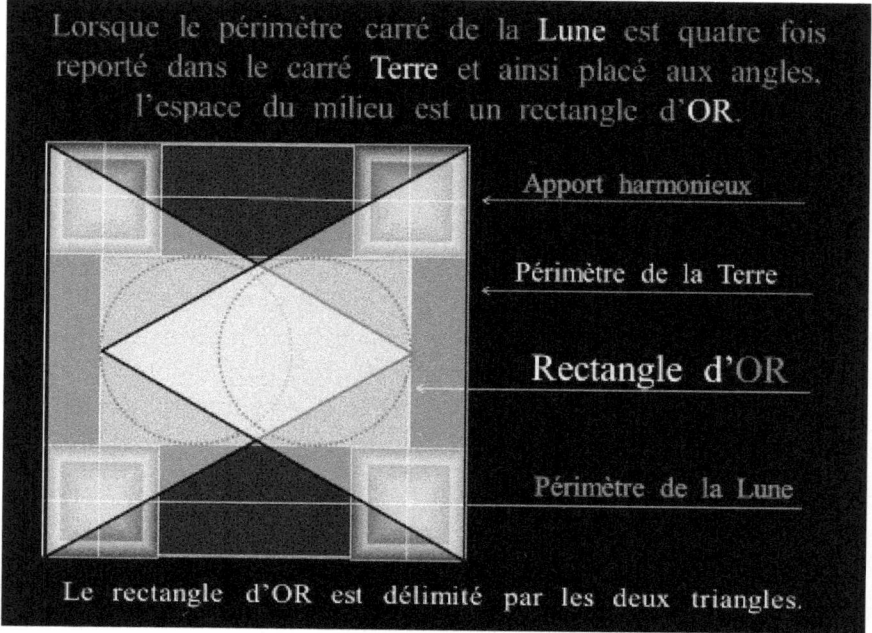

Est-il possible que nos qualités d'esprit régressent de la sorte, et que les évolutionnistes aient raison ? Cela serait la preuve que nous nous dirigeons tout droit vers l'âge, pourtant révolu, des hominoïdes.

Obtenir avec le périmètre de la Lune et de la Terre un rectangle d'OR donne un privilège aux **créationnistes**. Mais le combat avec les **évolutionnistes** n'est pas terminé pour autant, puisque ce qui leur fait le plus défaut à ces brillants intellectuels, *c'est le simple bon sens !* Tous les êtres animés d'une certaine logique auront tendance à crédibiliser la théorie créationniste, car nous pensons que des images comme celle de la page suivante devraient permettre de conforter cette opinion ? Peut-on ensuite prétendre que la perfection n'est pas de ce monde, que nous faut-il donc de plus pour découvrir le merveilleux dans les choses de la vie.

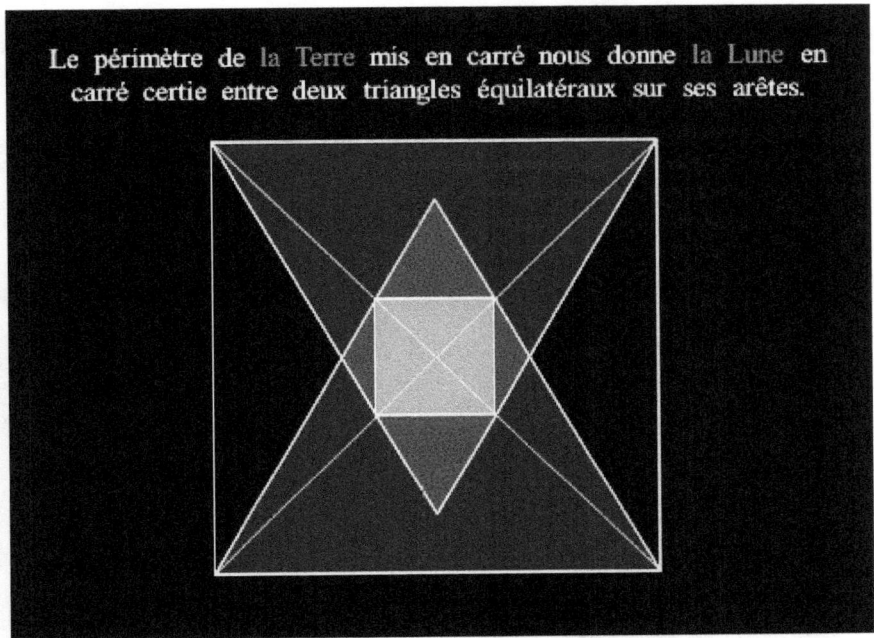

Le périmètre de la Terre mis en carré nous donne la Lune en carré certie entre deux triangles équilatéraux sur ses arêtes.

Nous nous devons de réfléchir par nous-mêmes, de nous élever vers une autre dimension, vers une autre perception, vers une autre réalité que celle populairement pragmatique que l'on nous inculque depuis l'enfance. Nous découvrirons alors le domaine des associations d'idées lesquelles conduisent à une réflexion plus juste de l'existence. Ne négligeons pas pour autant la meute des *politiquement corrects* où il nous faut vivre, mais demeurons en marge pour accéder à l'estime de soi. Il y a d'énormes contrevérités que nous gobons, non que nous soyons absurdes, mais parce que nous sommes confiants et un rien crédules. Ce qui fait que l'on se prive d'une appréciation différente du monde en lequel nous évoluons. Nous ne nous dotons pas des moyens actuels qui nous permettraient de connaître ce qui nous est dissimulé. Nous pourrions alors accéder à des comparaisons, non pour contredire, désavouer, rentrer en conflit et bouillir de haine, mais plus simplement pour ne plus être le jouet passif d'un système infecté. Ce graphique page suivante est un des aspects de l'univers caché que nous évoquons. Il ne sera jamais validé par les critères officiels, pour la simple raison que ces travaux de recherches bousculeraient tant de paramètres établis, qu'ils changeraient à eux seul l'ordre des choses.

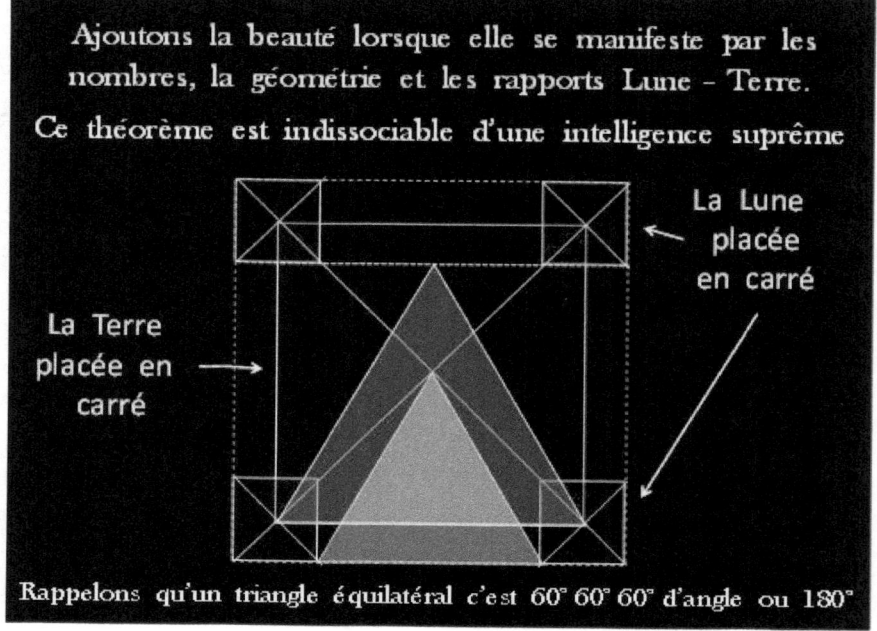

Ils changeraient certes ce que nous croyons savoir de l'histoire, mais pas seulement, ils désavoueraient les égyptologues nécrologues, les paléontologues, les ethnologues, les enseignants, les éditeurs leur ayant fait confiance. Tout un monde rivé sur l'aspect fructueux et conventionnel des choses, au préjudice d'une vérité absente de l'agenda scientifique. C'est ainsi que ces découvertes dont nous faisons état, pourrait grandement contribuer à assainir cette situation mensongère en laquelle nous nous engloutissons. Par voie de déductions, il s'effectuerait un certain redressement des états de conscience. Si un tel réflexe est jugé impossible par les instances dirigeantes, et cela malgré les preuves flagrantes qui s'offrent à nous, quelle autre perspective pouvons-nous envisager que celle d'une déchéance programmer ?

En résumé, ne comptons pas sur nos gouvernements pour rétablir la gîte de notre vaisseau planétaire, le voudraient-ils d'ailleurs, qu'ils ne pourraient la redresser. Ils savent pertinemment que toute réforme aura toujours un temps de retard sur les dommages constatés. Aussi se focalisent-ils sur leur propre carrière plus que sur leur devoir de législateurs, lequel d'ailleurs prend souvent le caractère abracadabrantesque de la comédie. La seule issue possible, c'est une prise de conscience générale à l'échelle planétaire, mais celle-ci ne peut se réaliser que par **la *voie spirituelle***. C'est la seule qui nous offrirait en option, un gendarme comportemental dans la guérite de l'esprit. Que ce soit par intérêts ou nécessités, toute autre tentative de réforme sera vouée à l'échec, car l'argent est désormais inscrit dans nos ADN, comme étant un privilège chromosomique.

Certain nous estimerons par trop moralistes, alors que nous sommes que tristement réalistes.

Il est un seuil où les plus lucides d'entre nous ont le devoir de jalonner de leurs clairvoyances le futur déductible.

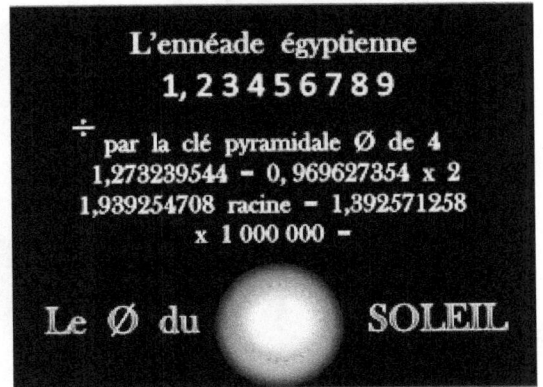

Soyons attentif à l'enseignement que nous recevons, au mode de raisonnement des meneurs de jeu fossoyeurs des courants élévateurs. Ne nous cantonnons pas de demeuré éveillé, soyons l'éveil » de la réalité future, le destin a besoin de chacun d'entre nous. La goutte d'eau n'est rien, mais l'océan est tout. Jamais nous n'avons eu autant besoin de lumière.

Les pérennes émissaires du plateau de Gizeh, attendent pour donner une impulsion à notre bon vouloir l'accord de notre conscience collective.

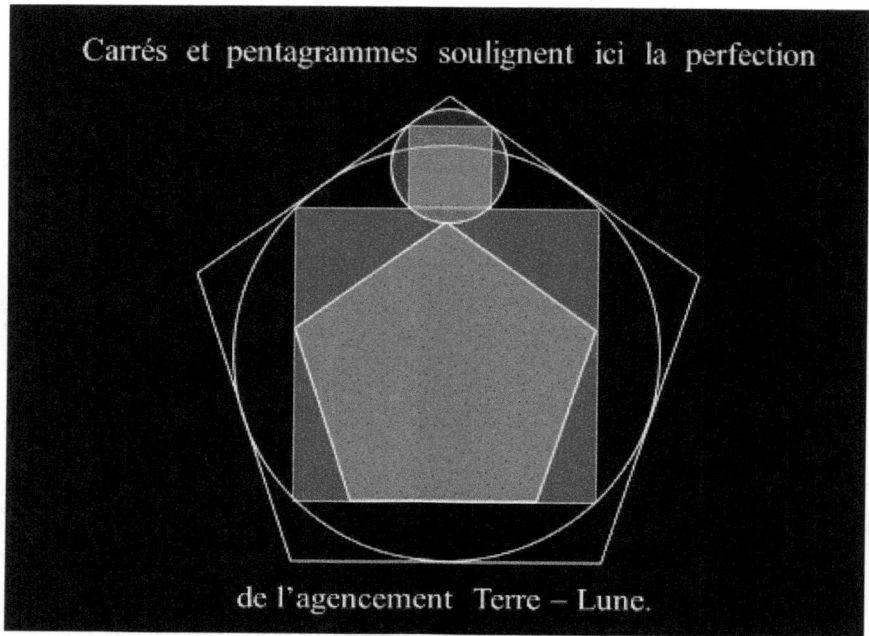

Parmi la pluralité des énigmes qu'il nous importe de citer, figure en bonne place « **l'Arc-en-ciel** » dont nous allons nous entretenir. On prête à ce dernier des propriétés d'angle, ce qui confirme que nous demeurons sur le chemin fécond de « **La Connaissance Ancestrale** ».

Pour assister à ce troublant et magnifique spectacle offert par la nature, il faut réunir deux conditions : la première a pour préalable qu'il a plu en l'environnement et que le Soleil a la possibilité de filtrer à travers les nuages. La seconde, que l'observateur soit orienté par rapport à la lumière (personne n'a jamais vu un arc-en-ciel de profil). Pour que cette lumière effectue sa réfraction sur la molécule d'eau en sustentation, il faut que l'angle formé, entre la vision et le rayonnement, soit de « 42° », précisément de 41° 59' 50'', soit l'angle de l'arête, propre à **la Grande Pyramide**.

Voyons... Aurait-elle un sens cette énonciation biblique ?

« *Et je placerais mon arche dans les cieux* » ?

Parfois, il se forme sur le fond du Ciel, se superposant au premier, un second Arc-en-ciel. Il est proportionnellement plus grand, plus diffus, et surtout il ne possède pas, scientifiquement parlant, le même indice de réfraction.

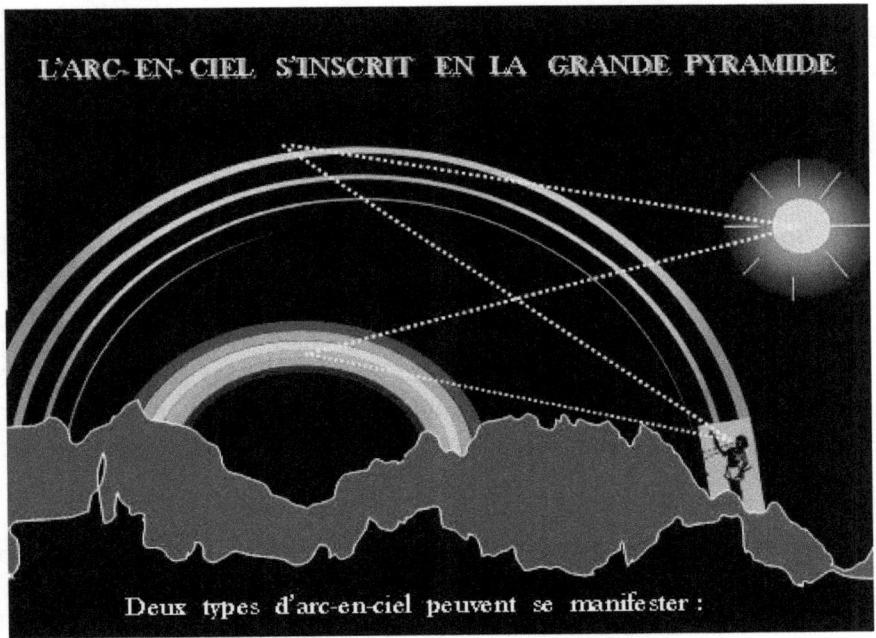

Deux types d'arc-en-ciel peuvent se manifester :

Le second arc-en-ciel affiche une valeur proche de 52°, ce qui revient à dire qu'il est à 51°, 51' 14''. Cette dernière estimation, nous le savons, est celle de l'angle de pente des apothèmes de la Grande Pyramide.

Sur ce graphique se trouve inscrit l'éventail scientifique des angles de réfraction spécifiques au spectre de la lumière visible. En gris la valeur des deux angles que nous décrivons : le bleu vert osirien et le début du violet.

Indice de REFRACTION	ARC PRIMAIRE	ARC SECONDAIRE	Angle de l'apothème	Angle de l'arête
1, 330 Rouge	42°, 516	50°, 101		
1, 331 Orange	42°, 370	50°, 365		
1, 332 Jaune	42°, 224	50°, 628		
1, 333 Vert	42°, 078	50°, 891		
G - pyramide	→			41°, 9972
1, 334 Bleu	41°, 933	51°, 153		
1, 335 Indigo	41° 788	51°, 414		
1, 336 Violet	41°, 644	51°, 674		
G - pyramide		→	51°, 8539	

Nous observons deux critères de références : le premier concerne l'angle des apothèmes inhérent à la Grande Pyramide. Il se situe juste, à l'intersection de l'ultraviolet et de la lumière visible. Cet arc qualifié de « secondaire » effleure les 51°674 dans le violet alors que l'angle réel que nous estimons affiche lui 51°853974. L'indice est au seuil de la lumière visible. Sur l'échelle des ondes répertoriées, la plage réservée à la lumière visible ne représente qu'un espace insignifiant entre l'infiniment petit et l'infiniment grand.

Le second phénomène d'importance a trait à l'arc « primaire » dont beaucoup d'entre nous ont été témoins au cours de leur vie. Cet arc se situe au milieu du spectre visible, dans la zone du bleu vert, entre les indices 42°078 et 41°933. Nous remarquons avec émerveillement que l'angle de l'arête pyramide s'ajuste à **41°99722395** (degrés décimaux), autrement dit, en pleine prairie de la vache Hathor. Nous ne nous en étonnerons pas ! Comment d'ailleurs ne pas établir une analogie entre « le dieu vert » des mythologies égyptiennes (OSIRIS) à qui la Grande Pyramide est dédiée.

C'est la zone verte de l'indice spectral ? Sur le plan révélateur d'une symbolique traditionnelle, cela signifie qu'étant issue d'ondes vibrantes infiniment restreintes, la lumière manifeste sa beauté en épousant le volume extérieur de la structure pyramidale. Ce tracé est aussitôt validé par un second phénomène qui se positionne **au centre** de la lumière visible, là où s'opère la consomption de l'ombre équinoxiale.

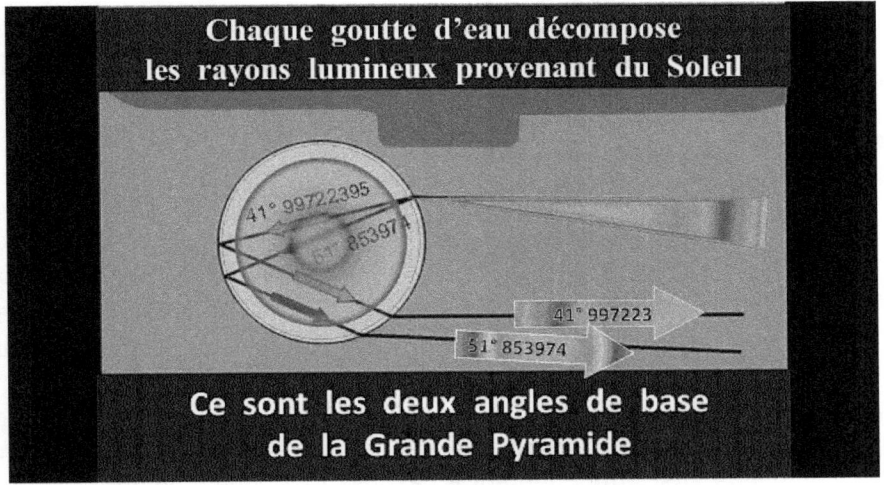

Avec ces deux angles, notre pyramide est construite. Les gouttelettes d'eau agissent comme le feraient des prismes répartissant des ondes. C'est grâce à cela que nous pouvons être les spectateurs émerveillés d'un **arc-en-ciel**. Pour que les deux valeurs prennent une signification au sein de la pyramide, il fallait une petite aide spirituelle évidente, que nous ne désavouerons pas.

« *Voici le signe de l'alliance que je place entre moi et vous, et tout être vivant qui est avec vous, pour les générations à jamais : je place mon arc dans les nuées, et ce sera le signe de l'alliance entre moi et la Terre* » Genèse 9/12

La Grande Pyramide témoignerait-elle d'un message divin ? Prenons conscience que désormais, c'est la voie incontournable d'un futur aux ascendances salvatrices. Alors que si nous persistons en cette addiction pour les propulseurs matériels, craignons l'irrémédiable. L'homme n'est pas seulement constitué de substance évaluable, il est fait de subtils ressentis qui devraient lui permettre d'évoluer dignement.

En tant qu'êtres humains, nos appréciations sont certes différentes, mais ne sommes-nous pas unis par l'arche ? La Grande Pyramide est un monument fédérateur de l'esprit, elle n'a pas d'appartenance, pas d'histoire, pas d'âge, pas d'inscription, pas d'indice générateur, elle pourrait n'être rien… elle est tout… sauf… sauf un tombeau !

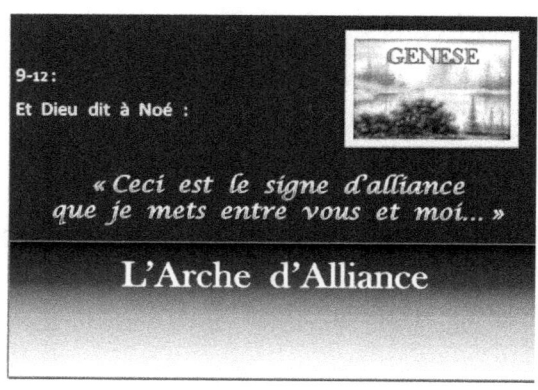

L'illustration souligne un passage de l'Ancien Testament spécifique à la tradition occidentale.

Il est question d'une « Arche d'Alliance » placée dans le ciel, pour établir un lien de pensée entre « le Principe Créateur » et nous.

En fait, hormis son indéniable splendeur, l'arc-en-ciel est commun à l'humanité et scientifiquement accessible. C'est une manifestation de la nature, au même titre que la pluie ou le vent. Il a cependant pour lui le fait que sa démonstration laisse rarement indifférent tant ces noces de la pluie et du soleil sont évocatrices de bienfaisances.

Il s'exalte en lui, par la magnificence de ses couleurs un appel subtil et personnel. Cette manifestation semble s'adresser à l'âme. Nous avons là une Arche multicolore qui tend à s'élever, tel le corps arqué de la déesse Nout incarnant le Ciel en Égypte ancienne. Sur le plan déductif, cette splendide vision motive un état de pensée supérieur ou une évocation à caractère spirituel. Dans l'appréciation commune, il n'y a là qu'une manifestation on ne peut plus naturelle. Une histoire de goutte d'eau et de réfraction. Pas de quoi « flipper grave » comme le souligneraient en une interjection lapidaire les grands penseurs. Ces deux clichés ont toujours tendance à diviser les réactions humaines. D'un côté, le pragmatisme orienté vers la rationalité la plus rudimentaire, de l'autre, l'intuitif qui élève le débat au-delà de la matière. Il manquait jusque-là pour les uns et les autres « le lien de synchronicité », il nous est offert aujourd'hui par ce merveilleux monument. Plus que des preuves, reconnaissons que c'est la somme de coïncidences chères aux rationalistes, qui pourrait interpeller notre logique. Quelques manifestations du hasard amusent, mais beaucoup laissent perplexe et provoquent la réflexion.

Le postulat que nous retenons est un « Principe créateur universel » absolu et sans limite.
Avant nous, il fallait prouver qu'il existe !
Après nous, il faudra prouver qu'il n'existe pas !

Quelles sont les probabilités pour que de telles concordances de faits se produisent ? Nous craindrions de ne pas pouvoir compter les zéros après la virgule. Le dieu vert de l'éternel printemps, **Osiris**, est présent en sa symbolique globale.

Avec **le violet** par le passage de l'invisible au visible, et par **le vert** symbole de prospérité planétaire. La première couleur pénètre la vie, la seconde marque le centre spectral de son identité. Osiris a été tué par celui en qui il avait une absolue confiance, lequel a opté pour la voie pernicieuse, mais rémunératrice de la matérialité. Pour asseoir son pouvoir, Seth ne recule devant aucun crime. Toutefois, ce qui constitue sa pugnacité engendre aujourd'hui sa faiblesse. L'homme est capable de réflexions, c'est de sa souffrance que naîtra son discernement. Le plus troublant en ce qui concerne « l'arche d'alliance », c'est qu'elle disparut avec l'ère de Jérémie précisément sous le règne de Josias aux environs de 630 avant l'année zéro, point bas de la couronne de quadrature. Était-ce un présage des temps à venir ou une banale coïncidence ?

Des temps nouveaux annonceraient-ils un printemps d'émeraude, hier encore insoupçonné ? Serait-ce celui du dieu vert, Osiris, maître de la Grande Pyramide et locataire assidue de la constellation d'Orion ? C'est lorsque s'immiscent en nos esprits certains archétypes, que leurs configurations s'esquissent dans les zones embrumées de notre subconscient. Ne coopérer qu'avec son cortex gauche, c'est s'amputer d'une pondération salutaire, qui vous astreint à la dépendance d'un radicalisme préjudiciable. Ne coopérer qu'avec son cortex droit, c'est s'immerger en un état lymphatique d'indolence cérébrale qui conduit à l'irresponsabilité. Mais coopérer avec ses deux cortex, c'est faire preuve, semble-t-il, d'une perception équilibrante du phénomène humain et des indicibles possibilités que procure ce type d'intellection.

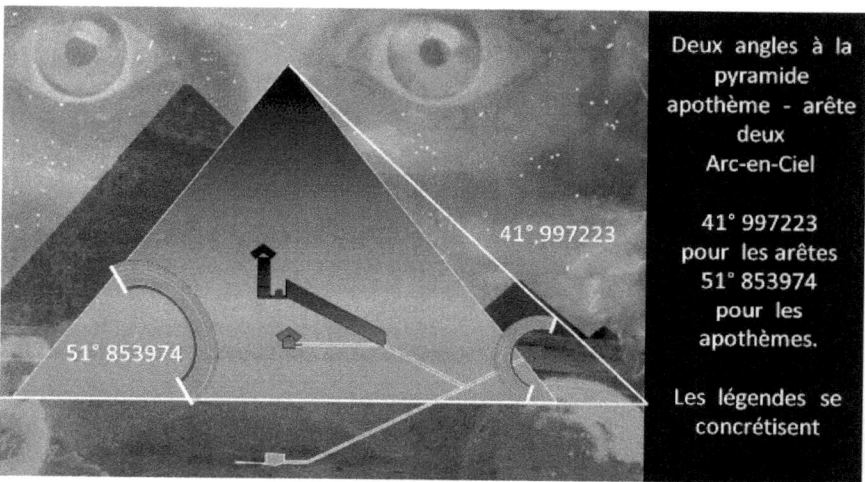

« Et tout autour du trône, un **arc-en-ciel** semblable à un aspect d'**émeraude**. Et tout autour du trône, **vingt-quatre trônes** » (Apocalypse). Les trois pyramides sur le plateau de Gizeh, réverbérées par l'effet miroir, nous expliquent bien des choses auxquelles nous devrions être sensibles. Nous retrouvons ici deux fois le triangle 3. 4. 5 d'Isis, la Grande Pyramide et les 24 vieillards.

« *Demain, lorsque la lumière jaillira de la réflexion, provoquée par la spirale du rayonnement, le coffre osirien s'ouvrira à la raison du monde.* »

La Raison d'être

Aux frontières de l'invisible

C'est aux frontières de l'invisible dans les méandres de la physique quantique qu'il nous faut aller découvrir les preuves avérées d'un monde étrange au fonctionnement paradoxal.

Les études engagées depuis quelques décennies sur ces immenses accélérateurs de particules ont fait l'objet de découvertes inattendues. Les principes de causalité qui jusque-là semblaient donner satisfaction se trouvent remis en question si ce n'est déchu par les processus de synchronicité. Deux de ces avancées nous semblent particulièrement dignes d'intérêt, compte tenu de ce qui était admis naguère en physique pour être des raisonnements fondamentaux. Aujourd'hui, ces résultats sont si dérangeants pour les esprits voués au cartésianisme indéfectible, que l'autoroute des certitudes prend la mouvance des nuages. Une première interrogation se pose avec les *fermions* et leur partenaire symétrique de type boson (squark ou slepton).

Lorsqu'en un temps donné, deux particules élémentaires ont eu un contact entre elles, elles intègrent instantanément une mémoire fusionnelle, dont elles ne se dissocient jamais, quelle que soit ensuite la distance de séparation qui les tient éloignées l'une de l'autre. Si l'on fait intervenir dans le circuit cyclotronique un accident de terrain à l'une d'elles, l'autre interagit avec les mêmes écueils, dans le même laps de temps, sans qu'il n'y ait eu entre les deux (intrication quantique) au cours de l'expérience, le moindre lien physique. Seule différence, qui se résume en un état complémentaire, le spin (rotation) est le contraire de l'autre dans la même orbitale atomique. Si nous étendons la comparaison à une logique élémentaire, nous pensons immédiatement à la sexualité homme-femme et d'une manière générale à l'hétérogénéité, voyons là une harmonie des contraires qui engendre un équilibre symétrique de synchronicité. Cette nouvelle cosmologie des champs quantiques étend considérablement le domaine d'investigation des chercheurs en empruntant le schéma d'un continuum psychophysique. Car d'autres constatations ont été faites concernant les relations entre la matière commune et les facultés cognitives de l'être humain. Ces recherches sont à la base de notre évolution, elles devraient donner à réfléchir aux plus sceptiques d'entre nous.

Il a été démontré que la pensée peut générer des « ondes » capables de modifier certains critères que l'on pouvait jusque-là considérer stables et dûment établis. Les expériences réalisées par des groupes de recherches, notamment aux États Unis tel que *Princeton Engineering Anomalies Research Lab*, laisse perplexe. Ainsi a-t-il été prouvé qu'un générateur de nombres casuels (entendons par ce terme, éventuel, contingent) peut être influencé par l'état mental d'une personne. Selon les influences émises, il émettra des données numériques distinctes d'un individu à l'autre. Autrement dit, une interaction se produit entre un état de conscience biophysique et un appareillage aux réactions numériques dont le conditionnement est purement d'ordre matériel. Cela peut aller très loin dans le domaine de la démonstration, lorsqu'il est constaté que, selon la situation des particules étudiées, des laborantins aux identités différentes, peuvent, par leur simple présence, en modifier les résultats, sans que ceux-ci effectuent la moindre action d'ordre manuel sur l'outillage électronique. Cette nouvelle considération des échanges informatifs, définis par une réplique « mental – matière », peut s'étendre aux domaines, jusqu'ici sulfureux de la « contestable » parapsychologie. L'univers serait un vaste champ d'interactions dont nous commençons à subodorer l'importance et le rôle déterminant qu'il pourrait avoir sur l'évolution de la pensée. C'est ce que nous nommions, il y a une vingtaine d'années, dans l'un de nos ouvrages « Oméga Alpha » l'Aithéron ou les champs d'interférences au-delà de la matière considérée.

C'est ainsi que les êtres et les choses que nous côtoyons sont plus proches de notre individualité égotique que nous le pensons. Nous nous devons d'être attentifs à notre environnement et à ses interactions. La métaphysique aujourd'hui frappe à notre porte. Si nous n'ouvrons pas celle-ci au plausible, il passera demain au travers les murs ou par la cheminée, ce qui est déjà le cas du père Noël.

« Objets inanimés avez-vous donc une âme qui s'attache à notre âme et la force d'aimer ? » Alphonse de Lamartine

Cet examen de situation a poussé des chercheurs hautement intuitifs, tels que Jung, à établir des liens de comparaison dans les domaines de l'onirisme. Les effets psychophysiques assujettis aux effets miroir, notamment en ce qui concerne l'alchimie semble avoir retenu particulièrement son attention. Nous avons nous-mêmes établi des relations entre certaines représentations alchimiques et les sujets que nous traitons ; les trois pyramides et le Sphinx sur le plateau de Gizeh :

Nous retrouvons ici le « 4 » ou les côtés du carré-base. Les Bâtisseurs de cathédrales utilisaient le « 4 » pour signer leurs œuvres aux revers des pierres de tailles, ainsi se montraient-ils fidèles à la Grande Tradition et aux secrets de connaissances que possédaient les hiérarques de l'ancienne Égypte.

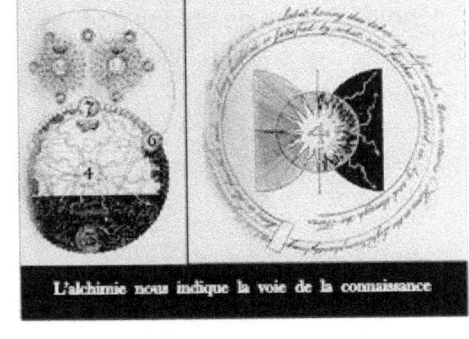

Les trois têtes étoilées du baudrier sortent du Graal.

Les ailes de nuit pour aller dans les étoiles, chercher le cycle, offert par le serpent.

Roi + Reine, pyramides réelle + virtuelle placées sur une colline.

Le départ en altitude d'Orion, sous le Lion.

C'est de son corps que le pélican nourrit ses petits.

L'arbre du temps solaire commence par 11... 785113

« Vaincre la matière et la crainte de l'inconnu, en se nourrissant de sa propre connaissance... »

Nous constatons qu'une subtile science est ici occultée au profane. Elle se présente comme un défi pour le néophyte en passe de s'élever vers la connaissance. La translation allégorique engage les capacités d'interprétations de l'impétrant aux mystères. Nous présentons une démarche animiste de la pensée vers l'objet, ainsi que le retour codifié de celui-ci vers les facultés déductives du mental. Ce n'est donc pas seulement ce que voit l'observateur qui pourrait lui servir de cheminement psychologique, mais ce qu'il interprète, sous-entend ou encore pressent en l'illustration.

Un lien peut alors s'établir, révélé par trois facteurs conditionnels : le désir de suivre l'appel intuitif, la recherche des détails, les analogies de principes.

L'alchimie a ceci de particulier c'est qu'elle mêle étroitement la recherche opérative à la recherche spéculative. Elle est en cela un stimulant de l'esprit. Elle est aussi, et ce n'est pas le moins surprenant, un véritable repoussoir pour les dévots du dogmatisme ou pour ceux qui se sont détournés de toute démarche à caractère hermétique. Car pour eux, ce qui n'est pas parfaitement lisible est commodément taxé de diablerie ou d'incongruité. Ils rejoignent en cette attitude la gent matérialiste que sustente un esprit grégaire. Pour eux, toute théorie qu'ils estiment « fumeuse » est précipitée dans les abysses de l'inconcevable.

Il ne fait aucun doute que l'alchimie est née en Égypte, la pierre philosophale n'était-elle pas appelée « *Pierre d'Égypte* » ? Le mot « mer » qui signifiait dans le langage ancestral égyptien « pyramide » et par extension étymologique « amour - magnétisme » se retrouve dans mainte allusion alchimique, tel que « *mer cure* » curer le sens caché de l'édifice. De manière plus prosaïque ; « *aspire à t'émouvoir de la connaissance universelle que détient la pyramide et tu t'accompliras !* » Il est vrai que beaucoup d'associations d'idées peuvent être établies entre les divers motifs de l'Égypte ancienne et l'alchimie occidentalisée du XVe siècle. Les sujets traités font généralement référence à une très haute antiquité, parfois sous des aspects ludiques ou déroutants pour le sens commun.

Les fresques, les bas-reliefs, les nombreux motifs qui s'étalent sous nos yeux étonnés sont détenteurs de mystères. Mais ils se révèlent sous les faisceaux lumineux de la connaissance. Ils étalent alors leurs agencements de principes à l'aide de la géométrie numérisée. Les indices les plus fréquents sont incontestablement rattachés aux pyramides, au Soleil, à la Terre, à la Lune et aux kyrielles de valeurs spirituelles illustrées par les légendes.

Il faut être spécialiste en architecture des pyramides pour ne voir là que pur hasard.

Si nous observons bien les deux angles de base de la Grande Pyramide ils se trouvent précisément à l'endroit du lien confectionné par Seth et Horus, alors même que la pointe extrême de l'édifice se situe au centre du disque solaire.

Un triangle équilatéral aux dimensions de la base épouse les côtés du cœur à la base du motif.

Le sommet de la Grande pyramide vient ici se placer sur le haut du cartouche royal, au centre du disque solaire (Ré), alors que le scarabée Kheper (**signifiant transformation**) émerge du Ka (force vitale), indiqué par la chambre du roi. C'est le nœud des ligatures qui nous procure la distance des angles de 51° 51. Le triangle équilatéral inversé a pour signification « *volonté divine* », trois fois 60° soit 180° *la céleste voute des cieux*. Les motifs internes au triangle sont surprenants d'harmonie et nous voyons que les jambes des deux praticiens (**les Hâpi**) suivent l'inclinaison de ses côtés. Alors que son motif central signifie « *union* », nous pourrions ajouter de « *la Terre et du Ciel* ». Un motif comparable à la suggestion égyptienne se présente sous les sceaux de l'alchimie au XVe siècle de notre ère. Certains opératifs seront déroutés par la signification que l'on prête à ces illustrations. Où donc se trouve l'OR alchimique en toutes ses manifestations picturales ?

Il faut chercher cet OR dans les relations que nous avons à établir avec ce qui était le plus précieux pour les êtres inspirés qui se livraient à ces recherches, la « quêstre » de la connaissance.

La Raison d'être

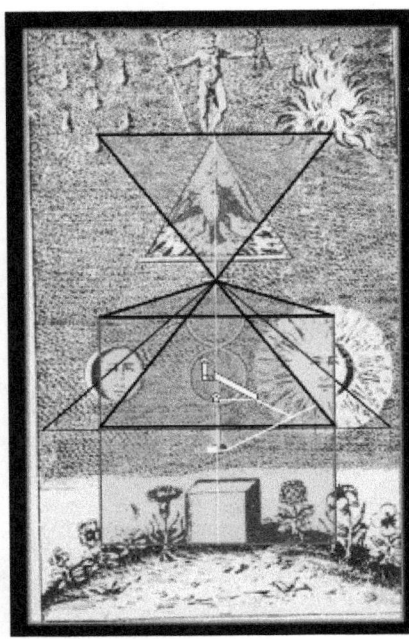

Il y a des chefs-d'œuvre que l'on ne peut pas qualifier, celui-ci en fait sans doute partie.

7 gouttes 7 étoiles. Le dieu chronos le temps. Le feu symbolise la pensée qu'il va falloir solliciter. Le phénix témoigne de l'apport divin. La Lune, le Soleil, la Terre avec son dôme fleuri emblématisé par le cube. Le signe central attribut de Mercure planète de l'esprit.

Rien donc, si ce n'est un fatras de signes abscons au caractère puéril ! Pourtant le miracle est là, tapi dans l'interrogation.

Prenons les deux petites croix pour repères et ajustons sur celles-ci le sommet et la base de la pyramide. Les fourches du signe nous donnent les pentes et la structure prend ses marquages. Les lignes prolongées du triangle phénix nous donnent les arêtes de la pyramide, alors que le carré-base prend socle sur le cube et le linteau sur la croix. Il manque la signature divine, elle prend forme avec la pyramide renversée sur le phénix en gage de sablier du temps.

Les points où se croisent les volumes sont déterminants pour appréhender la justesse du raisonnement. Admirons le sablier du temps, évocateur de patience et de courage. Nous voyons que le cube représentant la Terre repose sur le carré-base de la Grande Pyramide. Le personnage au faîte est Mercure ou la connaissance munie du sceptre d'Hermès. Il domine la situation alors que le phénix se tient dans le triangle divin pourvoyeur de la pyramide virtuelle. Le chiffre « 8 » représente les huit demi-faces des équinoxes (creusements des faces) et la largeur des arêtes, nous procure un triangle équilatéral.

Convenons qu'il y avait là et depuis toujours, une voie prometteuse de réflexion pour l'humanité. Elle était fiable, mais ne dispensait pas le néophyte d'un sérieux engagement personnel.

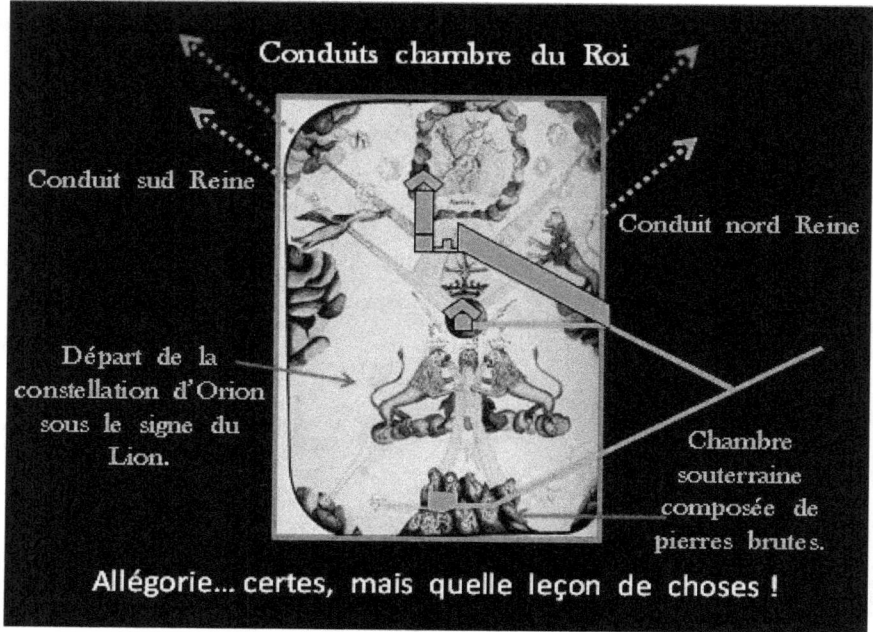

Nous avons là une reproduction singulière des conduits émanant des chambres du Roi et de la Reine, situées à l'intérieur de la structure pyramidale. Alors qu'à l'époque où ce motif a été réalisé, il était impossible de connaître l'architecture interne de la Grande Pyramide. Comment se peut-il que les dessins des conduits dits d'aérations puissent figurer en si bonne place, étant donné que ceux de la chambre de la reine n'avaient pas encore été découverts.

Serait-ce un fait humoristique du hasard ?

Si c'était le cas, ce serait plus fabuleux encore, car il nous faudrait dès lors adorer le hasard, lui rendre un culte, l'honorer de nos prières, peut-être même, dans un élan dévot de ferveur, le coter en bourse.

Nous voyons que nous pouvons établir une certaine analogie entre les motifs répertoriés sur les stèles de l'Égypte ancienne et l'iconographie alchimique de la renaissance. Il y a un continuum évident qui consisterait à révéler tout en dissimulant, le jeu n'en vaut-il pas la chandelle ? On peut sourire, mais c'est un fait avéré que les ingénieurs en sciences nucléaires prennent maintenant très au sérieux. Les portes de l'éveil s'ouvrent sur un domaine jusqu'ici insoupçonné, celui de la **relation universelle d'un état de conscient** et la science alchimique était déjà là pour nous le prouver.

Nous avons ici un magnifique exemple des connaissances cachées de l'iconographie alchimique.

Le studieux et sage personnage que nous voyons ici, travaille dans une atmosphère mystérieuse. Son cadre de vie, au sens propre du mot, n'est autre qu'un cadre d'OR 1,618033.
Il est penché sur des écrits anciens que nous indique le sablier.

Nous savons de quel ordre ils relèvent, lorsque se présente sur sa table de travail le sommet de la Grande Pyramide.

Sur ce tracé alchimique, l'art consiste à nous faire pressentir les similitudes existantes avec certaines compositions aux propriétés initiatiques, avec lesquelles il serait judicieux d'établir des rapprochements. Les génies accesseurs de la terre noire d'Égypte, la Grande Pyramide sertie dans le rectangle de 0,618033 du nombre d'OR, les chiffres 3 et 4 emblématisés, la connaissance avec le temps. Les 4 éléments représentés sur et sous la voûte des cieux. Rappelons que ces éléments Eau – Terre – Air – Feu en Primosophie, réalisent le nombre merveilleux et au combien significatif de 1 2 3 4, ce qui prouve les principes concernant la gnoséologie. Il faut pour cela écrire le terme « élément » en premier soit « élément eau – élément Terre ».

Deux preuves manifestes que la révélation est la Grande Pyramide

Il ne fait de doute que nous avons là un véritable amalgame additionnel et figuratif de ce que peut représenter en alchimie le cheminement vers la découverte :

En bas à gauche se trouve un homme muni d'un bocal, puisant de l'eau à l'aide d'un outil, le signifiant : « *cherchez la relation que nous propose la nature* » dès la rosée du matin, œuvre du ciel imprégnant la Terre. Au centre une femme se trouve sur un piédestal, elle a des ailes, c'est donc une évocation angélisée non concrète, elle incarne « *la mère universelle sur le point d'accoucher de la connaissance qu'elle offrira aux chercheurs d'espérance* ». Elle est enceinte d'un « *résultat* » celui-ci implique la Lune, la Terre et le Soleil. La jupe qui voile son état forme un triangle de forme pyramidale. Rien de ce qui est mentionné n'est anodin, tout a une signification.

À droite vers le bas, un homme attise le feu d'un athanor « *Puissance de l'intelligence pour parvenir à une solution* ».

Tout en haut d'une colline en forme de substratum, un autre personnage a atteint la sagesse dans la découverte. Il se trouve sous une tente dont les tendeurs nous donnent les angles de la Grande Pyramide. Il invoque

Dieu (102 en Primosophie) dont *le tétragramme* chiffre 4 est inscrit au faîte de la tente (le 3 et le 4).

L'alchimie vectrice de la Tradition Primordiale

Illustration de droite :

Nous retrouvons ici le monticule sur lequel se dessine une pyramide échelonnée de « 7 personnages » incarnant les sept planètes traditionnelles. Mais l'allusion chez le connaissant va bien évidemment aux « *7 étoiles d'Orion* ». Mercure (Hermès) planète proche de la lumière se trouve au sommet.

Les « *4 éléments terre – eau – air – feu* » encadrent un cycle précessionnel figuré par les « *12 signes du zodiaque* ». Une ligne constituée d'un *horizon marin*, placée derrière la pyramide, nous donne la base d'un « *triangle équilatéral* » (feu de l'esprit).

« *9 marches* » conduisent à un kiosque dont le tympan est occupé par « *la Lune et le Soleil, ainsi que 7 étoiles* ».

À l'intérieur de cette pièce, le Roi, porteur du sceptre d'Hermès, est en conversation avec la Reine (*les deux principes féminins masculins n'en font qu'un*).

En bas à gauche un homme tente de faire pénétrer **un lièvre** dans son terrier. Une telle entreprise pourrait paraître pour le moins déraisonnable, si nous ne considérions que « *la constellation du lièvre* » se trouve juste en dessous de « *la constellation d'Orion* ». Cette dernière nous le savons, est la référence par excellence du « *tracé schématique de la Grande Pyramide* ». Le terrier et le lièvre représentent donc le passage labyrinthique de la pyramide virtuelle à la pyramide concrète.

Sur la droite à côté du connaissant, se trouve un second personnage, ses riches habits trahissent le fait qu'il a passé sa vie à s'enrichir et qu'il est dans l'impossibilité de comprendre le geste de l'homme qui se trouve à gauche. Le bandeau qui lui couvre les yeux est significatif de son ignorance, en matière de connaissance, et ses bras ouverts indiquent sa désespérance.

À la lumière de ces dispositions nous réalisons sans ambiguïté, le sens que nous devons donner à l'iconographie alchimique. Toutefois une question pourrait se présenter à l'esprit ; pourquoi la Grande Pyramide est-elle ainsi constamment suggérée ? N'y a-t-il pas de par le monde d'autres monuments de conception énigmatique dignes d'intérêt ?

Il y en a beaucoup n'en doutons pas, mais d'une exposition aussi flagrante que la Grande Pyramide d'Égypte, non, car elle est seule à regrouper autant de critères de discernement. Elle est doublée du privilège d'universalité, ce qui a l'avantage d'une signalisation numérique simple et sans équivoque. À l'insu du monde profane, le site de Gizeh possède un mode idéal de perception qui se recoupe en une infinité de données, lesquels agrègent pour sujets les éléments primordiaux de notre environnement existentiel. Sur le seul plan géodésique, sa position sur le globe terrestre, sépare les eaux océanes des terres immergées, elle est de surcroît, le point nodal d'une quantité de trajectoires géonumériques disposées sur la surface planétaire.

Le Soleil, la Lune se trouvent dans l'arbre aux fruits, le chiffre « 4 » le Phénix lumière des légendes, vérité et renaissance. Le Roi et la Reine aspect additionnel, le bain dans le fleuve Nil, ils tiennent les rameaux fleuris de la complémentarité. Ces rameaux représentent **la croix des étoiles cadre d'Orion** base de la schématique.
Une colline au loin a la forme caractéristique d'une pyramide.

Nous voyons bien que l'alchimie est plus qu'un quelconque courant de pensée, lequel serait le fait d'individus aux neurones épuisés qui feraient de méthodes révolues une soupière à cancrelats. L'Alchimie est une véritable philosophie adjointe à l'esprit de connaissance, dont les ramifications numériques, géométriques et astronomiques sont universelles. L'alchimie ne saurait souffrir du dédain des scientistes ou des interprétations oiseuses des incultes, elle se suffit à elle-même dans la sérénité du devoir d'être.

Les illustrations les plus anciennes sont les plus raisonnées et les plus parlantes en matière d'interprétation. Nous avons ci-contre le serpent cosmique l'**Ouroboros**. Il incarne le cycle précessionnel de 25 920 ans. Il est à la base des recherches pour situer les époques. Le niveau horizon de l'eau ainsi que le petit bateau en haut à gauche, nous indique qu'il faut voyager par mer, « *mer* » prise sans équivoque en son double sens. Nous parviendrons alors au pied de l'objet de nos études, la Pyramide (à la base du serpent en demi-cycle, ce qui est

parfaitement exact, soit 13 000 années). Ces recherches ont un double aspect opératif et spéculatif symbolisé par les deux triangles équilatéraux qui entourent le personnage. La tiare étagée, reflet de ces sages préoccupations, est en forme de pyramide. La barbe aux quatre pointes est synonyme de connaissance supérieure. L'aspect sombre du reflet dans l'eau est là pour éloigner le simple curieux en l'apeurant de quelques mystères dont il aurait frayeur à pénétrer le sens. Les énoncés ayant trait à ces illustrations soulignent l'importance des détails dans la cryptologie des représentations alchimiques. Nous venons de voir qu'il existe un mode de décryptage analogue entre les représentations de l'ancienne Égypte et les illustrations alchimiques de la renaissance occidentale. Hélas, au XVIIe siècle, tout en conservant l'essentiel d'une démarche emblématique vers la découverte, ce système de valeur commence à s'altérer. Parmi les meilleurs exemples, nous trouvons les figures d'Athanasius Kircher (1650 environ), la connaissance s'imprègne d'un savoir-être à obédience monarchique (médaillon). Certaines obligations d'intérêt pécuniaire contribuent, avec les âges passant, à l'amoindrissement des agencements ésotériques et de nos jours… à leurs extinctions.

**Athanasius Kircher
Eau forte
1 650**

Les illustrations des XVI et XVII siècles nous surprennent parfois par leur évocation de la Grande Tradition perdue.

Une croix d'Orion allusive témoigne peut-être d'un passé révolu, mais nous ne voyons là aucune certitude. L'homme soleil munit du sceau d'Hermès, la femme miroir qui reçoit sa lumière évoque le ciel de nuit, à ses pieds la beauté du paon. Les jardins à la française (géométrie), la grotte où s'effectue la cogitation platonicienne sur les subtilités de l'existence. Le sceau d'Hermès, le tétragramme, mais déjà nous perdons la simplicité et la profondeur du message ésotérique de la Grande Tradition.

Nous ne pouvons passer sous silence, que quelques siècles plutôt et à l'insu de l'orthodoxie la plus vigilante, tout un art religieux s'ouvrit à l'esprit des sciences cachées. Avec le miséricordieux assentiment des censeurs qui ne voyaient là aucune interprétation offensante envers les textes sacrés, une imagerie évocatrice parvenait à infiltrer les communautés savantes. Elle était le plus souvent entretenue par les compagnons du devoir de vérité. C'est ainsi que circulèrent bon nombre de représentations iconographiques de caractère ésotérique que l'on pouvait supposer reliée à l'orthodoxie la plus commune. Cependant, ces allégories décryptées ne désavouaient pas les aspirations alchimiques d'antan. Laissons parler l'une de ces images imprégnées d'évocations :

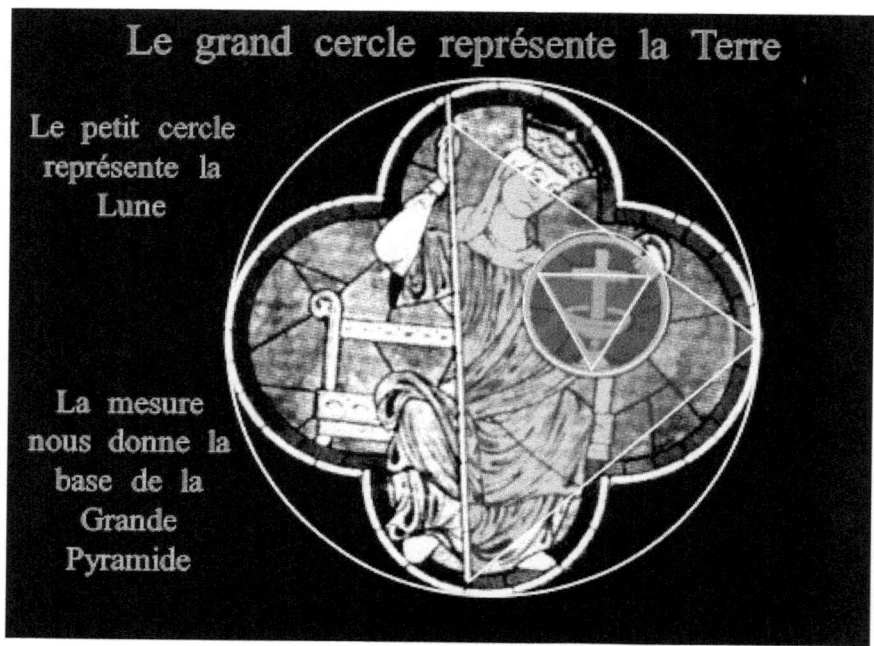

Le chiffre « 4 » encadre le motif de la vierge, attentive à la venue au monde d'un être de lumière incarné par le triangle équilatéral tête en bas, signifiant ; *« descente sur Terre de l'esprit divin »*. La Reine des Cieux émule de la déesse du ciel égyptienne ⌒ Nout, maintient le sceptre aux « 9 » mesures.

Les quatre demi-cercles se recoupent au niveau de l'ombilic de la vierge, leurs projections sont de 40°. 40 x 4 = 160 x 2 = 320 – 360 = 40. 3 - 100 - 20 ou (trois fois sang vin) = 360°, le cercle de lumière que nous restituent les dix doigts en prières.

Le regard de la vierge est sur sa main, laquelle indique l'inclinaison du cercle. Ces indices se présentaient jadis comme autant de jalons sur le chemin de la réflexion en préfiguration de découvertes.

La Raison d'être

La gnose et le christianisme

Cette Enluminure du XIIe siècle retrace les valeurs initiales de la Connaissance Primordiale, telle que nous l'abordons.

La Jérusalem Céleste est ici de manière incontestable le carré-base de la Grande Pyramide d'Egypte.

La Jérusalem céleste

Au centre de cette enluminure, il suffit à l'observateur attentif de faire figurer à la place de l'évidement de forme carrée, la Grande Pyramide vue du Ciel, pour retrouver les paramètres logiques d'une démarche de connaissance qui tient à cœur les initiés. Nous notons la présence de « *4 personnages* », au centre du carré, le Christ en majesté, deux Anges et un saint homme qui se trouve visiblement dans l'erreur d'appréciation. C'est ce que tente de lui faire comprendre l'Archange à ses côtés, en lui indiquant clairement la voie théorétique de la vérité. Cette vérité est démontrée par le second Ange, qui, à l'aide d'une coudée (probablement de 0,523598775), mesure avec application le carré-base. Il nous faut compter trois entrées par face, mais c'est par l'angle de 90°, le doigt à hauteur de porte, que l'ange invite l'incrédule à pénétrer l'édifice de connaissance.

Lorsque le carré lumineux intérieur est prolongé sur les 4 côtés du cadre, il nous donne 4 fois un rectangle d'OR.

En ce détail, nous voyons l'ange initiateur inviter le saint homme à voir plus loin que l'horizon premier, afin de considérer les mystères au-delà de la foi du charbonnier, avec une déduction inspirée par l'esprit et l'intuition.

La Terre est pour l'être humain, le support conscience de son évolution spirituelle, à condition qu'il effectue une démarche de connaissance tout en s'éloignant raisonnablement du pouvoir matériel. Sans quoi, l'existence se résume à un lieu d'épreuves où règnent l'injustice, la convoitise, la haine et la désillusion. Le Christ a sous ses pieds le flot boueux des inconséquences humaines, tout en maintenant du côté cœur, l'aspect de transposition métaphysique de la gnose cachée. **Lorsque la tablette qu'il tient est retournée, elle devient le fidèle tracé de la schématique du carré-base** constituée par la constellation d'Orion. Les « 7 étoiles » sont exposées en rond sur l'arrière-plan de la tenture, elles sont regroupées autour d'un point central, nous rappelant discrètement à l'ordre universel. Nous avons là une invitation évidente à effectuer une recherche sur ce qu'est la Grande Pyramide.

Première démarche, chercher à évaluer les volumes par le nombre et la géométrie, la mesure est une vérité.

Longueur de la base : 231,1140 m x 2 ÷ π = la hauteur.

Ce Christ en majesté est représentatif de la connaissance cachée, il indique deux chiffres avec ostentation, le « 3 » avec sa main droite et le « 4 » avec la mandorle de l'Agni Védique.

Ce sont là les deux chiffres de la Grande Pyramide.

La paix du cœur est incarnée par l'agneau premier né à la blancheur immaculée. Il se tient debout à la droite du Christ, soulignant ainsi l'importance de son rôle. Sa mandorle symbolise le chiffre « 4 » de la connaissance. Cela signifie *l'esprit uni-vers-elle* que nous comparons à Nout déesse du ciel, alors que le Christ nous montre ostensiblement le chiffre « 3 ». Nous l'avons vu, c'est avec le « 3 et le 4 » que nous découvrons la raison hermétique des pôles et de l'équateur terrestre, ce sont aussi les « 7 étoiles » d'Orion placées en cercle sur la tenture.

Nous n'avons pu définir la signification précise des lettres inscrites sur la tablette, « *Jésus Christ* » selon toute probabilité, complétée par la notion de « *commencement et fin* » conformément à la catéchèse.

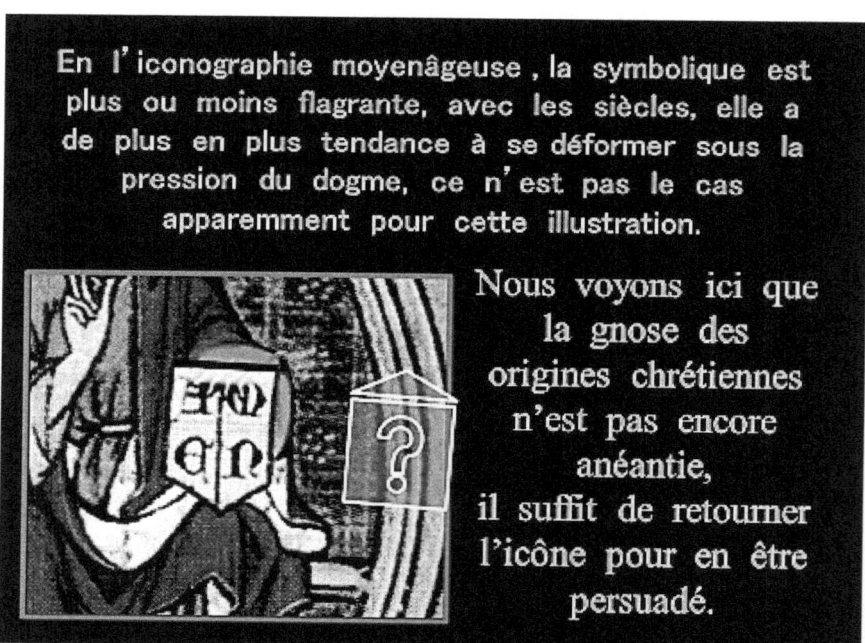

En l'iconographie moyenâgeuse, la symbolique est plus ou moins flagrante, avec les siècles, elle a de plus en plus tendance à se déformer sous la pression du dogme, ce n'est pas le cas apparemment pour cette illustration.

Nous voyons ici que la gnose des origines chrétiennes n'est pas encore anéantie, il suffit de retourner l'icône pour en être persuadé.

Les textes gnostiques anciens mentionnent que la Terre est carrée. Ne nous laissons pas abuser par une aussi grosse sottise. Si les initiés prétendaient cela, ce n'était pas pour faire rigoler les sots, mais parce qu'il était important de chercher pourquoi cette Terre pouvait avoir une relation avec le carré ! Comme toujours, il nous faut aller chercher la réponse de l'autre côté de la « mer » en la nécropole de Gizeh.

C'est grâce à la disposition immuable de ces trois monuments que nous pouvons établir moult relations d'intérêts avec l'esprit de **la Tradition Primordiale**. Il suffit pour cela de s'imprégner de la perfection du site. N'oublions pas qu'il a été réalisé, non comme il nous est dit, par les Égyptiens de la quatrième dynastie, ce qui est une aberration, mais par *des* **êtres de lumière**. Nous ne saurions les définir autrement, étant donnée l'omniscience dont ils nous donnent témoignage dans la conception de ces monuments.

Cette reproduction d'une évocation semblable à la première nous montre le Christ dans sa gloire apparente sans autres formes d'intérêt. Cependant, si nous observons bien, nous voyons que celui-ci nous montre avec deux doigts de sa main droite l'un des quatre cercles en figuration. C'est celui où se trouve l'ange représentant par rapport aux trois autres le discernement.

Ce cercle n'est autre que la Lune quatre fois exprimée par rapport à la Terre dont la circonférence passe par le regard et par les extrémités de la forme ovoïdale qui cerne le corps. La gnose chrétienne, nous le constatons, n'avait rien à convoiter à l'alchimie moyenâgeuse, si ce n'est ses impératifs empreints des critères de l'orthodoxie religieuse. Les chiffres 2 – 3 et 4 supports de la connaissance sont ici correctement exprimés.

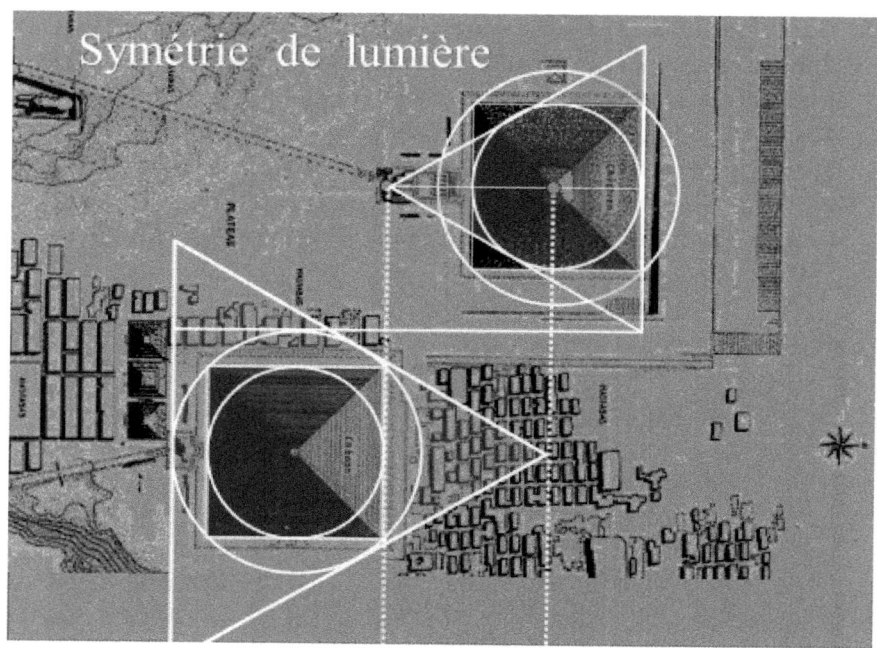

Ces deux monuments représentés par Khéops et Khephren sont merveilleux d'engendrements numériques. Lorsque nous faisons cumuler les deux faces de ces pyramides soit 231,1140418 + 216,0995789 nous obtenons 447,2136207 mètres placés au carré X^2 cela nous donne **200 000**. Leurs périmètres au carré est donc égale à **8 000 000** ce qui est proprement fantastique et ce qui corrobore pleinement la justesse de nos travaux. La beauté est le plus bel argument de la vie lorsqu'il est nécessaire de nous parler d'amour.

Le cycle est bouclé, l'Ouroboros se mord la queue, l'hermétisme de la vieille Égypte a rejoint l'alchimie et celle-ci est retournée sur son plateau de Gizeh, libérée du devoir accompli. La preuve est faite que la connaissance voyage d'âge en âge, de peuple en peuple pour informer les esprits en mal d'espérance d'une révélation d'ordre spirituel aux conséquences salutaires.

Hermès le trismégiste nous dit :

« *Séparez la Terre du Feu, le subtil du grossier, avec douceur et discernement. Il monte de la Terre vers le Ciel et redescend dans la Terre.*

Il unit en lui les pouvoirs des choses supérieures et des choses inférieures. Ainsi, vous recevrez la lumière du monde entier et l'obscurité s'éloignera de vous. »

Ces paroles ont des millénaires et aucune actualité n'en a modifié la munificence. Si notre âme nous fait parvenir suffisamment d'ondes intuitives, elle charmera notre conscience, qui influencera notre cortex droit, lequel séduira notre cortex gauche pour responsabiliser l'esprit en ses conduites et aspirations.

La Tradition est immortelle, il en est de même pour l'âme humaine. Au cours d'une vie, nous nous devons de relativiser tout ce qui risque de nous éloigner d'une démarche spirituelle équilibrante. Nous nous devons de regarder au-delà des apparences, les vérités formulées par la réflexion de connaissance. *Notre seule raison d'être est d'élever au cours de notre séjour sur Terre, notre état de conscience.* Certains d'entre nous ont une mission supplémentaire, c'est de tenter d'exhausser la société des hommes en laquelle ils évoluent. Non point les marches que ceux-ci gravissent, ce qui ne dépend que d'eux-mêmes, mais l'escalier sur lequel se dessinent ces marches. Voir loin, engager le futur dans un désir d'être, voilà manifestement la dignité à laquelle nous nous devons d'aspirer. Si nous réfléchissons à ce que nous avons vu en cet ouvrage, nous avons les composants nécessaires pour franchir une étape décisive, dans le domaine de la réflexion. Le monde tourne autour de nous, et bien changeons d'orbite évolutive.

Si nous longeons insouciamment le sentier qui longe le ballast, le Train Grande Vitesse par son souffle et sa puissance, va nous provoquer une frayeur intense. Si dans le même instant et par choix existentiel nous sommes dans la nacelle d'un ballon à cinq cents mètres d'altitude, le train de la frayeur n'est plus alors qu'un jouet. Élevons-nous, prenons de l'altitude pour nous départir de notre inquiétude et voir loin. Il y a sur Terre les éléments de notre évolution, ils sont adaptés à ce que nous sommes ou à ce que nous désirons être. Nous avons seulement à nous persuader du bien-fondé de la démarche pour l'entreprendre, le message des pyramides a été conceptualisé pour cela. Regardez bien et admirez ceci :

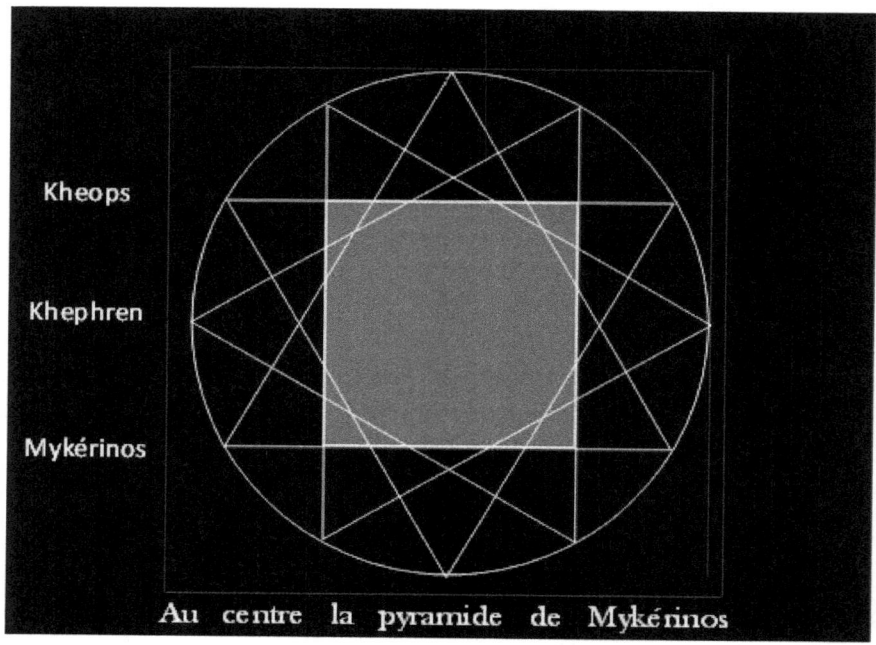

Au centre la pyramide de Mykérinos

Nous avons là un cadre et à l'intérieur un carré, le cadre représente vue du haut les pyramides de Khéops et de Khephren, celle qui est définie au centre par les triangles équilatéraux, c'est la pyramide de Mykérinos troisième du site de Gizeh. La réalisation est aussi belle qu'émouvante, elle est la preuve que ces pyramides n'ont jamais été les tombeaux que l'on prétend. Elles sont la synthèse d'une expérience à caractère scientifique effectué dans le dessein d'aider les êtres humains à graviront les échelons d'une autre réalité. Nous allons constater qu'il y a des millénaires, les anciens Égyptiens considéraient ces pyramides comme étant les demeures des dieux, et qu'ils connaissaient parfaitement ce que nous cherchons à démontrer. Nous avons ici la fidèle représentation de ce que nous venons de voir, il s'agit d'un dessin sur papyrus qui se trouve au musée du Louvre à Paris.

Représentation des pyramides de Khéops et de Khephren

Représentation de la pyramide de Mykérinos

La connaissance ancestrale ce manifeste sous nos yeux, il est de notre devoir de la méditer en dehors des critères établis.

Nous constatons avec émerveillement que cette œuvre est dédiée à Mout (*Gyps Fulvus*), le vautour « mère », source de vie, déesse de l'univers. Les quatre babouins de Toth cernent le projet de leur symbolique de connaissance. Alors que dans l'espace des pyramides, le regard divin observe les réactions humaines dans la contemplation de l'Œuvre. En toile de fond, les âmes de sapiences approuvent cette réalisation en vertu de la mission qui leur est donnée. Des ondes célestes recouvrent la surface du carré central, elles sont verticales, si elles étaient horizontales elles représenteraient l'eau. Il résulte de cette composition une affirmation sans équivoque de l'intérêt que les Égyptiens pouvaient porter aux pyramides sur le plateau de Gizeh, il y a de cela des millénaires.

Le Mystérieux Tétragramme

Nos altruistes et omniscients ancêtres qui nous ont précédés sur le chemin existentiel, ont laissé à notre intention, un pactole inestimable. Ils l'ont consigné en ce volume immuable, en cet « ordinateur de pierre » qu'est la Grande Pyramide de Gizeh. Pourquoi la pierre ?

Parce que la pierre, mieux que tout autre matériau, résiste au temps, aux inondations, à la foudre, aux radiations, aux actes de vandalisme et même aux séismes lorsqu'elle est savamment ajustée. Jusqu'ici, nos sociétés n'ont pas cru devoir tenir pour vraisemblable, qu'au-delà de l'histoire classique répertoriée, des peuples aient pu bénéficier de pensées dignes, avisées et sages. Il est vrai que la manière d'être et d'envisager l'existence des peuples que nous évoquons se situe à l'opposé des instigations médiatiques de nos *politiquement corrects*.

« *Interroge les jours anciens qui sont devant toi...* » Deutéronome IV,32.

Notre orientation étant axée sur la Grande Pyramide, nous franchirons une fois encore son seuil, attendu que, se sentant en proie à l'isolement et à l'incompréhension la plus totale, elle a eu la courtoisie de nous remettre par sympathie sa clé de seuil. À défaut d'or, reconnaissons que cette Pyramide contient son pesant de « Kheopsiennes » incohérences. À moins que cette légende du tombeau ne soit entretenue à dessein, dans la visée de servir quelques causes réputées obscures, que seul le temps, si on le suppose honnête, saura tirer au clair.

L'édifice recèle sous ses fondations, **une chambre souterraine** que nous avons déjà évoquée. Elle se trouve disposée sensiblement sur l'axe vertical au voisinage de 30 m sous la base. Réputée « inachevée », cette chambre a été des millénaires durant, un lieu initiatique de première importance, réservé faut-il le préciser, à une élite de connaissance.

Cette attribution fait que depuis son creusage, la cavité en question a été laissée intentionnellement en un état chaotique. On y a accès par une syringe (terme grec donné au couloir de sépulture). Cette syringe s'enfonce sous la base de l'édifice en suivant un angle supposé de 26° 26' 46''. L'entrée située au nord à environ 17 m de la base, constitue le départ de ce couloir plongeant. Si l'on en croit certains égyptologues, sur l'un des blocs massifs qui coiffent l'entrée, se trouve incisé en la pierre un insignifiant « **tétragramme** ». Ce signe est placé au centre d'un linteau de forme triangulaire, lequel est lui-même disposé au-dessus de la béance qui donne lieu d'accès.

Après étude et selon toute vraisemblance, ce discret idéogramme a pour fonction d'instruire le chercheur sur la réelle destination de l'œuvre pyramidale. Avant que l'entrée nord ne soit localisée par les sapeurs d'Al Ma'moun, l'emplacement que nous évoquons était dissimulé par le revêtement. Une telle constatation accroît l'énigme et en absence d'arguments fondés, nous tenons cette inscription pour contemporaine de l'édifice. Le fait qu'elle ait été recouverte des millénaires durant, la plaçait à l'abri des déprédateurs. Aucune mesure, aucune côte, aucune valeur d'angle ne nous permettent d'établir une hypothèse relevant d'une intention à caractère ésotérique. Ce qui ajoute au rébus, c'est la disproportion des chevrons de soutien placés au-dessus de la cavité. On a l'impression qu'un écrin de pierre a été disposé là intentionnellement pour signaler cet archétype immergé des âges. Mais aussi peut-être pour le protéger du fait qu'aussi énigmatique qu'il puisse être, son emplacement, son caractère particulier et discret, le place comme un élément important du puzzle pyramidal. Il est un nom sur une porte d'entrée, une référence au secret, une invitation à pénétrer le mystère.

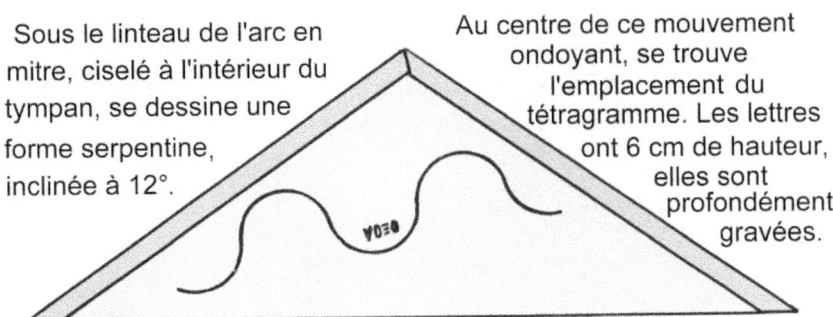

Sous le linteau de l'arc en mitre, ciselé à l'intérieur du tympan, se dessine une forme serpentine, inclinée à 12°.

Au centre de ce mouvement ondoyant, se trouve l'emplacement du tétragramme. Les lettres ont 6 cm de hauteur, elles sont profondément gravées.

Nous reproduisons ici le motif approximatif du linteau, ainsi que sa figure serpentine qui le caractérise. Le serpent représente « **les 4 éléments** » projetés en action.

- **Le feu** : Le serpent se distingue par sa morsure, dont le venin est réputé comme étant un feu liquide. Dans les légendes asiatiques, les dragons reptiliens crachent le feu.

- **La terre** : Le serpent se distingue également par l'adhérence au sol. Avec son corps privé de pattes, le reptile symbolise le tellurisme.

- **L'eau** : par l'effet de son ondoiement, le serpent nage fort bien et son anatomie incarne le mouvement de la vague.

- **L'air** : Le serpent expectore, siffle, souffle ou bruissent en bien des espèces.

Placée en situation, la forme évoque le chemin, le parcours, mais aussi la vigilance par effervescence de ces quatre éléments : séismes, chaos régénération ou grands chambardements.

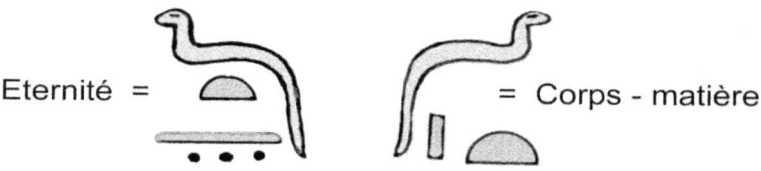

D'une manière générale, le serpent symbolise le cycle, le temps écoulé ou à venir, le « **0** » et le retour au « **1** », le commencement et la fin des choses, l'éternité ou **la matière primaire**.

Un raisonnement simple, mais point nécessairement simpliste nous conduit aux conclusions suivantes : les deux boucles pourraient représenter une rupture de cycle, provoquant ainsi deux demi-cycles.

La séparation est frappée d'une mention explicative illustrée par **le tétragramme** intérieur au centre de la vague. Tentons un déchiffrement qui se voudrait crédible :

(1) Parcours existentiel à travers « le cycle précessionnel », entre les deux demi-sphères de ce parcours, se trouve... une information.

(2) Emplacement de cette information. Le serpent en détient la clé, elle se présente sous la forme d'un « idéogramme ». Ces quatre signes étaient encore en place et bien visibles, il y a un siècle à peine. Hélas, des individus sans scrupules se sont depuis, acharnés à faire disparaître toutes preuves jugées par eux tendancieuses, qui ne rentreraient pas dans la logique scientiste enseignée. Aussi, ne sommes-nous plus à même, aujourd'hui, d'en garantir la présence effective et trop âgée pour aller le vérifier.

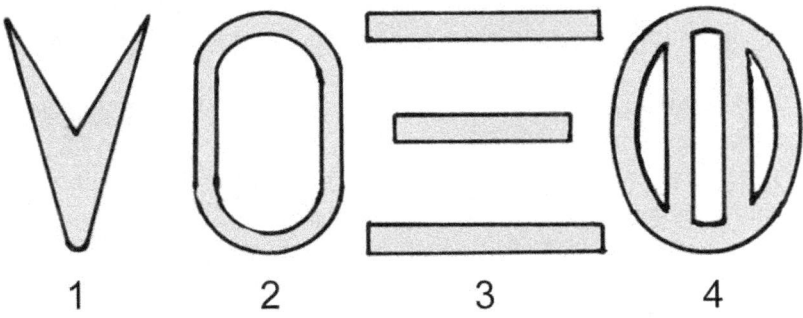

Pour déchiffrer la signification de cet idéogramme, tentons un raisonnement qui ne pourrait qu'être l'écho d'une logique universelle.

Procédons en signification élément par élément :

(1) à partir de l'entrée où se trouve le tétragramme, il faut se diriger à l'intérieur, vers le bas de la pyramide inversée.

(2) Là est aménagée une cavité, elle situe la date de l'événement. Celui-ci est facilement repérable sur l'échelle chronologique du cycle.

(3) Le cycle précessionnel débute sur la ligne centrale, entre les deux niveaux formés par les bases des pyramides réelle et virtuelle.

(4) La hauteur de l'édifice est datée à partir de cette ligne, la pyramide et son reflet, englobe le Grand Cycle divisé par deux.

La plupart des égyptologues informés de l'existence du tétragramme ont toujours considéré cette inscription comme un graffiti sans importance. Ils justifient cette attitude par le fait qu'il ne s'applique à aucun signe connu (ce que je ne connais pas n'existe pas). Il est cependant profondément ciselé dans la pierre, ces lettres mesurent 60 mm de haut et il se situe au centre du motif, telle une prunelle incisive.

On voit mal un olibrius Al Ma'mounien, aller sculpter une sottise inintelligible en minuscules caractères, soigneusement gravés, dans le but d'épater les siècles à venir. Si c'est le cas, ce drôle fut fort inspiré par les dieux, louée soit sa sagesse, ce motif idéographique est loin d'être aussi insipide qu'il apparaît aux gens de l'art.

S'il vous était confié, ami lecteur, la substantielle tâche de livrer un message majeur à l'intention d'êtres humains vivant en l'an 12 000 de notre ère, comment le rédigeriez-vous, compte tenu du fait que ces êtres du futur, à qui vous seriez censé l'adresser, ne parleraient pas la même langue, ne vivraient pas de la même façon que vous, ne penseraient pas suivant vos critères et usages et qui plus est, n'auraient pas le moindre doute de votre existence passée ?

- *« Je développerais tout un thème avec des dessins figuratifs et plein de petits détails évocateurs et mêmes… et mêmes très subtils ! »*

- **Non**, la complexité rebute, elle égare vers des voies sans issue et les interprétations varient en fonction de la pluralité des signes. **Vous le feriez simple, avec le moins d'éléments possible.**

- *Peut-être avez-vous raison… ? Alors, je le conceptualiserais sur un plan humain, avec de judicieux petits bonshommes qui effectueraient des gestes significatifs pour nous informer.*

- Non, toute gestuelle non codifiée prête à confusion. Vous l'imagineriez inspiré de la géométrie et des nombres, seules notions immuables.

- *C'est...oui c'est d'accord... mais alors je le ferais énorme, pour que tout le monde le voie !*

- **Non**, de par le côté sibyllin du message, il n'aurait de cesse d'exciter les sots qui ne tarderaient pas à le marteler avec sauvagerie, considérant qu'il y a là une atteinte à leur système de compréhension. Vous le feriez discret aux regards publics.

- *Ah...oui... bon ! Alors caché...caché sous la 127e assise ...!*

- **Non**, non, car ainsi dissimulé, il ne pourrait remplir son office, personne ne le verrait. Vous le placeriez à l'entrée même de l'édifice, hors de portée des rationalistes exclusifs, mais à la hauteur de l'œil exercé des sages. Il serait, certes, modeste, mais significatif !

- *Ah, ben oui ... c'est ça... je le placerais là... oui, exactement...là!*

- Vous voyez, vous venez de le créer tel qu'il est !

Maintenant, essayons de le décrypter ! »

Si nous considérons que ce tétragramme peut dissimuler un aspect chiffré, appliquons le raisonnement suivant :

Le chiffre « **1** » V O ≡ ⵙ (composition homogène du tétragramme,) s'impose a priori, comme **un motif unitaire**. Vient ensuite le décompte des éléments individuels rentrant dans sa composition.

Ils sont au nombre de « **4** », V - O - ≡ - ⵙ. Souvenons-nous de ce que représente le « **4** », rien moins que la clé numérale de l'édifice :

$4 \varnothing = 1, 273239544$ (la clé, est une constante universelle). Ajoutons à cela, l'énumération des modules structurels du tétragramme comparable aux deux fois quatre des pyramides réelle - virtuelle.

V = 1   O = 1   ☰ = 3   ⦿ = 3   Total = 8 : 2 = 4

À ce stade de notre tentative de décryptage, nous avons pour le *quatrième signe deux options*, la première est de le considérer en 3 éléments « total 8 ou 2 fois 4 ». La seconde pour laquelle nous optons est de le considérer en un seul élément (total 6). Si nous plaçons alors les chiffres dans l'ordre des trois évocations successives, dans l'alignement, nous avons en couplant les deux premiers :

2 – 3 – 1 - soit **231**. N'est-ce point-là (arrondie au nombre de mètres), la longueur sur le socle de l'édifice pyramidal ? Le mètre, nous l'avons dit, n'est pas une invention récente, son application remonte dans la nuit des temps. Les deux mesures principales, mètre et coudée, sont étroitement incluses dans le concept structurel de la Grande Pyramide, nous sommes à même de le prouver.

Poursuivons l'analyse, sans oublier que lorsque nous avons la demi-base nous avons la hauteur en passant par le diamètre de « 4 » :

VO (2 éléments compacts)   ☰ (3 éléments dissociés)   ⦿ (1 élément compact).

Là encore, le décompte produit un nombre générateur de la hauteur, il s'agit de la demi-base, **231 m** : 2 = 115,5 x 1, 273239544. Avec seulement trois chiffres, nous nous privons des décimales, mais c'est tout de même une bonne approximation de la Hauteur Pyramide sur son socle à 10 cm près sur 147 m. Si nous nous employons à donner un ordre numéral et progressif *aux signes examinés*, apparaît soudainement la tetraktys de Pythagore, base de tous les calculs :

1 + 2 + 3 + 4 = 10.

D'après Jamblique, le serment des pythagoriciens aurait été le suivant : « Je le jure par celui qui a transmis à notre âme la tetraktys en qui se trouve la source et la racine de l'éternelle nature. »

Mieux encore, les pythagoriciens représentaient celle-ci, sous la forme d'une pyramide disposée en un pointillisme numérique ∴ = **10**.

En l'occurrence **1 - 2 – 3 – 4** représentant « **la divine harmonie** ». Saint Augustin la concrétisait en ces quelques mots :

« *Dieu créa toutes choses en 6 jours, parce que ce chiffre est parfait !* »

(La coudée ésotérique égyptienne 0,523598774 x **6** = π 3,141592653).

Or, par son... non-dit ; **1 – 2 – 3 – 4.... 6,** l'absence du chiffre « **5** » s'impose à notre raisonnement. La Grande Pyramide est dédiée à Osiris, celui qui est sans être, *cinquième enfant de l'ennéade*. Cela oblige à une certaine réflexion sur la pyramide, ne comprend-elle pas « 4 » angles et « 1 » sommet ?

Éloignons-nous un instant de l'énigme que représente ce tétragramme et tentons de visualiser, dans le même ordre d'idées, quelques principes indissociables de la grande symbolique qui étant ses arcanes bien au-delà de l'Égypte.

En premier examen les « **4** » éléments clés de la connaissance, quels sont-ils ?

Le Feu - L'Eau - L'Air - La Terre

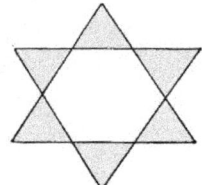

Lorsque la géométrie de ces 4 éléments se superpose, elle nous donne un hexagone ou le sceau de Salomon à six pointes. Nous l'avons vu, les 4 signes alignés forment en leurs aspects morphologiques 1 - 1 - 3 - 3

En notre ouvrage « Oméga Alpha », nous décrivons ce qu'est la **Primosophie**, laquelle s'apparente au crible d'Ératosthène. Rappelons qu'il s'agit de placer les 25 premiers « **nombres premiers** » sur les 26 lettres de l'alphabet, le « **A** » étant par nous, considéré « **1** ». Exemple : **DIEU = 102 Lucifer = 201**

Lorsqu'à l'aide de **la Primosophie** nous décryptons le nombre caché de chacun des « **4 éléments** », nous avons la surprise suivante :

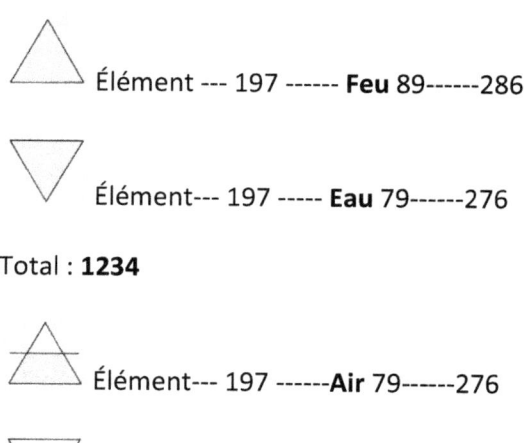

△ Élément --- 197 ------ **Feu** 89------286

▽ Élément--- 197 ----- **Eau** 79------276

Total : **1234**

△ Élément--- 197 ------**Air** 79------276

▽ Élément--- 197 --- **Terre** 199---- 396

Pour certains d'entre nous, il pourrait s'avérer gênant que ces mots soient numérisés en **langue française**. Sans chauvinisme aucun, n'oublions pas que cette terre de France (il y a 2000 ans) fut la terre d'asile de Joseph d'Arimathie et de Marie-Madeleine. Ces initiés du renouveau mystique occidental, dont on a plus ou moins altéré l'image, étaient venus pour perpétuer le message christique, issu de la Grande Pyramide. **Le Graal** (Tradition Primordiale) en est la plus lumineuse représentation, il fut alors transporté dans la barque des nombres, avant de prendre le chemin du dernier bastion celte que représentait l'île de Bretagne. Par le fait même, les esséniens et leurs émules les nazaréens, ont indirectement contribué à véhiculer la Gnose pythagoricienne (égyptienne occidentalisée). La **tetraktys** (1234 = 10) était au rendez-vous du « **4 Ø clé de la pyramide** ». Ajoutons à cette évocation, le fructueux apport des découvertes templières au proche orient, elles seraient en mesure de justifier, s'il en était besoin, la logique de la démarche.

Si nous remontons dans le temps, il y eut selon toute vraisemblance deux tentatives d'initiation populaire à l'échelle planétaire au cours des 20 000 dernières années, mais elles n'eurent pas toujours les résultats escomptés.

À une époque protohistorique, des tentatives d'initiations furent engrangées auprès des Aryas primitifs de l'Inde. Il en résulta une évolution des mœurs qui filtra parmi les tribus aryennes d'Anatolie, et trouva une extension en Mésopotamie. Les Amérindiens ancestraux (bâtisseurs de pyramides) en furent également bénéficiaires. À la même époque, des courants initiatiques gagnèrent la Chine des origines puis de manière partielle le reste du monde. C'est alors que se produisit le premier des deux déluges répertoriés, ce fut incontestablement le plus dévastateur !

Après cette catastrophe apocalyptique, il y a de cela entre 13 et 16 mille ans, il eut de nouveau une période propice à un enseignement de caractère spirituel, nous l'estimons précurseur de la Connaissance Primordiale. Les Scythes de la Russie méridionale tout comme les Celtes en furent bénéficiaires, mais également des peuplades sud-africaines et sahariennes.

Cette prime connaissance prit un essor distinctif chez les Nilotes de lignage hétérogène qui précédèrent les premières dynasties des royaumes égyptiens. Puis, ce fut le tour des Sémites issus des mouvances sumériennes. Tous ces peuples ont contribué directement ou indirectement au façonnage de nos sociétés occidentales.

Contester cette historicité serait certes, être en cohérence avec le conformisme enseigné de nos jours, mais ce serait ignorer bien des faits corollaires essentiels de l'histoire ! Il semblerait que d'âge en âge, toutes les populations de la planète eurent à porter la responsabilité d'une évolution mystique et par extension sociétale de la communauté humaine. Il n'y a donc, selon nous, aucun chauvinisme à revendiquer une quelconque suprématie ethnique, étatique ou clanique. Plutôt devons-nous considérer qu'un peuple, devient en une période de temps donnée, apte à véhiculer un message bénéfique au genre humain. Tout est cycle en ce monde, à titre d'exemple, ne voyons-nous pas trop souvent, les victimes d'hier devenir les bourreaux d'aujourd'hui ?

Revenons à cette intégrale : Feu – Eau – Air – Terre totalisants **1234**, résultat des quatre éléments. Cette constatation est un hommage rendu à l'harmonie du créé, mais aussi à une certaine logique d'interprétation. Le suivi de ces chiffres confirme le bienfondé de **la Primosophie** attachée aux nombres premiers. **1 – 2 – 3 – 4 -- 6 = 16 = 7**. La prime initiation sumérienne rendait hommage aux nombres 6–12–**16** –360.

Au seuil où nous avons placé la barre, il ne fait aucun doute que ce 7 terminal, (après avoir créé le monde **il** se reposa le 7ième jour) implique en son évocation, le « **Sah** » des égyptiens ou les 7 étoiles de la constellation d'Orion, base de notre schéma. **Orion** (Porte des dieux) est l'arcane céleste de l'ésotérisme traditionnel.

Quant au « 5 », chiffre innomé, il semble briller par son absence, c'est peut-être pour mieux souligner son rôle en tant que symbole numérique de la pyramide, 4 points base plus un sommet. La Grande Pyramide est dédiée à Osiris, c'est le Cinquième Principe de la Genèse égyptienne et le premier enfant né de Geb et Nout (le Ciel et la Terre). Il est à la fois, présent et absent, mort et vivant, en cet aspect des choses, n'est-il point aussi énigmatique que la Grande Pyramide qui lui est dédiée ?

Ne doutons pas que si l'on demandait à chaque individu de la planète de citer un lieu au monde qui soit connu de tous, nous aurions à 95% la nomination des pyramides d'Égypte.

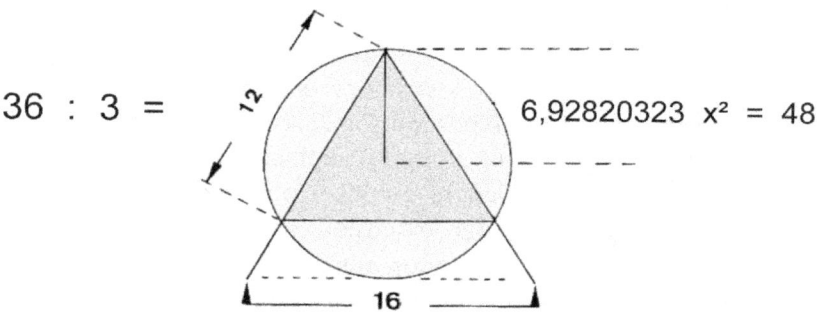

Le « **16** » représente les côtés d'un triangle équilatéral dont la base se juxtapose à un cercle, en lequel est circonscrit un triangle de côté « **12** », multiplié par 3 = 36 de périmètre (le Grand Quaternaire des pythagoriciens). Nous pourrions d'ailleurs écrire « **6** » (Bra'shith ou Bara-schith) + **1 – 2 – 3 – 4** (base de l'éternelle nature), dont le total « **16** » sert de piédestal à la couronne de « **36** ».

Les deux premiers chiffres **1 – 2**, rappellent que le mot « **Dieu** » est égal à « **102** » puisque le « **0** » est implicite (l'incréé est dans le créé). Le zéro est le seul chiffre qui compte sans compter. Nous pouvons également le placer après « **12** » pour trouver **120**, le « sang + vin » des Templiers (initiés à la cryptographie de Jérusalem), multiplié par 3 = 360 les degrés du cercle, attachés aux déplacements du point vernal.

La √2 ÷ 120 = **0,011785113 ce nombre** représente la clé chronologique de la Grande Pyramide. C'est là que l'aventure commence, elle est passionnante et nous nous devons de l'intégrer à notre progression personnelle. La constante universelle de 360 divisée par le grand cycle de 25 920 ans = 0,01388888 √ = 0,11785113 (la clé chronologique).

Cet aspect symbolique de la structure pyramidale impose ses formes à tous les échelons du concept. On ne peut ignorer cependant que cette disposition est susceptible de motiver des réflexions aux idéologies concurrentes. Ces dernières ne sauraient constituer un écueil, elles font partie des stimulations de pensée, aptes à se modifier tôt ou tard en une eurythmie essentielle. Aussi, **la Tradition Primordiale** retrouvée, s'intègre-t-elle pleinement à la nature du créé. Elle se placera demain parmi les lois universelles qui influeront sur nos modes de pensée, prémices à un plus juste équilibre planétaire.

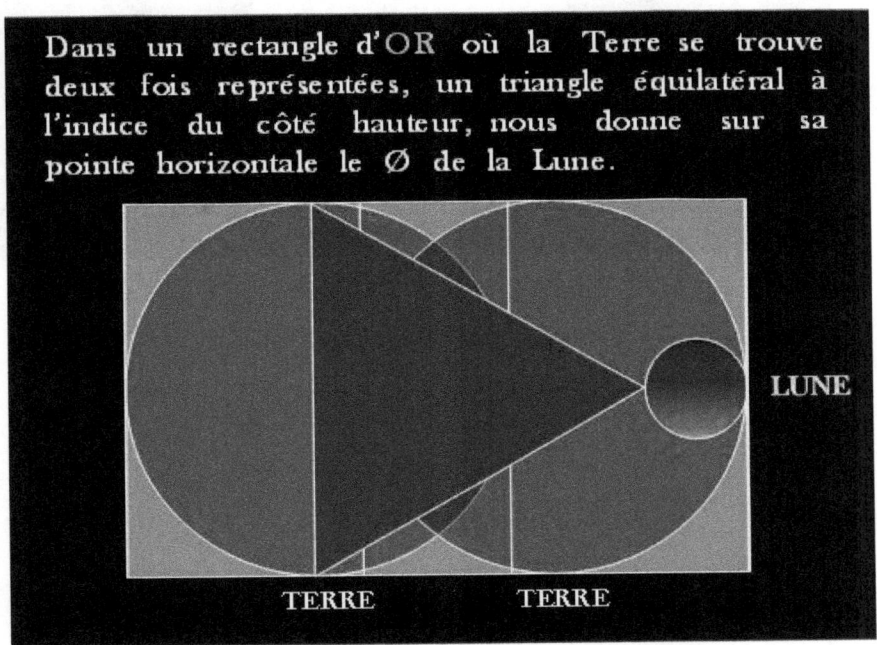

La perfection n'est pas de ce monde ? Elle est de ce monde, mais elle ne se livre pas à tous les regards. Tous les regards ne sont pas assez sensibilisés pour la soupçonner. Nous croisons au cours de notre vie des centaines de milliers de personnes, c'est seulement lorsque nous croisons l'amour, qu'il se passe quelque chose de particulier que l'on ne saurait assimiler au relationnel. Bien que nuancé c'est ce même sentiment qui nous émeut en découvrant des objets, des paysages, des créations ou en se remémorant des faits passés. Il y a un indicible mystère du « coup de cœur » dont seule notre âme a le secret.

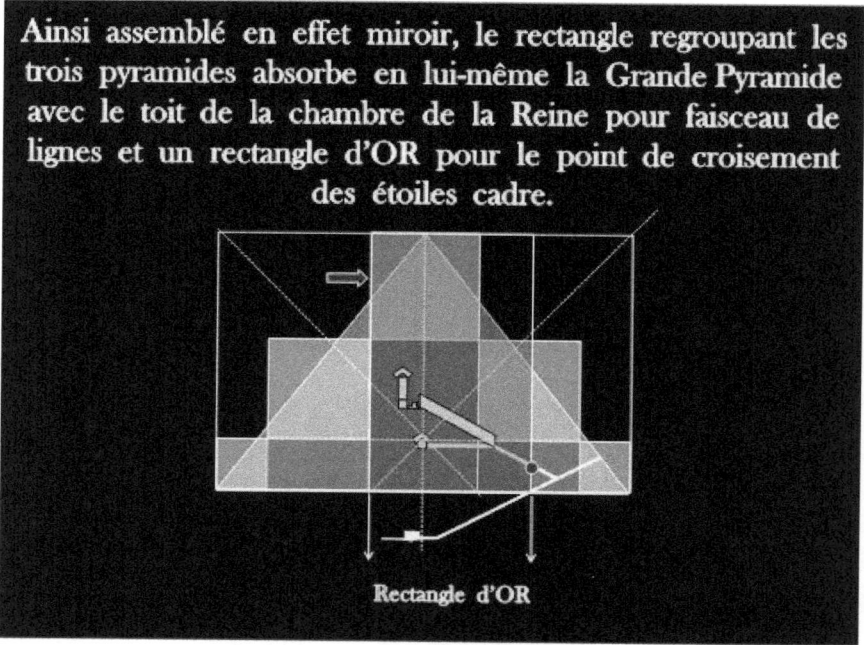

Les « mandalas » du plateau de Gizeh nous donnent à réfléchir sur la notion de hasard.

L'étoile à 6 branches dite, de David, regroupe les 4 sommets de Khéops, alors que ses diagonales indiquent Khephren.

Le cercle dépassant de peu les pointes indique les limites de la chaussée processionnaire.

Si nous considérons que la pyramide de Mykérinos est le centre d'une géométrie fractale regroupant quatre fois Khephren et Khéops, nous constatons que cercle, triangle et carré jouent un rôle significatif au sein du volume.

Senmout XVIIIe Dynastie

Il y a énormément d'indices en terre d'Égypte, prouvant de manière péremptoire que la Tradition Primordiale y était jadis enseignée. Pour un regard passant, la sépulture de **Senmout** n'échappe pas à ce sentiment.

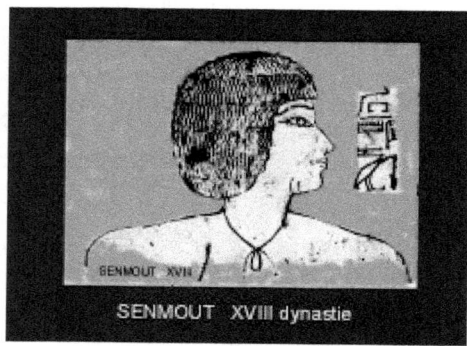

Senmout était Grand Intendant des Prêtres d'Amon. Il vivait en la XVIIIe dynastie sous le règne de la reine Hatshepsout. Son tombeau près de Thèbes à Deir el-Bahari recèle un bien étrange plafonnement, certes sibyllin au premier regard, mais à n'en point douter, évocateur d'une connaissance perdue. La constellation d'**ORION** est représentée de manière implicite. Elle est toutefois identifiable à des détails caractéristiques, dont les trois étoiles du baudrier (**B. C. D**) ici figurées.

La lettre « **A** » sur l'illustration indique le centre de la fresque. Les lettres « B - C - D » indiquent la position des étoiles centrales du baudrier d'Orion. La description générale est semble-t-il volontairement complexe, pour éloigner les curieux et autres profanes assoiffés de connaissances qu'ils pourraient s'approprier.

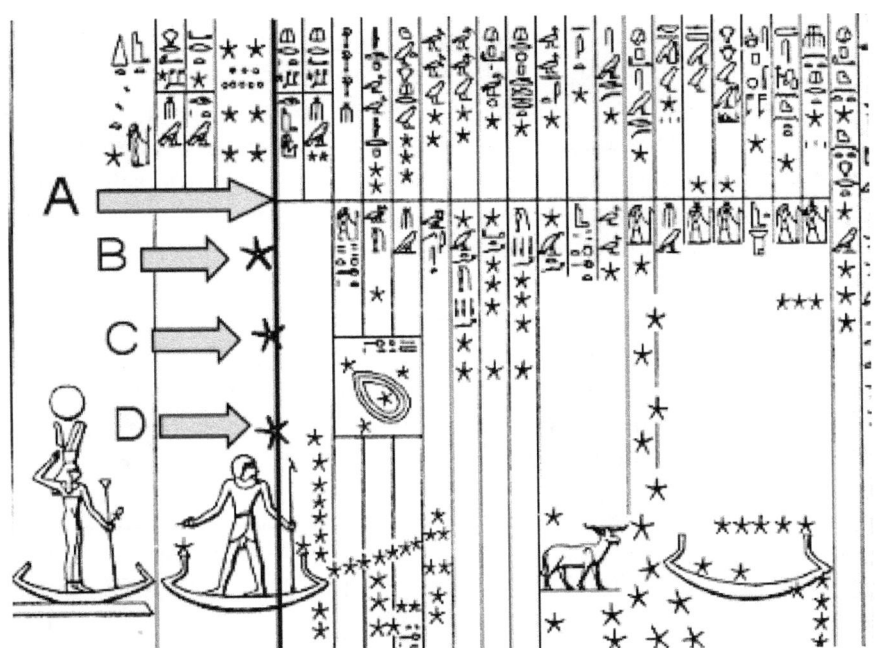

À droite de cet alignement caractéristique se situent 16 étoiles (nombre hautement symbolique). Elles forment un angle de 76° 17' 31'', c'est celui du sommet de la Grande Pyramide. Sept étoiles se trouvent agencées d'un côté, ce qui est conforme au **nombre d'étoiles traditionnelles de la constellation d'Orion**. Une autre lignée de 9 étoiles regroupe deux étoiles supplémentaires, elles représentent les compagnes de voyage d'Orion, **Sirius A Isis** et B **Nephtys**, cette dernière complète les 9 chiffres propres à « l'ennéade ». L'axe central de ce triangle pyramidal est dirigé sur l'étoile **Rigel**.

L'ensemble en plafonnement de la fresque n'incite pas à un rapprochement avec la structure pyramidale que nous connaissons.

Sa surface est rectangulaire alors que nous devrions la découvrir carrée.

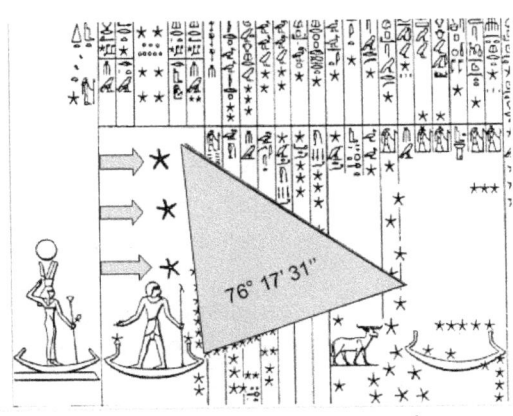

De surcroît, cette profusion graphique est telle, que la densité des représentations laisse le visiteur perplexe si ce n'est dubitatif sur sa légitimité. Pourtant, si nous nous accordons le temps d'une réflexion, nous remarquons aux extrémités **4 petits cercles** (page suivante) munis chacun d'un point central, signifiant en langage universel « soleil ou étoile ». Le hiéroglyphe « Râ » est solaire, le soleil n'est-il pas une étoile, dans ce cas il est opportun de généraliser.

L'aspect rectangulaire de cette fresque nous dissuade de tout rapprochement avec un schéma structurel, à moins que les deux panneaux, gauches et droits encadrés d'étoiles soient de la même largeur. En quel cas, ceux-ci étant rapprochés ils nous livreraient… quoi ? Un carré… la conception est ingénieuse, tentons de la concrétiser !

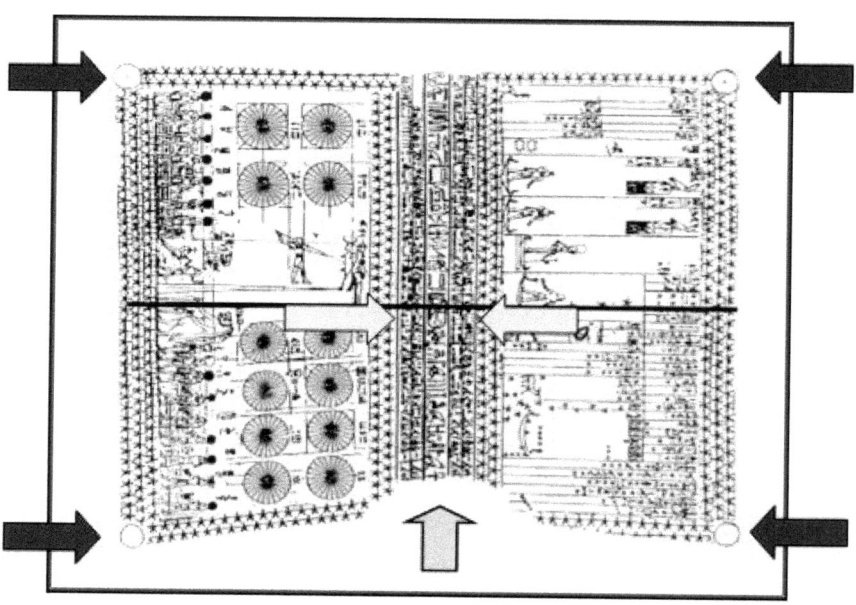

Pour opérer cette métamorphose, il nous faut faire abstraction des 5 rangées de hiéroglyphes qui meublent l'alignement central et faire se coulisser les deux panneaux **étoilés** dans le sens des flèches.

Miracle ! Notre rectangle devient un carré et les 4 ronds pointés aux extrémités deviennent les étoiles Bellatrix et Rigel réelles ainsi que Bellatrix et Rigel virtuelles. Cela s'avère parfaitement conforme à la schématique originelle que nous faisons valoir. La direction géographique nous est même indiquée par une enfonçure symbolique de la face est (flèche grise). Cette anomalie qui échappe à la projection orthographique de l'ensemble illustre sans équivoque le creusement des faces, indiquant par le fait même les périodes équinoxiales.

Hélas, il y a une déprédation juste à cet endroit, elle nous prive de la présence de l'étoile Saïph. Une telle dégradation ne serait-elle pas intentionnelle ? Peut-être, la représentation in extenso se serait avérée beaucoup trop parlante en des temps où la connaissance des liens Terre – Ciel était réservée à une élite méritante dûment sélectionnée.

Ci-dessus, la ligne centrale emblématise le départ du cycle précessionnel. Elle passe par le milieu de l'étoile Al Nitak (première étoile du baudrier). À gauche de la ligne, le dieu Osiris suivit d'Isis. Ici à droite se tient la déesse Thouéris.

À n'en point douter, la Déesse Thouéris vient de trancher à l'aide de son coutelas (attribut de sa déité) la ligne centrale coupant le carré en deux parties égales. En avant de son attribut se trouve une sorte d'obélisque, désigné par un personnage, dont le prolongement de la pente rejoint le point de croisement des étoiles-cadres, entre Al Nilam et Mintaka.

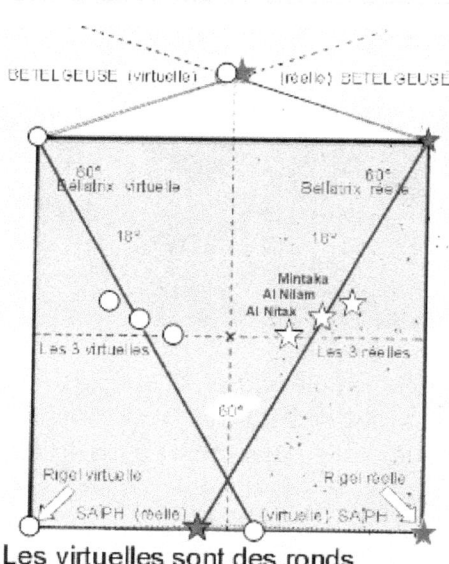

Les virtuelles sont des ronds

Evocation de notre schéma « carré base » avec l'effet miroir que nous procure la constellation d'Orion

La similitude avec le plafond de Senmout et les étoiles du baudrier est troublante.

Les personnages défilant à l'extrémité du cadre gauche sont regroupés en 9 entités, conformément au nombre d'étoiles impliquées, constitués par Sirius A et Sirius B ainsi que les « 7 » d'Orion.

Taourèt ou Thouéris *déesse de la vie,* son nom signifie « La Grande ».

Serait-ce la Grande Pyramide codifiée ? La forme gravide de la déesse laisse clairement supposer à terme une naissance, celle sans doute ayant trait à la révélation que nous prônons. Bien que ce ne soit pas là, l'axe de nos recherches, il n'est pas inutile de mentionner quelques remarques au sujet de ces mystérieux rouages qui complètent la fresque.

Ces roues (panneau de gauche) comprennent chacune 24 radians et sont au nombre de 12 séparées en 4 et 8 ordonnances. Le total nous donne 288 radians ou 2 fois le nombre biblique de 144. Pour la partie basse de « 8 » roues x 24 = 192 :

les 192 radians $\sqrt{2}$ = 13,85640646 ÷ 8 (les roues) = **1,732050807** $\sqrt{3}$. Si nous divisons les 192 radians du bas par les 96 du haut, ils nous procurent le chiffre « 2 » dont la racine est **1,414213562**. Ce qui signifie clairement que la racine de « 3 » comme la racine de « 2 » sont à la base des recherches que le néophyte se doit d'entreprendre pour tenter de déchiffrer l'énigme du tombeau de Senmout. Les 192 radians doivent être multipliés par les 9 entités de la case, rappelons que « 9 dieux » composent la Genèse égyptienne et que ces « 9 chiffres » sont à la base tous les nombres. Avec l'adjonction du « 0 » qui symbolise Atoum, nous réalisons le premier d'entre eux le « 10 ».

192 x 9 = 1728 ÷ π = 550,0394834 ÷ 24 radians =

22,91831181 ÷ 2 = 11,4591559 x π = **36.**

N'y aurait-il pas 360 étoiles en pourtour de cadre ? Voyons le « 96 » ! 96 ÷ 1, 2 3 4 5 6 7 (les 7 étoiles d'Orion) = 77,76005676 ÷ 3 (les étoiles du baudrier) multiplié par 1000 = 25 920. C'est le cycle précessionnel adopté sur le plan du calcul simplifié, divisé par les 12 signes du zodiaque qu'illustrent les roues. Le cycle moyen précessionnel que nous préconisons d'utiliser, réalise-lui 25 852, 94906 années. Il est le résultat de calculs complexes qui tiennent compte d'une valeur moyenne s'étalant sur l'étendue du cycle.

La Terre subit des influences diverses qui altèrent légèrement l'immuabilité de son parcours. On ne peut donc pas scientifiquement en quelques siècles découvrir la période de temps qui lui convient le mieux, si ce n'est par des calculs qui ne relèvent pas des sciences enseignées. C'est précisément là que la différence s'exerce, entre les acquis d'une science expérimentale et l'application d'une **science universelle** à laquelle nous aurons recours dans les siècles à venir.

Senmout aurait-il souhaité signifier le temps écoulé depuis la construction de la Grande Pyramide par rapport à son époque ?

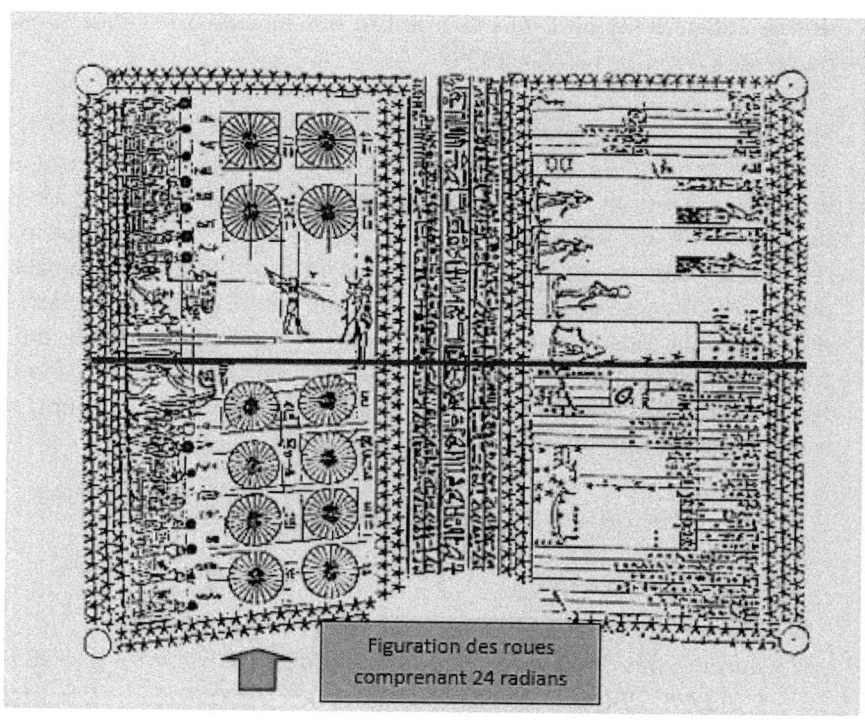

Figuration des roues comprenant 24 radians

Il y a 12 roues raisonnablement assimilables aux 12 signes du zodiaque. Cela nous donne, en prenant notre évaluation pour critère de référence : 2154, 412421 années par signe zodiacal. 4 des 12 roues se trouvent intentionnellement selon nous, placées à l'écart ; elles représentent 8617,

649686 années. Prenons le cas d'un demi-cycle représentant 12 926, 47453 années, de l'année zéro de notre ère à la fin du cycle précessionnel il y a 2491, 735552 années. Si nous les ajoutons aux 8617, 649686 années, cela fait 11 109, 38524 années. Il reste donc par rapport au demi-cycle précessionnel de 12 926, 47453 années, 1817, 089293 années, en lesquelles nous devons enlever le nombre d'années séparant l'époque de **Senmout** de l'année zéro de notre ère, soit **1460 années,** conforme au cycle de Sirius et à la hauteur de la Grande Pyramide. Il s'agit d'une simple hypothèse sans grand intérêt, mais il resterait 357 mystérieuses années si ce n'est 360. Ce fut le temps nécessaire, par nous évalué, pour la construction des pyramides Kheops - Khephren avant le départ du cycle. Rappelons que ce que nous appelons départ est le point le plus bas atteint à Gizeh par la constellation d'Orion avant sa reprise d'altitude. Serait-ce un clin d'œil plus ou moins « momifié » de Senmout envers la nuit des temps ?

En ce qui concerne les écrits, qu'ils soient sur papyrus ou sur fresques murales, les traces ayant trait à **la Grande Tradition,** dont nous évoquons ici la présence, sont rarissimes. Cela tient à l'ingratitude du temps et à la dilution des gnoses dans le pragmatisme contemporain, mais cela tient également à la crainte atavique qu'avaient les initiés de voir se vulgariser l'esprit de connaissance. Des millénaires avant notre ère, il leur apparaissait déjà essentiel que les rares mentions qui étaient relatives à *la haute tradition* soient sibyllines à l'entendement du profane et flagrantes à la réflexion de l'initié aux mystères. Les fresques du tombeau de Senmout répondent à ces exigences tout en incitant les bonnes volontés à chercher les références au sein de l'immuabilité stellaire.

Cette fresque de la XVIIIe dynastie prouve qu'il existait à cette époque des êtres d'exception, instruits d'âge en âge par les héritiers de ces ancêtres instructeurs qu'ils avaient tendance à diviniser. Aujourd'hui le monde « savant » réfute ces révélations mythiques, pour eux, sans réel fondement. Ils les considèrent implicitement comme un outrage à la progression laborieuse des sciences humaines.

Et pourtant, disait Galilée...elle tourne... ! Nous constatons que les références philosophiques traditionnelles s'effilent au rythme où les consensus scientifiques s'affirmissent. Les temps sont venus où il nous faut réagir à cette dégradation en cascade qui n'augure rien de bon pour l'avenir. Les très anciens étaient respectueux et moins sauvages que nous le sommes, une main nous est tendue au-delà du temps par la vieille Égypte, ne la refusons pas.

Chez Senmout, le concept est subtil ; il est vrai qu'il n'incite pas le simple admirateur de ce tracé pictural à procéder à de telles extrapolations pour entamer une recherche de tradition.

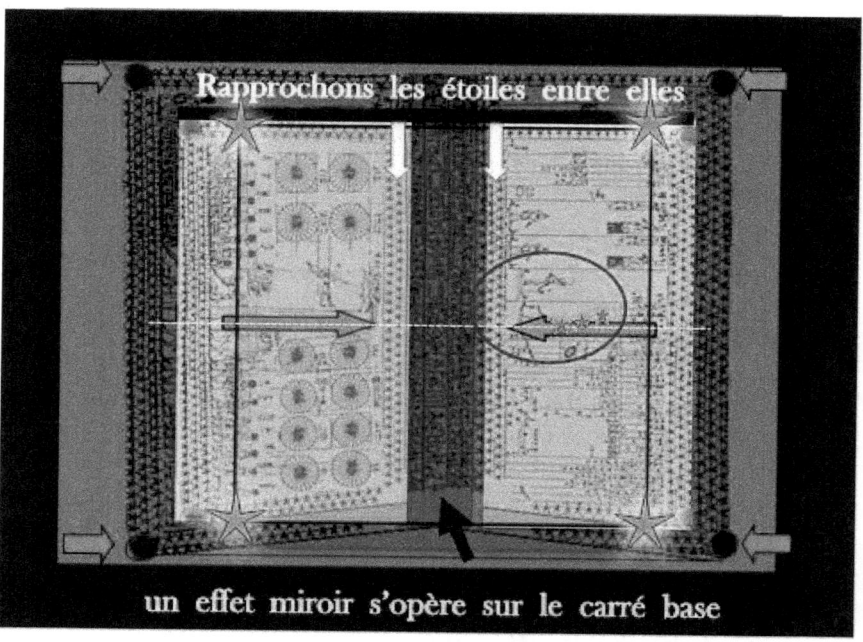

En d'autres termes, il est singulier de constater qu'il nous faut connaître la démarche pour en admirer l'ingéniosité. De nombreux indices sont cependant disséminés pour souligner le côté irréfutable du témoignage : le carré base que ce subterfuge révèle, les 4 petits cercles emblématisant les étoiles, la ligne centrale présentée comme une coupure à l'endroit d'Al Nitak étoile du baudrier d'Orion. Nous pourrions ajouter la représentation d'**Osiris** représentant à la fois l'étoile et la pyramide, ainsi que sa sœur épouse la divine **Isis** incarnant l'étoile Sirius, tous deux indissociables du contexte général. De nombreux facteurs d'intérêts annexes sont associés à l'esprit caché de cette expression picturale, mais nous les estimons superfétatoires en vertu du sujet que nous traitons.

Les déductions qui résultent de ce type de lecture favorisent le cheminement vers la découverte. Nonobstant, nous constatons que nos esprits contemporains ont beaucoup de mal à assimiler ce genre de parcours pour parvenir à une solution ; l'option cryptographique échappe généralement à l'entendement prétendu rationnel. Soulignons néanmoins que l'imagerie médiévale s'est souvent inspirée de la thématique conceptuelle de l'ancienne Égypte pour dépeindre sa hiérarchie figurative. Le *connaissant* **Senmout** savait que viendrait le temps d'une révélation populaire qui provoquerait la dissection des aspirations humaines. Il savait que cette époque serait redoutable pour l'élévation des consciences et que l'étalement de la vérité fixerait brutalement l'heure du choix. Aujourd'hui, les temps sont venus où celui qui persiste à tourner le dos à la **lumière** ne pourra plus dire : « je ne savais pas... ! » Cette **lumière** adopte les critères de la raison, de la logique et surtout du bon sens, elle est précédée dans ses choix par la simplicité. Si nous ne la voyons pas, c'est que nous ne désirons pas la voir ou que nous ne bénéficions pas de cette sensibilité intuitive qui nous la fait pressentir, là où nous nous devons de la chercher.

Les trois étoiles du baudrier d'Orion sont judicieusement schématisées sur la ligne centrale qu'il nous faut visualiser horizontalement. La première étoile à partir de la gauche est Al Nitak dédié au dieu Osiris père d'Horus. Si nous prolongeons la ligne où se positionne cet astre, nous constatons qu'elle parvient à Aldébaran de la tête du Taureau. Alors que l'Ouas d'Osiris (son sceptre) trace la ligne numérique que symbolise la barque.

Les époux Osiris – Isis ont mis au monde celui qui devra imposer dans les temps la loi de justice, **le dieu Horus**, dont la force morale est comparable à la force physique du taureau.

Le contexte hiéroglyphique signifie : naissance de la pensée supérieure, en d'autres termes du raisonnement, de l'intelligence. Rien ne devrait résister à Horus pour qu'il accomplisse sa tâche. Mais à l'instar de chaque être carné, les mythologies nous précisent qu'il rencontrera beaucoup de difficultés, en particulier face à l'autorité brutale et la pugnacité de l'assassin de son père, le dieu Seth.

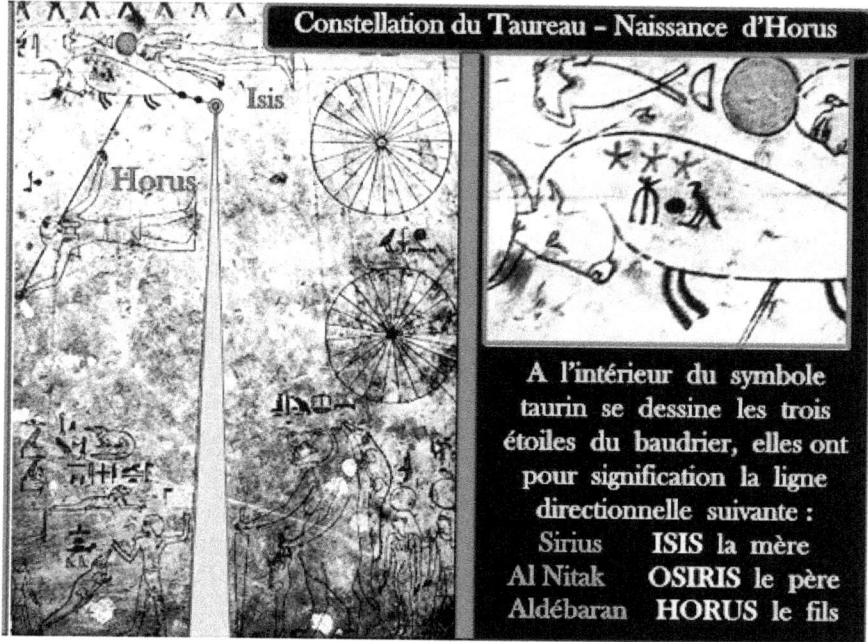

Il nous faut orienter le graphique de 90° pour comprendre que la ligne verticale matérialisée est en fait la ligne centrale horizontale de notre schéma incluant la constellation d'Orion.

Ce type de fresque picturale ne s'adressait pas au profane non préparé à la démarche spirituelle. La crainte atavique de voir une population inculte, susceptible d'accéder aux secrets de tradition, incitait « les connaissants » à redoubler de précautions. À l'époque où vivait Senmout il n'était pas question que des éléments des mystères révélés s'affichent clairement aux yeux de tous. Chaque degré d'élévation vers la lumière devait se mériter.

Aujourd'hui nous vivons des temps moralement effrayants, la connaissance issue de **la Tradition Primordiale** que nous divulgue le site de Gizeh, peut nous sauver de notre embourbement, *en nous inspirant une spiritualité* non soumise aux dogmes, celle déterminée par l'harmonie du créé.

Senmout, semble-t-il, l'avait compris, comment, par quel extra lucidité, nous ne pouvons le dire. Nous sommes persuadés qu'il avait la prescience que des temps viendraient où son tombeau serait découvert et ses fresques interprétées, pour inciter à la méditation une civilisation en déchéance morale. Il nous fallait **rapprocher les étoiles** pour trouver la solution, il y a là un double sens d'ordre philosophique ?

La grande question est de savoir si de par le monde, des êtres sont initiés à ces mystères que recèle encore la vielle Égypte. La réponse est oui, mais pour de multiples raisons ces connaissances ne sont pas divulguées. Il apparaît qu'elles pourraient être une entrave à l'extension d'un matérialisme conditionné par une frange étroite de la société. À l'opposé, l'actualité ne nous épargne pas les dérives de l'esprit religieux, lorsqu'il se manifeste avec la sauvagerie que provoque l'absolutisme. En ce qui nous concerne, est-il besoin de rappeler qu'il ne peut s'agir en notre démarche de religiosité, mais de **spiritualité**. Ce vocable n'est pas l'expression d'un dogme, il laisse à chacun sa liberté de jugement et d'interprétation. La vocation première de la spiritualité est de fournir *les preuves indéniables* d'un univers dimensionnel différent, bien qu'intimement lié au nôtre. Il est important de calquer notre comportement existentiel sur ce que nous sommes à même d'évaluer. Ces notions d'harmonie nous parviennent d'un ailleurs inaccessible de notre vivant, mais au combien concret en l'absolu.

Les données mises à jour par ces découvertes ne sont pas seulement destinées à nos capacités de déduction, mais à un état de conscience en relation avec notre ressenti intuitif. C'est là d'ailleurs que s'effectue une disjonction entre les individualités, certains d'entre nous ressentent un malaise à constater une vérité qu'ils n'ont pas pressentie, d'autres s'enthousiasment aux prémices des révélations qu'ils attendaient. Nous verrons plus loin qu'il n'y a rien d'étonnant à cela, nous sommes positionnés sur les barreaux d'une immense échelle, appelée *« évolution individuelle de l'état conscience »*.

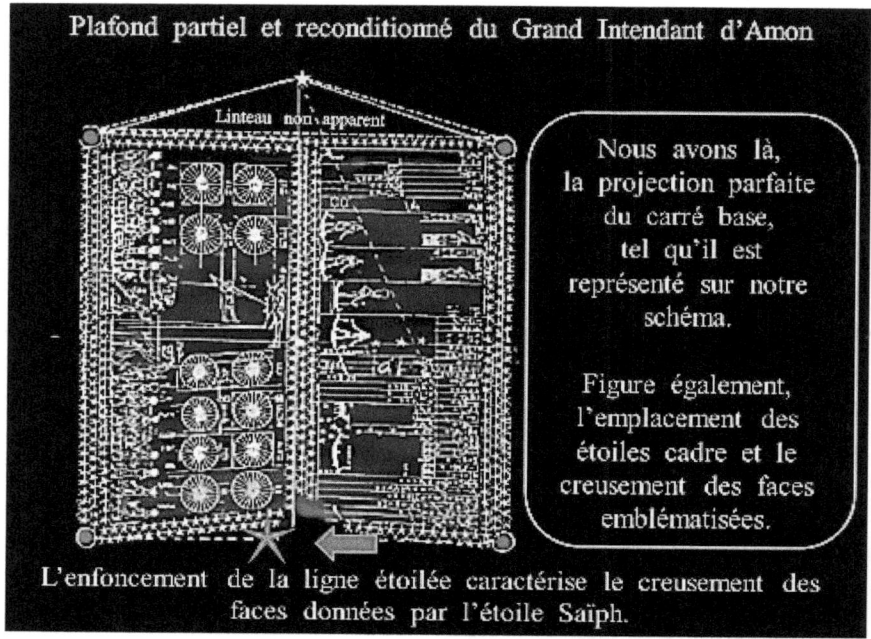

Cette conscience n'est en rien subordonnée à une brillante intellection, mais à un état affilié à l'âme. Nous aurions tendance à nous moquer des petits signes d'une écriture qui ne nous a pas été enseignée, pourtant celle-ci provoque des sentiments profonds chez celui qui sait la déchiffrer. Les hiérophantes nous en laissent un témoignage avéré avec leur manière cryptographique de traiter l'iconographie. Dans la vision de fresques que l'on pourrait considérer banales, se dissimule une richesse insoupçonnée. Il est tout à fait invraisemblable que le hasard joue le moindre rôle en ces observations, trop d'indices de réflexion nous confortent en cette analyse.

« La probabilité est la seule gomme qui efface le hasard. »

Étude schématique de la pyramide céleste et du tracé intitulé « 444 »
« Les « 4 » plumes de la lumière immanente – Les « 4 » babouins du dieu Thot inspirateur de connaissance - les « 4 » contenants symbolisant l'âme universelle.

Les « 4 fois 90° » sont donnés par l'œil et la queue des serpents qui incarnent ici les deux demi-cycles de 12 926, 47453 ans.

Le sommet pyramide est déterminé par le contenant germinatif de l'âme universelle. Alors que les regards des « gardiens de la lumière » visent le point de croisement des conduits de la chambre de la Reine.

Georges Vermard

La NASA est-elle dans le jeu ?

En ce début du troisième millénaire, gagné par l'ivresse que procure l'idée de voyager dans l'espace sidéral, le citoyen lambda ressent une légitime fierté en l'odyssée des sciences spatiales. Aussi, cautionne-t-il chaque exploit, avec un rien d'ambition conquérante liée au désir expansionniste du génie humain.

Cependant, si nous sommes attentifs à certains détails, généralement occultés au grand nombre, nous ne pouvons que nous montrer interrogatifs devant ce qu'il nous est donné de constater. Ne doutons pas que d'autres études pourraient élucider cette problématique mieux que nous ne sommes en mesure de le faire. Ce n'est toutefois pas le but de cette étude, nous nous en tiendrons en ce qui nous concerne, à la Grande Pyramide et la constellation d'Orion.

Revenons des années en arrière, précisément au début de la conquête spatiale, avec les missions « **Apollo** » objectif… Lune.

À l'époque, un blason sous forme d'écusson représentait l'ensemble des opérations ayant trait à ce programme APOLLO.

Devant l'étrangeté de cette composition, nous sommes tenus à nous poser la question suivante concernant le choix de cet écusson : relève-t-il d'une haute science hermétique, d'une technologie avant-gardiste volontairement occultée, d'une candeur inspirée, d'une heureuse prémonition, d'une démarche avisée à caractère ésotérique ou plus prosaïquement d'une banale logique kantienne dont nous aurions oublié les fondements ? Nous conviendrons que **la constellation d'Orion n'a rien à voir avec la concrétisation d'une série de voyages circumlunaires.** Cette considération s'avère troublante du fait que sur cet écusson la trajectoire de la capsule spatiale, illustrée graphiquement par la barre de ce A triangulaire du baudrier est emblématique des critères cachés de l'ancienne Égypte.

Si vous le voulez bien, procédons par analyse :

« **Apollo** » est évidemment « **Apollon** », le dieu grec archétype de la beauté masculine. Il était aussi, et la chose est plus céleste, le dieu à « **l'arc d'argent** ». Arc = arche = arc-en-ciel, angle du lien entre le Ciel et la Terre. Lien que nous dépeignons, souvenez-vous, avec les valeurs de l'arc-en-ciel approprié aux angles de la Grande Pyramide. Quant à l'argent, sans vénalité déplacée, c'est le métal lunaire par excellence, comme l'or est représentatif du Soleil.

Apollon est né sur une île (entrevoyons là un site restreint entouré d'une onde homogène idéalement infinie). Il va de soi que ce qui s'applique à l'île sur l'océan peut s'appliquer à un corps sidéral. À la naissance d'Apollon, des cygnes (qu'il serait plus avisé d'écrire « **signes** ») s'astreignent à faire « 7 fois » le tour de l'île où le dieu est né. Ne comptons-nous pas 7 étoiles ? Le symbole effectif du dieu est un « trépied » (comprenons : triangle équilatéral). Apollon est le seul à savoir combien il y a de grains de sable sur les plages du monde. Voyons en cette métaphore apparemment dénudée de sens, une évocation de puissance numérale, combinée à la multiplicité des astres dont il serait censé en mesurer l'étendue. Allusion similaire au père des multitudes (entendons : père des nombres) ! L'écusson dont nous faisons état regroupe l'ensemble des opérations Terre – Lune du programme Apollo. Si l'inventaire mythologique légitime l'adoption du dieu en tant que patron de cette entreprise, il s'avère beaucoup plus difficile de justifier les options cumulées à caractère « ésotérique » que nous allons tenter de dépeindre.

Un premier exemple nous est donné avec le rapport existant entre la Lune, la Terre et le grand cercle du caducée. Nous nous apercevons qu'à

0,5 % près, il est semblable à celui que nous avons maintes fois exposé. L'infime différence est probablement due aux anamorphoses des duplications électroniques dont nous sommes tributaires. La couronne où est inscrit « **Apollo – NASA** » est composée de deux cercles. Le rayon pointé (comprenons : le milieu de l'épaisseur de la couronne entre les deux cercles) se situe à l'endroit de la ligne du croisement (rapport astronomique) des étoiles d'Orion (flèche 1 de l'illustration suivante).

Rappelons à nos lecteurs que la connaissance de ce croisement relève d'une initiation égyptienne de haut niveau. En aucun cas ce tracé ne peut être fortuit ou dépendant d'une recherche à caractère aléatoire de type profane. Ce sont des êtres ayant bénéficié d'un enseignement ésotérique supérieur qui ont placé le baudrier au centre dû « À triangulaire ». Si ce n'est pas le cas, le ou les concepteurs de l'époque, qu'ils en aient été ou non conscients, ont bénéficié d'une influence parapsychique efficiente. Celle-ci avait-elle pour dessein de rassurer les rares **Grands Initiés de par le monde** du caractère louable de la mission Apollo ? Nous ne saurions l'affirmer ! Tous les documents ayant trait aux expéditions sont aujourd'hui « of-fi-ciel-le-ment » égarés, 30 000 photos parmi les plus étranges ont disparu des archives, tous les films, ce qui est à peine croyable pour une organisation de ce type, dont le moindre détail suspect était jusqu'alors regardé comme un risque d'échec à prendre en considération. Tout individu de bon sens verra en cette abracadabrantesque histoire une dissimulation d'une ingéniosité relevant de l'école maternelle supérieure.

Soyons clair, il n'est pas question de mettre en doute la haute compétence des scientifiques de l'aérospatiale, moins encore, de l'ingéniosité, du courage et de l'audace dont ont fait preuve ces hommes pour relever un tel défi, si défi il y avait bien sûr. Mais, disons-le tout net, en les années 1960, années où les techniques électroniques étaient encore, toutes comparaisons faites, « rudimentaires », l'aventure n'était pas seulement risquée, mais franchement expérimentale, dans le sens le plus aventureux du terme. Tout ingénieur spécialisé en technologie spatiale et… honnête (la précision n'étant pas superflue dans le contexte) le reconnaîtra ! Pour comble d'audace, sachons que les spécialistes de l'aérospatial se demandent actuellement comment contourner les risques que ferait courir aux cosmonautes la ceinture de

Van Allen protégeant la Terre des rayonnements. Mais alors, comment ont-ils fait en les années 1960 ?

L'empattement des pieds du A, forme avec la pointe sommitale, un triangle équilatéral (3 fois 60°). Sa base repose sur le centre de la nébuleuse d'Orion (flèche 2 en bas à gauche). Ces constatations relèveraient seulement de quelques énigmes si le prolongement des côtés de ce triangle ne nous plongeait pas en une certaine perplexité.

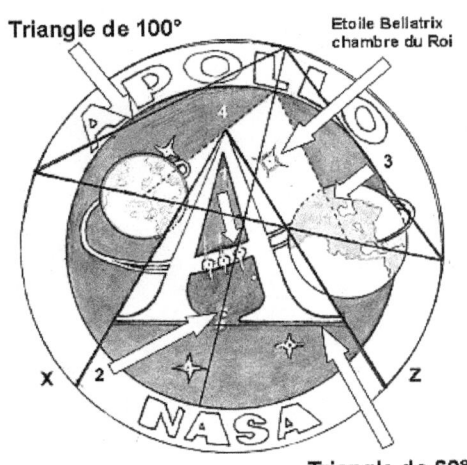

Si l'on place un rapporteur au centre du cercle Terre, l'angle formé par la circonférence lunaire est de 23°30, celui de l'inclinaison de l'axe moyen terrestre sur l'écliptique est actuellement de 23° 27.

Le A ne se justifie point davantage que la présence sur cet écusson de la constellation d'Orion. Le graphique nous montre la Grande Pyramide de profile avec ses arêtes de 42°.

Sa base coupe par leurs milieux les deux astres en figuration et « la verticale pyramide » passe par le point de croisement (flèche) des étoiles cadres d'Orion.

Nous invitons notre lecteur à nous suivre, s'il le veut bien, en ce cheminement : qu'il place la pointe de son compas sur l'extrémité de la ligne (**prolongement du triangle**) à l'endroit où celle-ci recoupe la circonférence du grand cercle. L'autre pointe aura pour écartement le même emplacement en ce qui concerne la seconde ligne ou la création d'un triangle équilatéral, sommet sur la pointe.

Il suffit alors d'effectuer vers le haut un arc de cercle pour constater qu'il passe sur **le centre de la Lune**. Avec la pointe dans l'arc de cercle se dirigera sur **le centre de la Terre**. L'angle formé par les points droit - point gauche - centre Terre est rigoureusement celui du sommet de **la Grande Pyramide. Nous le voyons,** nous pénétrons à l'intérieur du monument à l'emplacement exact de l'entrée pyramide qui se veut être le parcours du module lunaire (flèche).

Les impertinences cumulées de ces coïncidences n'en sont probablement pas. Mais alors… à qui profite la démonstration ?

Rappelons-nous les énigmatiques et importantes recherches scientifiques étatsuniennes qui eurent lieu au cours des années 1970 sur le plateau de Gizeh. D'éminents scientifiques et autre prix Nobel se rendirent à cette époque en Égypte. Il est de notoriété que les recherches entreprises ne furent pas couronnées de succès. Il est avancé que ces relevés scientifiques portaient sur les rayons cosmiques que les pyramides étaient supposées détourner. Pour ce que nous en savons, les instruments utilisés à l'obtention des résultats s'affolèrent littéralement.

La presse de l'époque s'en fit l'écho en de larges commentaires, photos à l'appui, ce qui prouve s'il en était besoin, le sérieux de l'affaire. Aujourd'hui tout a sombré dans les obscurs abysses du non-dit, si ce n'est du démenti, ce que contredisent bon nombre de documents de l'époque, que l'on peut encore consulter !

Traçons, si vous le voulez bien, une droite réunissant le centre de la **Terre** au centre de la **Lune** et considérons que la ligne qui en résulte forme la base de la Grande Pyramide. En fonction de la précision des angles, le sommet du pyramidion atteint la circonférence du cercle intérieur.

L'apothème gauche de la pyramide se trouve sur la pointe de l'A. *(L'auteur s'excuse de l'anamorphose toujours des angles et des lignes.)*

Le vide intérieur de la lettre A est assimilable à une flamme ou un fer de lance d'angle 30°. En cela il est idem à Bellatrix, Al Nilam, Rigel définissant la structure du **Graal** au sein *de la table d'émeraude.*

Nous pourrions frôler la galéjade en soulignant une foule de petits détails amusants : la base de la pyramide (centre Lune, centre Terre) partage la circonférence du grand cercle en 6 parties. L'étoile Bellatrix indique l'emplacement structurel de la chambre du Roi (visualisation Nord – Sud). La pointe extrême du grand A, nous l'avons vu, émerge de l'apothème gauche de la pyramide à l'endroit de la sortie de l'un des canaux de la chambre du Roi. Vus du haut du pyramidion, 111,111 degrés définissent l'écartement des circonférences Terre – Lune. Ce nombre est représentatif du déplacement du point vernal (Altitude zéro d'Orion à l'époque de Khéops).

La trajectoire allégorique Terre – Lune imaginée par les auteurs du blason prend son départ sur le bord du golfe du Mexique à cap Kennedy, elle passe (flèche **1**) par le point central du sigle. Cette trajectoire coupe le côté du triangle équilatéral à l'endroit de pénétration de la circonférence Terre. Elle trace à l'intérieur du cercle Terre le côté d'un triangle équilatéral et indique avec précision « l'entrée, flèche 3 » de la Grande Pyramide.

Notre lecteur dont nous avons amplement sollicité l'attention aura perçu que le hasard peut favoriser un certain nombre de rapports.

Ce n'est que lorsque ceux-ci se montrent conformes à l'esprit de **la Grande Tradition**, que cela s'avère plus énigmatique qu'il n'apparaît.

La première conclusion que nous pourrions exprimer sur cette analyse est que le fossé s'élargit entre **« la population conditionnée et l'élite inspirée »**. Nous pourrions l'étendre aux « 1% de fortunés » fraction d'une population détentrice de la moitié des richesses du monde par rapport au 99% locataires de l'autre moitié (conclusions analytiques officielles de l'année 2015). À titre indicatif, si vous possédez quelques milliards de rente, ne vous leurrez pas, vous êtes toujours dans les 99%.

Cela signifie qu'à court terme, notre société a fait un choix, celui du profit, mais le capital est aveugle et il y a à échéance un risque génocidaire de la condition humaine. À l'époque des grands dangers que nous encourons, ce ne peut être que **la spiritualité,** seule base d'affiliation qui pourrait nous extraire de cette fange. Pour cela, il nous faut dégager un dessein commun, planétaire, qui ne soit plus rivé à l'immaturité chronique de nos classes dirigeantes, source de tous les égarements. Certes, nous sommes en trop grand nombre ! Mais, nous pouvons résoudre ce problème en deux siècles de façon drastique, sans qu'il soit besoin d'avoir recours à des méthodes inhumaines ou draconiennes. Ce que nous devrions déjà envisager, c'est une synarchie sapientielle composée d'êtres à l'état de conscient dominant, venant de tous les horizons, appartenant à toutes les races, pour former « une gouvernance planétaire », laquelle, à l'opposé de la mondialisation actuelle ne profiterait pas qu'au 1% de la société humaine. Il est urgent que les réalités sur le passé, sur les idéologies, les inspirations religieuses, les besoins concrets et spirituels des êtres en évolution que nous sommes, soient prises en considération.

Nous raisonnons avec nos sacs à billes autour du cou en lesquels nous ne distinguons plus qu'un seul mot **croissance**. Mais où nous mènera-t-elle cette infinie croissance qui nous oblige à courir les bras en l'air, le regard rivé sur la Lune (**symbole d'argent**), alors que le ravin que l'on ne saurait voir pour cause d'engouement irraisonné n'est plus qu'à quelques pas de nous ? Ne nous contentons pas d'être les gouttes d'eau, soyons l'océan qui inspire le respect et dont les assujettis aux pétrodollars craignent le raz-de-marée. L'axe de nos recherches nous amène à des réflexions complémentaires sur la raison de vivre, sur l'état de conscience, sur la finalité de l'existence.

Unissons nos pensées autour d'une construction multimillénaire qui nous loue les vertus d'un principe à la fois unique et diversifié dans la nature des choses. Ce principe n'est pas inféodé à une race, à une élite, à une religion, il ne nous prône pas une philosophie existentielle, il est simplement représentatif d'une union sacrée. Si nous prenions conscience de cela, cette union nous orienterait vers des aspirations communes et salutaires. Pour les esprits initiés, le plus vieux monument du monde est un sanctuaire, un réceptacle, un naos, un bétyle.

Avec l'exécution de ce blason, il se pourrait que la NASA ait perçu l'existence jumelée d'étranges auxiliaires de l'évolution humaine. Mais, si d'aventure elle a conceptualisé ce programme en toute innocence... il est probable qu'au cours de cette réalisation, les assistants de l'espace cognitif que nous évoquons se sont manifestés. Il se peut même que des ordinateurs parmi les plus performants, furent regroupés pour constituer ce résultat. Ce serait alors la preuve que les agents d'une certaine harmonie universelle ne nous abandonnent pas, tout en laissant l'entière possibilité au psychisme humain de faire choix de son destin. L'initié sait que seule la conscience intrinsèque à chaque individu est éternelle. Il sait également que son devoir est de l'exhausser en hommage rendu au **Principe Créateur**.

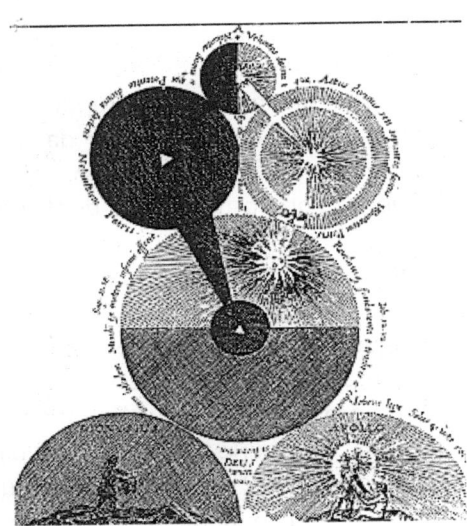

Nous ne voudrions pas plonger notre lecteur dans les perspectives d'incertitudes permanentes sur les cachotteries de ce monde, mais une date célèbre aux États-Unis peut avoir une certaine analogie avec la situation décrite. L'Indépendance Day » se fête le 4 juillet de chaque année aux États-Unis. C'est précisément le jour où la Terre après le solstice de juin demeure la plus éloignée sur son orbite elliptique. Ainsi son apogée coïncide avec la fête américaine et le jour d'après, la Terre ne peut que se rapprocher du Soleil, donc... d'Apollo et de la Lumière !

L'alchimie restera toujours notre meilleure référence en matière de connaissance avancée d'inspiration céleste. L'icône alchimique a le pouvoir de sélectionner les individus réceptifs à ces apparents fantasmes et de les propulser vers l'espérance. Retrouver le nom de ce dieu grec dans un sigle de la conquête spatiale n'a rien de surprenant. N'était-il pas, dit-on, au berceau de notre civilisation ? Ce qui est plus surprenant, c'est de constater le lien entre d'aussi lointains rapports de faits et les préoccupations spatiales de notre société contemporaine. La facilité, principe dormitif de l'esprit, nous suggère bien évidemment le concours du hasard, mais toute tentative de réflexion nous éloigne de cette hypothèse. Il s'agit rappelons-le, d'un voyage Terre – Lune, qui est une forme d'union sacrale dont nous avons longuement dépeint l'intérêt en nos révélations.

La NASA se démarquerait-elle à ce point de la vox populi pour demeurer résolument en altitude, là où elle n'a de compte à rendre qu'à « Dieu le Père » ? Si nous avions à lui dédier un conseil, ce serait de se défier de cette conclusion superfétatoire, car des temps nouveaux sont essentiels pour préserver la pérennité de l'intelligence humaine en grand péril. La sélection qu'elle croit devoir effectuer n'est pas digne de l'homme et de son aspiration à s'élever en corrigeant ses erreurs. À l'opposé, la révélation à laquelle nous procédons, peut engendrer l'espoir dans les esprits désabusés. C'est la voie qui nous fut indiquée pour responsabiliser l'être humain face à une nocive influence comportementale dont il est victime !

Les semences dans notre besace ne sont plus destinées aux sillons dûment alignés, comme il en allait naguère, mais aux quatre vents de la confusion, aux fossés que nul ne regarde, aux fissures que nul ne redoute, aux épreuves que nul ne pressent. Cette profusion constitue l'espoir de la résurgence aux confins de la désillusion. L'imagerie alchimique, le plus souvent incomprise, est révélatrice de la Grande Tradition. Elle véhicule sous des aspects a priori impénétrables, l'essence même de l'ésotérisme ancestral relevant de **la Tradition Primordiale**. À l'instar des hiéroglyphes égyptiens, les représentations imaginaires de ce corpus, invitent l'impétrant aux mystères, à suivre la voie de la découverte. Il lui suffit de laisser parler en lui ce duo inexploré de l'intuitif et du discursif, cela afin d'éveiller ses sens à une vision moins restreinte, plus universelle que celle qui lui est proposée au quotidien.

Ce que nous avons en cette image est la preuve absolue, puisque la Lune est ici proportionnelle à la Terre signifiée par le cercle intérieur.

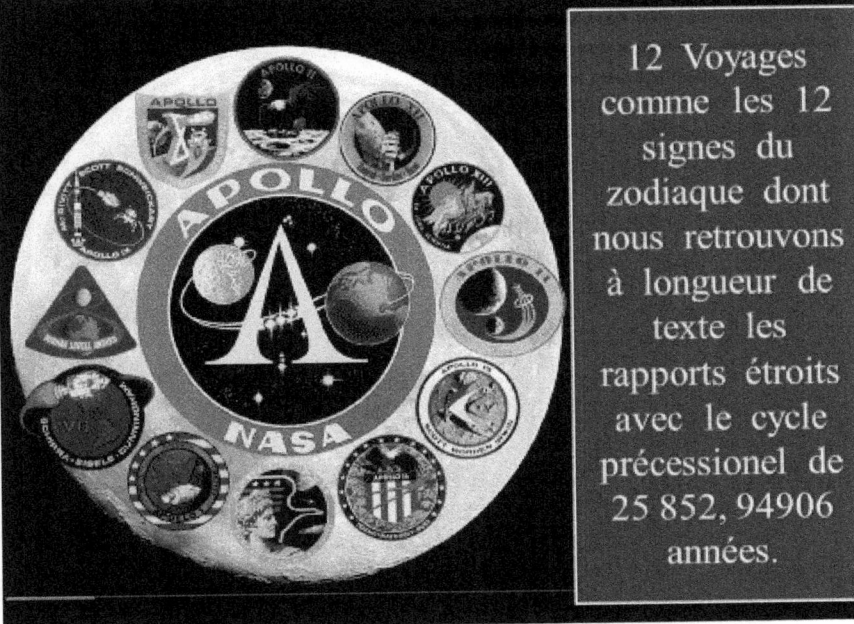

Examiner son cadre de vie, c'est intégrer sa personnalité, c'est se sensibiliser aux sujets et aux objets qui nous entourent, c'est découvrir notre intimité. Nous ne devons pas douter de la qualité de notre réflexion, elle est adaptée à notre évolution, ne la dirigeons pas, laissons là s'exprimer au travers de notre vécu. Nous pressentirons alors un apport différent de ce qu'était jusque-là notre moi actif, il s'agit d'une sorte de double intime et conciliant. Le comportement qui en résulte est d'ordre méditatif, les réactions sont moins spontanées et les attitudes plus réfléchies, nous devenons sensibles à la beauté. Ce n'est pas celle des magazines du show biz ou de ce qui est défini comme tel. La beauté c'est celle que nous découvrons, elle est dans un sourire, dans un mot, dans une fleur ou un dessin. La beauté est en nous et en la projetant sur ce que l'on aime, nous rendons à la création son authentique valeur, que trop souvent nous avons côtoyée sans aimer. Tout ce qui constitue l'inversion de la beauté souligne la beauté et celle-ci est définie par le mot création.

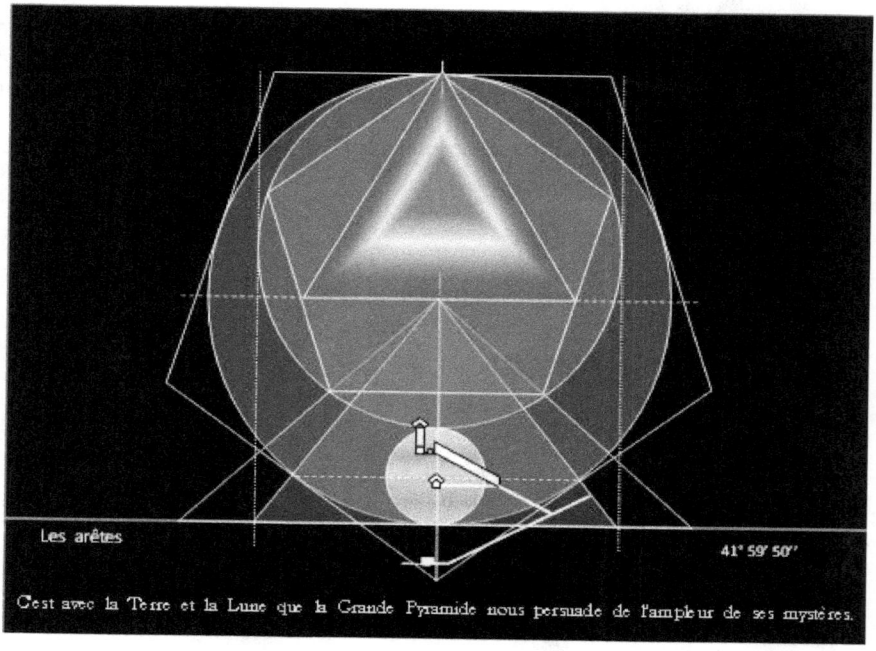

C'est avec la Terre et la Lune que la Grande Pyramide nous persuade de l'ampleur de ses mystères.

La beauté triomphera en tout et partout, car elle détient les principes de perfection avec lesquels la créativité impose ses propriétés d'harmonie à la nature des choses.

La Raison d'être

« *La nature est un temple où des vivants piliers laissent parfois sortir de confuses paroles ; l'homme y passe à travers des forêts de symboles qui l'observent avec des regards familiers.* » Charles Baudelaire

Georges Vermard

Dieu et Nous

Il est étonnant d'observer les positions particulières que nous pouvons avoir sur la seule prononciation du mot « Dieu ». Nous nous apercevons très vite que le vocable suscite de singuliers réflexes en fonction de convictions archétypales ou de réactions endémiques, lesquelles nous dit-on, sont communes à un être humain prisant au confort que représente une non-implication idéologique.

Les opinions que l'on peut discerner sur le terme et plus généralement sur la question spirituelle sont fort diversifiées. Elles subissent des différenciations d'ordre culturel, racial ou idéologique, sans évincer les influences de l'environnement immédiat. Plus rarement le mental se trouve influencé par les fréquentations, les faits divers, les événements personnels qu'ils soient admissibles ou non. Nous constatons avec la même insistance qu'il y a peu de prises de position spécifiques fondées sur la raison. Alors que sur un plan doctrinal, l'omniprésence en la nature de dispositions relevant d'une **déité suprême** demeure relative chez les pratiquants eux-mêmes. Cependant, et nous devons l'admettre, il n'y a pas dans le monde de la pensée une interpellation aussi fondamentale que l'idée d'un **Principe Créateur** à la base des lois physiques universelles.

Pourquoi cette question est-elle si peu présente, quand elle n'est pas franchement dévalorisée ? La réponse est complexe à formuler, elle dépend pour l'essentiel de l'engagement individuel. Si nous devions exclure des religions tous les adeptes que le dogme a phagocytés, sans qu'ils aient un seul instant médité sur leur détermination, le dépeuplement des communautés auxquelles ils appartiennent serait significatif.

Amusons-nous à nous remémorer diverses réactions, dont nous avons pu être témoin ayant pour objet l'élémentaire évocation du mot « Dieu ».

Commençons, si vous le voulez bien, par les individus que le vocable même fait sursauter d'irritabilité et nous poursuivrons avec ceux qui théorisent l'idée d'un Créateur Universel par des inspirations métapsychiques plus ou moins confuses.

Prenons pour exemple le mot « Dieu » prononcé au cours d'un entretien qui se voudrait convivial. La personne à qui l'interrogation est adressée s'arrête brusquement de parler, elle vous dévisage avec l'attitude étrange que l'on aurait à découvrir la physionomie d'un extraterrestre. Le visage est effaré, le regard devient fixe, les lèvres s'entrouvrent de béatitude, aucun son n'en émane. L'aberrance est totale, inconcevable, impudique même. On attend de vous une excuse, une explication, s'il y a lieu une justification de cette plaisanterie. Si celle-ci ne vient pas, c'est brutalement un changement d'attitude que l'on exerce à l'encontre de votre personne. La déception est réelle ; tout un pan relationnel s'écroule, votre interlocuteur est incapable de poursuivre la conversation. Et les mots pour prendre congé de vous deviennent amphigouriques et indécis.

Dieu – Indice premier –

Votre énonciation est suivie d'un éclat de rire éructé « *Dieu... arrête... tu me prends pour un connard, attends, mais t'es sérieux là ?* » Le ton est semi-jovial, la gestuelle laisse clairement supposer que vous avez de sérieux problèmes mentaux jusque-là insoupçonnés, dans le genre : « *elles font font font les petites marionnettes...* ». La constatation est généralement suivie de plusieurs fous-rires forcés entrecoupés de regards en coulisse sur votre personne, ceux-là laissent clairement supposer que vous n'êtes plus du tout fiable du côté de... la gamberge.

Dieu – Indice second –

« *Dieu ? Mais mon pauvre ami vous déraisonnez ! Qu'est-ce que cette aberrance vient faire dans notre entretien... ?* » Le courroux est visible, la conversation prend une tout autre tournure et les arguments pour vous convaincre de votre incongruité deviennent incisifs, à peine décents.

Dieu – Indice troisième –

« *Dieu, vous me parlez de Dieu, mais s'il existait votre Dieu, vous croyez qu'il ferait tous ces malheurs de par le monde, ces guerres, ces raz de marée, ces inondations avec toutes ces morts d'enfants ? ou alors... ou alors c'est un sadique votre Dieu, oui, je vous le dis, moi… un sadique…même un sacré… sadique… ! »*

Dieu – Indice quatrième –

« Houlà…là, cette **hypothèse** *dirait Talleyrand ! Non mon vieux, ne m'en veuillez pas, mais je privilégie la raison aux obsessions populaires. Je suis résolument athée ! » L'interlocuteur jette un rapide regard sur sa montre. « Bon Dieu, je suis en retard ! Pour notre prochain rendez-vous… voyez avec ma secrétaire, hein… à plus… mon vieux à plus ! »*

Dieu – Indice cinquième –

« Tu l'as vu toi, Dieu ? Moi, je ne crois que ce que je vois, je ne dis pas non…mais alors il faut le prouver qu'il existe, ton Dieu ! Je suis comme qui dirait agnostique, tu vois… agnostique ou athée sur les bords, comme tu voudras ! »

Dieu – Indice sixième –

« Ah ben oui Dieu, t'as raison, moi je le vois bien avec sa longue barbe de neige, il se balade supère cool dans son Paradis au milieu des fleurs avec ses anges belles nanas autour de lui. Mais il y a l'autre aussi, le vilain qui attend dans le coin sombre, c'est le diable. Il est tout baveux avec des grandes oreilles pointues, il a une fourche et une grande queue qui finit en langue de serpent… Tu vois, mon petit père, avec moi ce n'est pas la peine de jouer les prosélytes, le Bon Dieu, je connais… je connais…! »

Dieu – Indice septième –

« Sûr qu'il est le plus grand, sûr, sûr, il a tout dit à son prophète, les mécréants tu leur coupes la tête, les statues des autres dieux qui sont pas moi tu les casses par petits bouts. On a pété le crucifix des croisés, pas grave, tu mets Kalachnikov à la place au-dessus du lit, bien sûr qu'il existe Dieu… bien sûr, mon frère…et il est grand, très grand ! »

Dieu – Indice huitième –

« Oui et il y a le fils qui est aussi Dieu. Il a racheté nos péchés au diable, on ne sait pas combien, peut-être pour de la came ! Sa maman la Marie, la vierge qui l'a mis au monde, elle est Sainte d'Esprit et son mari qui lui a fait le fils il est Dieu avec l'autre qui est au ciel, et pendant que toi t'es en vie, t'as le choix, paradis, purgatoire ou enfer. Puis un jour qui viendra, tous les vivants et les morts seront mis debout pour le jugement... le dernier... putain, je te dis pas le bordel ! »

Dieu – Indice neuvième –

« Dieu a dit que c'est nous le peuple qu'il aimait le plus au monde, les goyim il en parle même pas. Mais attention faut faire gaffe quand y se met colère le vieux, y casse tout, quand parfois il n'est pas content de nous. Heureusement, il a dicté un livre à un autre vieux qu'il aimait encore mieux que nous, y a bien longtemps, c'est une histoire de tables sur un buisson qui brûle. Puis il y en a un autre vieux qu'a fait le livre de l'histoire en réunissant toutes les autres livres. Mais d'autres vieux y disent qu'il faut savoir le gratter le livre, parce que Dieu il a caché des chiffres derrière les mots. Si c'est du pognon, j'te dis pas la came... ça fait valise, parce que le book il est obèse... »

Dieu – indice dixième –

« Ha, mais bien sûr, il est partout Dieu, mon ami, partout. En vous en moi en cette potiche ou cette chaise, en cet oiseau qui vole, en cette fleur. Il n'y a rien de sa création où il n'est omniprésent, rien où son amour ne transparaît pour inonder la Terre de sa lumière. »

Dieu – indice onzième –

« C'est avant tout le créateur de l'univers en lequel nous nous trouvons. Mais il nous faudrait plus de recul que nous n'en avons, pour seulement subodorer son essence, cerner ses desseins, comprendre comment l'homme peut exercer une symbiose mentale entre sa propre conscience et cette théodicée en la création. Ce n'est pas une petite affaire, il faut beaucoup réfléchir et sans certitude aucune de parvenir à un résultat scientifique. »

Dieu – Indice douzième –

« Le meilleur hommage, c'est l'âme qui devrait être en mesure de le formuler, mais elle est muette et les termes que nous employons subissent la fatale altération des aléas de la vie. Il nous faut donc laisser en nous s'exprimer l'intuitif, c'est l'émanation de la conscience qui conduit notre comportement en l'existence. Dieu n'est pas dissociable de la nature des choses. Ce que l'on peut affirmer sans risque d'erreur, c'est que les capacités intelligentes dont il nous a pourvu sont à la base du relationnel que l'on peut établir entre lui et nous. Si ce n'était pas le cas, ces facultés cognitives dont il nous a dotés seraient strictement fonctionnelles et ne permettraient pas la démarche de perfectibilité qu'il est en droit d'attendre de ses créatures. Ce sont sur ces bases déductives que nous pouvons envisager le pourquoi de notre présence sur Terre, et la justification des épreuves que nous traversons. Si nous devions considérer qu'il n'y a pas de justice en l'absolu, bien que la présence divine soit réelle, nous ne commettrions pas seulement un blasphème, mais un non-sens sur les motifs de notre réalité existentielle. »

Hum ! Nous voyons bien à travers ces essais originalement formulés, les dissimilitudes que peut provoquer la simple évocation du mot « Dieu ». Nous en déduisons, qu'une mise au point répondant à des critères de définitions plus logiques s'impose à la pensée populaire du troisième millénaire. Nous devons impérativement privilégier le bon sens pour aborder les difficultés de translations culturelles que ne manqueront pas de nous occasionner les instances d'un futur proche.

Au sein de notre mondialisation, quelques maux caractérisent l'affliction dont nous souffrons aujourd'hui, une sorte de totalitarisme financier assujetti d'un semblant de démocratie imprégné de capitalisme où il nous est dit que chaque individu pourrait trouver « sa chance ». Ces maux sont la face et l'interface d'un assujettissement qui paupérise la raison existentielle en la versant dans un matérialisme outrancier. Mais n'est-ce point en détectant la notion du « *mal* » que nous pouvons par un effet inversement proportionnel, comprendre ce que l'on peut qualifier de « *bien* » dans la nature des choses. Cette ambivalence est aujourd'hui assimilable à une passivité que nous constatons en l'espèce humaine, imbibée qu'elle est de la déshérence spirituelle que lui assignent les asiles du rêve. Ce n'est certes pas ce qui lui convient pour sa naturelle évolution, il lui faut les preuves d'une autre réalité qui ne soient pas assimilables à des implications dogmatiques. Il faut que l'homme prenne conscience qu'il doit se réaliser lui-même avec la prise en considération d'un Principe Créateur, synchronisateur des lois universelles. Les preuves sont là, elles sont scientifiques. Il est urgent de les consulter pour changer de paradigme évolutif. Sinon, notre destin sera celui des êtres irresponsables, qui par défaut d'implication, précipiteront le monde dans un marasme psychologique prélude à toutes les afflictions.

Constater n'est pas solutionner. Il n'est pas plus déraisonnable de croire aux vertus omniscientes d'une *Intelligence universelle*, nommée par nous « *Principe Créateur* », que d'admettre un vide intersidéral infini, sans jamais avoir les facultés d'esprit et l'argumentation nécessaire pour le définir. Pourtant, ce vide contient le créé, il existe nous ne pouvons le nier, mais il est irrationnel de tenter de le définir, notre intelligence n'est pas habilitée à le faire.

Nous ne pouvons qu'admettre que l'espace intersidéral n'a ni commencement ni fin ? Certains esprits qui se veulent étincelants trouveront des solutions chimériques à ce vide mentalement insondable. Ils l'assimileront à une sphéricité épousant la courbe qu'effectue la lumière, sans préciser dans quel autre vide ce tien cette hyperbole qu'ils proposent comme solution à leur propre désarroi psychologique. Tout, en notre conception existentielle, doit se tenir en quelque chose, sauf le vide de l'au-delà sidéral en lequel se tient l'univers. L'inventivité n'est concevable que si elle est étayée de preuves, si ces preuves existent, découvrons-les afin d'exister à notre tour. La vérité est en notre monde, mais elle est pudique et ne se montre qu'en des situations extrêmes, que nous devons aujourd'hui considérer être celles du « choix ». Nous pouvons regarder cette illustration en tournant la page, nous aurions amplement tort, car l'analyse de cette image peut modifier profondément l'état de conscience intrinsèque inhérent à notre vie !

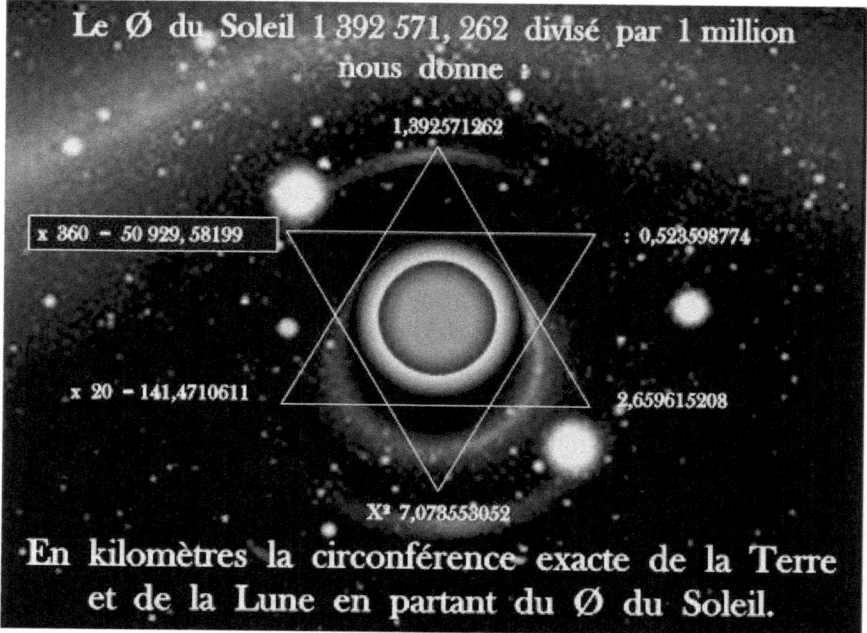

Ce postulat est une des rares instances où l'esprit se perd en conjectures. Comment est-ce possible sans un apport spirituel ?

Dans le domaine des technologies de pointe, on peut augurer que la science est appelée à faire des découvertes à peine envisageables par la raison commune. Nous pouvons subodorer que cette science mâchouillera un jour la queue de l'Ouroboros, et que l'infiniment petit rejoindra l'infiniment grand des légendes traditionnelles. Dans le domaine de cette labyrinthique extension, il est en effet présomptueux de croire discerner chez l'homme les limites de ses capacités. Mais parallèlement à cet éloge, nous ne pourrons jamais concrétiser en une formule l'aspect *insondable en lequel la matière est organisée*. Nous ne serons jamais en mesure d'en évaluer l'étendue, les raisons de son existence et les limites de son extension. Notre ambition a donc raisonnablement un bornage qui devrait nous astreindre à plus de modestie. Nous devrions avoir le diplôme discret, celui-ci n'étant que l'éphémère acquis d'un espace-temps contestable.

Les scientifiques, pour une majorité d'entre eux, se sont départis des convictions de suffisances, qu'ils avaient encore la hardiesse d'afficher dans le milieu du XXe siècle. Aujourd'hui, ceux qui se sont investis dans les technologies les plus saillantes sont témoins de phénomènes troublants qui relèvent davantage de la métaphysique d'hier que de la science expérimentale d'aujourd'hui. Ces expériences remettent en question le sacro-saint darwinisme de jadis, et le dénuement mental de ses inconditionnels qui s'y raccrochent encore. Nous sommes au seuil d'un *créationnisme déductif*, à l'orée d'une ère quantique d'acceptation, avec des raisons d'espérer des preuves mathématiques irrécusables. Les montages scientifiques, qui hier encore nous décrivaient l'aspect concret des particules atomiques, évoquent désormais une ère d'abstraction, de reconditionnement de la condition matière, c'est ce que révèlent les outils scientifiques des dernières théories quantiques.

Nous voilà à l'aube d'une évolution transcendantale, laquelle in fine, nous suggérera le concept généralisé d'un Principe Créateur.

> À titre d'exemple, nous conseillons de lire le remarquable ouvrage de jean Guitton « **Dieu et la science** » éditions Livre de poche, réalisé avec le concours de deux scientifiques hors-norme, Igor et Grichka Bogdanov. Nous relevons en cet ouvrage des détails semblables à ceux-ci :

« Prenons un cas concret : une cellule vivante est composée d'une vingtaine d'acides aminés formant une chaîne compacte. La fonction de ces acides aminés dépend, à son tour, d'environ 2 000 enzymes spécifiques. Poursuivant le même raisonnement, les biologistes sont ainsi amenés à calculer que la probabilité pour qu'un millier d'enzymes différentes se rapprochent de manière ordonnée jusqu'à former une cellule vivante (cela au cours d'une évolution de plusieurs millions d'années) est de 10 puissances 1000 contre un. »

« Pour que l'assemblage des nucléotides conduise « par hasard » à l'élaboration d'une molécule d'ARN utilisable, il aurait fallu que la nature multiplie à tâtons les essais durant au moins 10 puissance 15 années, soit cent mille fois plus longtemps que l'âge total de notre univers. »

« Un exemple frappant nous est donné par la densité initiale de l'univers : si cette densité s'était écartée un tant soit peu de la valeur critique qui était la sienne dès 10 puissance 35 secondes après le big-bang, l'univers n'aurait pas pu se constituer. »

Si nous apportons à cet exposé la légitime attention qu'il mérite, nous ne pouvons qu'être troublés par les sujets de réflexions qu'il suscite. Ne nous faut-il pas cultiver une sévère insuffisance mentale, pour ne concevoir là que d'obscures interprétations liées à des concours de circonstances ? À l'opposé, pour celui qui considère que ces références sont loin d'être démunies de sens, le pas est franchi pour entamer une démarche d'ordre spirituel. C'est ce que nous proposons, tout en essayant de conserver ce *vieux bon sens*, si malmené, qui fait d'un quidam médiatisé un homme de réflexion. Avec des études ciblées et des reports analogiques, nous pouvons affirmer que la preuve d'une autre réalité se trouve déjà en nos découvertes ! Aussi, n'est-il point étrange que nous nous posions la question cruciale de la présence *d'une intelligence ordonnatrice en ce monde* ? À quoi pourrait donc servir ce que nous découvrons, si ça ne devait pas interpeller nos facultés pensantes ? C'est précisément pour cette raison que nous cherchons à établir des rapports de compréhensions subsidiaires à ceux qui nous sont imposés par le quotidien ? Franchissons ensemble le Rubicon et voyons comment se présente la situation.

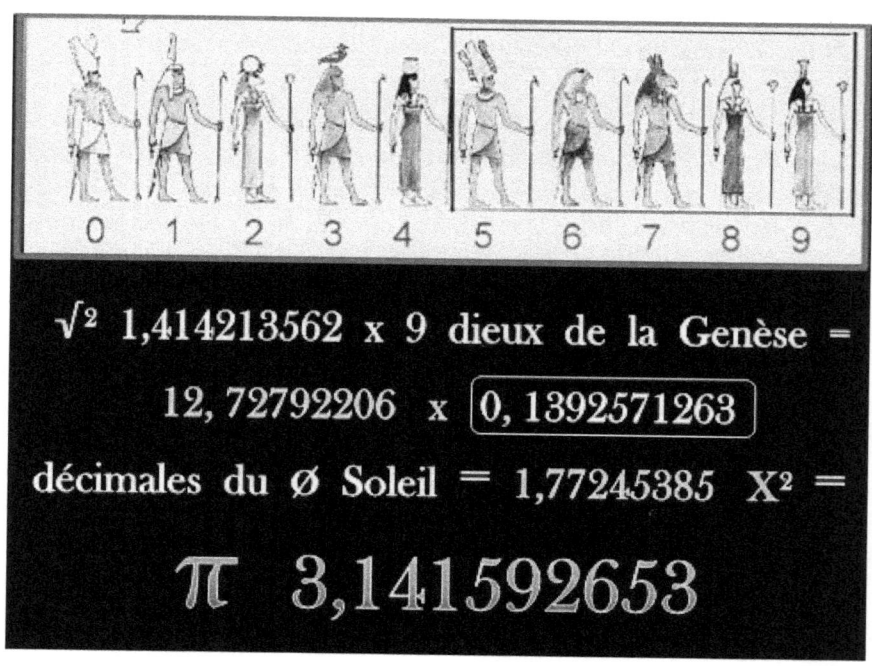

Nous découvrons que l'immuabilité de la **Grande Tradition** n'est pas dissociable de l'esprit du créé. Serait-ce raisonnable, en notre ère technologique, de considérer que ces découvertes sont trop éloignées dans le temps pour en tenir compte ? Qu'est-ce qu'une preuve en la matière, si l'on ne sait apprécier les valeurs numériques de ces canons archétypaux qui auraient le souverain honneur de remettre en question l'histoire du monde ?

Prenons soin d'écouter la voix du passé lorsqu'elle s'adresse à l'avenir pour stimuler le présent. Nous allons tenter de démontrer, comment notre « moi pensant » a des connexions naturelles avec l'ailleurs. Avant tout développement, il nous faut admettre pour condition que ce dédoublement de la personne humaine qu'est « l'âme » est bien réel. Nos anciens n'ont pas inventé cet état nouménal, son existence est confirmée par moult ordonnances universelles assujetties à l'esprit de Tradition.

Le fait de discerner des rapports entre les astres, les mesures qui les concernent et les cycles qui les animent, le tout au sein d'un amoncellement de pierres est franchement prodigieux. Celui qui doute, c'est celui qui n'a pas la tentation de vérifier, c'est celui dont l'esprit se contente d'opinions subjectives infondées, dispensées par les conventions et approuvées par les organismes officiels.

Si le hasard nous donne de tels exemples de perfection, c'est qu'il se soumet à l'harmonie pour n'être qu'une conséquence de la synchronicité quantique. Dès lors, nous ne pouvons parler de coïncidence, car elle abandonne de ce fait son appellation au bénéfice d'une loi cachée qui n'est autre que l'expression de la connaissance. Ces pyramides n'ont pas été placées là « *au hasard* » de la topographie, elles sont témoins de qualités mentales omniscientes remontant pour le moins au paléolithique. Les égyptologues orthodoxes se refusent par conservatisme d'admettre cette évidence, mais le temps fera son œuvre. Il y a certes urgence à ce que nous prenions conscience des indices sapientiaux susceptibles de nous indiquer le chemin que nous devrons suivre. La révélation est opportune, ne demeurons pas contraints en nos principes obsolètes, sachons discerner la vérité où elle se trouve.

Ces tombeaux auxquels on nous impose de croire sont "les cache-misère" des carences méthodologiques. Lorsqu'un *consensus* aux options officialisées est appliqué sur une *absence de raisonnement*, avec le temps, il prend les accents d'une *pseudo-vérité*, et c'est bien là le problème. Des milliers d'étudiants diplômés sont ainsi nourris de contrevérités appropriées à une involution des systèmes de référence. *Ne rien changer*, voilà l'implicite mot d'ordre émanant de la classe officielle, trônant sur nos conditions évolutives. Cette directive est reprise à l'échelle hiérarchique de génération en génération, infectant l'ensemble des états de conscience.

Si nous nous élevons avec fermeté contre cette pratique coercitive, c'est qu'elle ne laisse aucune place aux différentes hypothèses dont des comités scientifiques seraient susceptibles de débattre. Ce césarisme absurde bloque toute tentative d'élucidation des phases évolutives de l'histoire humaine. Nous comprenons que dans la période initiale de fouilles archéologiques sur le plateau de Gizeh, ces énigmatiques constructions furent attribuées aux rois des premières dynasties. Nous ne pouvons pas mettre en doute l'honnêteté de ces pionniers de l'égyptologie qui optèrent avec raison pour un consensus. Ne fallait-il pas mettre un frein aux élucubrations de ces kyrielles d'hallucinés qui prêtent à ces monuments les plus délirantes utilités, greniers à grains, usines à eau, centrales électriques, repères géostatiques pour vaisseaux extraterrestres ou abris atomiques. La vérité chez l'homme a la représentation subjective de son état mental, celui-ci n'a pour réalité que ce qu'il est disposé à croire selon son parcours existentiel.

Il y a un commencement pour toute chose. Si des investigations plus recherchées avaient été effectuées sur le plateau de Gizeh en ajoutant à cela un peu de bon sens, on aurait fini par découvrir pourquoi les trois pyramides n'ont pas été impeccablement alignées. Il suffit pour cela d'accorder aux constructeurs un peu plus de qualités d'esprit qu'il nous est habituel de leur prêter.

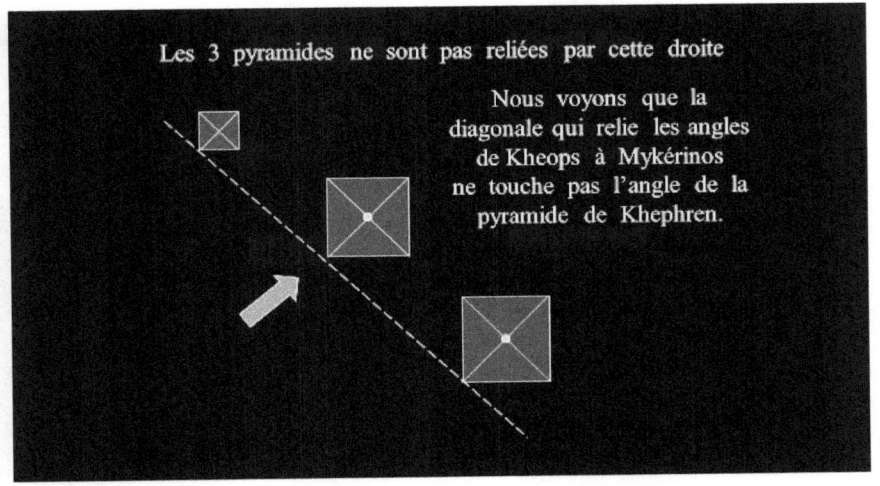

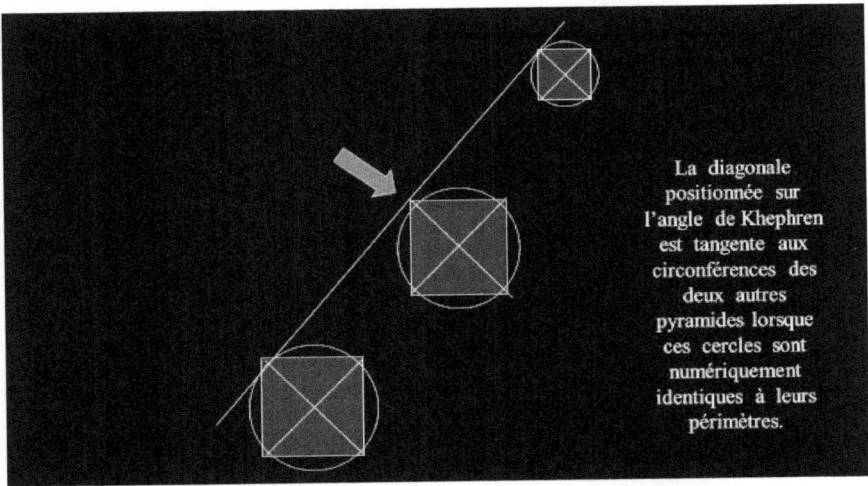

La Terre, la Lune, le Soleil sont des options alchimiques traditionnelles. Ces astres constituent les premières références que se devaient de faire figurer *les connaissants* pour nous informer des étonnants effets de synchronicité enseignés par *l'union interstellaire*. C'est dans la révélation que nous offrent les nombres, la géométrie et l'astronomie que le monde de demain se devra de s'inspirer afin de parfaire ses états de conscience.

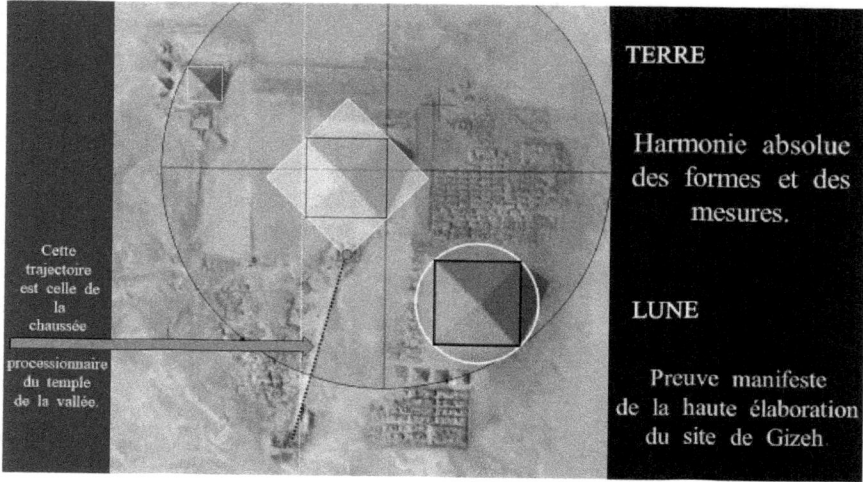

À l'instar de la philosophie antique, nous devons retrouver les liens qui unissaient jadis le temporel au spirituel. Ils sont par essence indissociables de la nature du créé. Avec leurs angles et mesures rigoureuses, les Pyramides d'Égypte étaient la référence même de ce que nous avançons. Elles s'immisçaient dans les œuvres d'art, rehaussaient l'esprit de l'orthodoxie religieuse et étaient garantes de la connaissance cachée. Nous en avons fait des **tombeaux** à l'image de notre conception du devenir que nous limitons au *contentement du moment*, en détournant l'esprit de nos enfants de l'aspiration spirituelle. Le message qui avait jadis motivé les anciennes civilisations se doit aujourd'hui d'être analysé et conforté par les êtres de bon sens, c'est le plus bel espoir de l'humanité. Ne sommes-nous pas désormais devant deux options de penser ? La première est de persévérer à ne voir en notre existence que ce que nous inspirent les instigateurs de la déchéance. La seconde, c'est d'exploiter nos facultés de discernement lorsqu'elles sont connectées à l'intuitif. Nous verrons qu'il s'éveille alors une corrélation avec nos deux cortex cérébraux qui concrétisera nos espérances. Ces mots feront sourire ceux que le monde du savoir a façonnés sans exhaussés, car leur mérite ne tient pas à ce qu'ils sont humainement parlant, mais à ce qu'ils représentent dans la société en laquelle on vit. Le confort intellectuel en notre temporalité se nourrit de pouvoirs et de notoriétés, mais notre âme en son éternité se nourrit de ce que lui offre notre conscience à l'heure de notre mort.

Sur cette image la gestuelle n'est pas quelconque, elle est inspirée par l'hermétisme de tradition. Les mains des divinités tiennent les angles de la Grande Pyramide, alors que le sommet repose sur le pschent ou la double couronne de pharaon.

Ce pectoral donne la Terre et la Lune dans leurs proportions.

Comment se peut-il qu'en des temps aussi lointains des artistes aient pu effectuer des œuvres d'une telle sublimité ? L'aurait-il fait pour témoigner, en un futur inconnu, de leurs connaissances ?

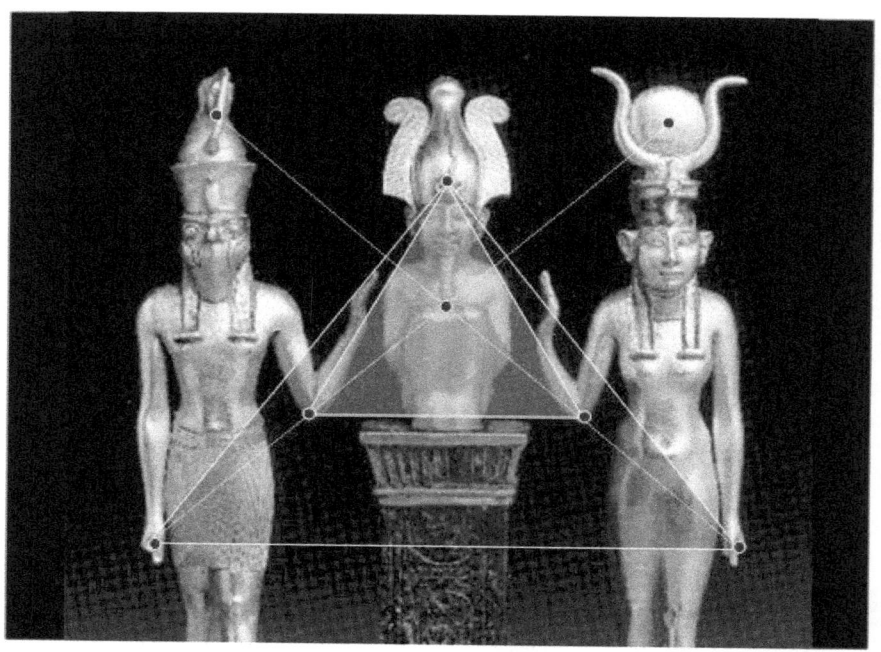

La Déesse parturiente met au monde la connaissance de la Grande Pyramide.

Ses deux coudes indiquent avec deux triangles équilatéraux la largeur des apothèmes et la hauteur de la base.

Les côtés des deux triangles donnent la hauteur des deux divinités et de leurs tiares solaires.
Il s'agit là d'une allégorie, mais nous pouvons constater que les proportions sont respectées.

Ces fresques ou statues de la vieille Égypte, représentent à l'échelle touristique l'agrément d'un art particulier aux agencements séduisants, mais d'une logique peu perceptible au premier degré d'évaluation. Il en allait tout autrement pour les initiés de ces temps lointains.

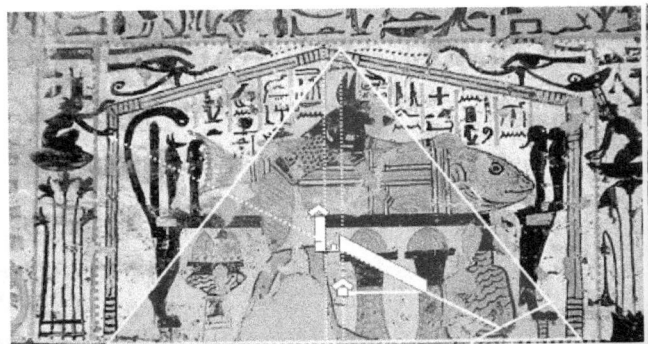

Le léger décalage de la ligne verticale sur la gauche du sommet laisse place à la chambre du roi. Le prolongement du couloir d'accès est certifié par la main droite de la divinité, alors que sa main gauche enlace le rectangle d'OR.

Le rectangle d'OR en pointillé jaune est véritablement existant sur cette fresque égyptienne. La base de la Grande Pyramide se trouve entre les deux piliers du kiosque funéraire. Le poisson incarne le chiffre « 4 » symbole de l'esprit de connaissance que cache Anubis en l'inhumation.

Naissance, mort et renaissance, voilà bien les trois critères prépondérants de l'existence humaine. Ils sont représentés là avec l'ajout d'une dimension cachée, laquelle dévoile un enseignement spécifique inculqué aux initiés de l'Égypte secrète. Ces fresques lorsqu'elles sont dotées de leurs apports géométriques complémentaires, nous donnent une idée concrète de la connaissance inspiratrice dont a bénéficié l'élite égyptienne tout au long des millénaires.

Georges Vermard

La Conscience, l'Intuition et l'Âme

Un rapport évident existe entre ces trois omniprésences de la personne humaine censées être attachées à notre comportement. Nous pensons savoir ce qu'est *l'intellect,* nous cernons assez bien ce que l'on évoque avec l'état de **conscience,** nous pressentons ce que *suggère l'intuition*. Ce que nous n'envisageons qu'avec une réserve extrême c'est ce que représente *l'âme*. C'est d'elle que nous allons nous entretenir, car elle est à la base de la spiritualité. Les premières questions concernant le sujet pourraient être celles-ci :

Quelle est-elle cette âme, quel est son rôle ? Peut-on la considérer comme étant le reflet de notre personnalité ? Sous quelles conditions apparaît-elle, comment peut-on la localiser, la pressentir, la valoriser ? Est-elle dans notre corps ou réside-t-elle en un ailleurs indéfini ? L'espèce humaine fait-elle exception par le fait de posséder une âme ou cette âme s'étend-elle aux diversités de la biophysique ?

Pour tenter de répondre à ces questions et à bien d'autres parfaitement légitimes, il nous faut admettre un postulat sur lequel nous aurons à revenir, **la *réincarnation*.** Non point restrictivement celle des êtres humains, mais celle de toutes les substances propres à constituer une nature évolutive, autrement dit la totalité des matières agissantes en ce monde. L'animisme des anciens donnait une âme aux choses, aux sujets animés, à la Terre elle-même. Il y a des conditions que nous pouvons vérifier, il y en a d'autres qui échappent à notre analyse, pour des raisons d'infinie petitesse ou d'échelle de temps incompatible avec le raisonnement commun. Il nous faut savoir que les éléments composant les matières minérales, tout autant que les matières organiques, sont contraints depuis leur plus sommaire configuration d'effectuer des choix.

Au cours de leur existence, ces éléments composites ont l'opportunité de s'intégrer, de se constituer, de s'amalgamer, de se complexifier, en un mot… d'évoluer. C'est sur cette base que se développe et se maintient **une conscience embryonnaire suprasensible.** Elle est le fruit d'une programmation voulu par la conscience organisatrice de ce monde. Ladite matière est alors animée du pouvoir de se parfaire, de s'alambiquer, de se dimensionner. Ainsi cherche-t-elle à aller au-delà de sa condition acquise, quel que soit le degré de perfection déjà atteint.

Il nous faut concevoir que cette **conscience embryonnaire** dont il est question se situe au sein même de l'élément distinctif auquel elle appartient. Les tentatives d'évolution de cette *conscience initiale* sont bien évidemment limitées à ses appartenances, que celles-ci soient de classes atomiques ou moléculaires. À l'effigie de conformations plus complexes, « ***les éléments de la prime conscience*** » que nous décrivons sont parfois brutalement remaniés par la nature du créé. Dès lors, ils sont soumis à de brutales mutations morphologiques, qui les propulsent vers des affiliations assimilables, aptes à engendrer des états évolutifs plus complexes et plus sélectifs. C'est de la complexité que né l'identité. Il va de soi que l'ensemble de ces transmutations sont à la base d'appétences numériques et géométriques, dont la phase finale de perfectibilité est la corporéité humaine support cognitif de l'esprit. Il s'agit donc d'une vaste chaîne de mutation où chaque étape métamorphique engendre des possibilités nouvelles de connexion à finalité évolutive. Nous verrons plus loin, qu'à l'échelle humaine, **la conscience** est comparable à un état intuitif d'influence personnalisé et nullement à un état mental de déduction, qui lui, nous est donné par nos facultés neurologiques.

L'âme réceptive est ainsi constituée, mais contrairement à ce qui est généralement répandu, l'âme n'est pas *un principe stimulateur ascensionnel* du créé, c'est la conscience qui remplit cet office. L'âme se contente de fixer l'acquis dû aux **réincarnations** des corps constitués. Autrement dit ; l'âme est le ***réceptacle comptable de notre entité,*** son rôle est doublé de la faculté d'émettre des influx sensitifs à l'adresse de la conscience réceptrice. Ainsi émises, ces ondes que l'on nomme ***intuitives***, sont dirigées vers la corporéité incarnée, elles ont pour objectif d'entretenir le lien spirituel liant les deux parties d'une même entité. Ainsi, l'âme maternelle devient le témoin refuge du parcours effectué sur la Terre des épreuves. Au fil des réincarnations et par le cumul des vertus, l'âme devient représentative de l'aspect nouménal qu'elle personnifie. Bien qu'elle se trouve en une intemporalité que ne peuvent percevoir nos sens, l'âme adhère à notre entité de manière télépathique telle une ombre, elle peut s'obscurcir, mais jamais elle ne s'absente.

À l'échelle humaine, l'âme est un noumène psychophysique immortel d'une substance gémellaire à notre identité. Elle est notre réalité accomplie et nous fusionnons avec elle au terme de chacune de nos vies. Nous verrons plus loin que selon les acquits qualitatifs en sa possession, l'âme est habilitée à développer une aura ondoyante de type émissive plus ou moins intense, selon les capacités que nous avons développées au cours de nos réincarnations précédentes. Cette onde en question, dite **intuitive,** pourrait se définir comme une importation attentionnée à l'indice de notre fonctionnement comportemental. Cette présence fluidique a pour principe d'inspirer notre **conscience** sur les sentiers plus ou moins scabreux du parcours existentiel.

Comprenons que les termes employés pour définir l'âme, gîte spirituel soumis aux égarements toujours possibles d'une conscience en évolution, ne représentent pas une commodité d'interprétation. Même si l'âme est pour nous *intrinsèque* d'une évidence absolue, la translation mentale n'est pas simple. Quant à la présence de l'âme à l'intérieur de l'entité humaine que nous représentons, ce truisme est à reconsidérer. L'âme est certes proche, mais elle n'est pas en nous, elle se situe en un monde annexe différent du nôtre, dans un composé antimatière incompatible avec notre système corporel existentiel.

C'est précisément ce seuil que nous franchissons à notre mort pour retrouver cette inextinguible lumière complément identitaire de notre moi pensant. Complément sans lequel nous nous bornerions à n'être en cette existence qu'un sujet mortel, assujettie à d'iniques épreuves. Quant à la question qui consiste à savoir quelle forme a l'âme, nous dirons qu'elle possède plusieurs configurations. L'une d'elles nous est devenue familière, ce sont celles de ces sphères plus ou moins colorées appelées orbes, que chacun de nous avons la surprise de découvrir sur les clichés photographiques des numériques actuelles. L'âme ne prend apparence physique que lorsque *la conscience* rejoint son aspect spectral, âme et conscience adoptent alors forme humaine. À notre mort, lors du fusionnement âme-conscience une bienveillante luminescence nous envahit, c'est elle. L'âme ne peut se montrer qu'avec la physionomie plus ou moins enviable, de ce que nos réincarnations successives lui ont offert pour s'élaborer. « *On n'a la gueule que l'on mérite* », disait naguère le président Édouard Herriot. Cela pourrait plus précisément s'adresser à l'âme, qui rend par l'apparence de sa personne véritablement compte de ce que sont les fruits des réincarnations. Alors que sur la Terre des épreuves c'est souvent le contraire, le vieil adage, de la beauté du diable a depuis toujours assis sa réputation, mais il y a des exceptions et elles nous sont agréables.

L'âme minérale :

C'est la moins crédible à décrire, et pourtant c'est bien là que commence l'aventure humaine. Les minéraux sont à l'origine de la vie. Pour toute personne éloignée de ce genre d'implication, les termes prêtent à sourire. Est-il envisageable de supposer qu'un caillou ait une âme ? Eh bien, oui, et même bien avant qu'il ne devienne caillou. Néanmoins s'il nous fallait établir un pourcentage il y aurait un bon nombre de zéro après la virgule. Les éléments composant sa matière sont pourvus d'un mode d'évolution rudimentaire. Pour ainsi dire, l'âme minérale se présente de manière si insignifiante qu'il apparaîtrait plus judicieux de la qualifier comme étant une tentative d'évolution. Ce serait une erreur grossière, car il ne fait de doute que sa volonté d'être a le mérite de placer le minéral à la base du système évolutif.

Cette matière pierreuse prétendue inerte possède de très longs stades de mutation. Ils sont généralement transformés par la violence de facteurs externes à résonnances catalytiques. Ces phénomènes engendrent des affinités de compositions que nous pouvons déjà appeler *principes d'évolution*. Ces âmes dépendantes des éléments lithologiques que nous décrivons ont tendance à se regrouper en des strates conditionnées. Selon leurs structures et bien qu'individuellement de faibles intensités, **les âmes de roches** formes des collectivités émettrices, propres à créer chez certains humains réceptifs, des phénomènes de sensibilités. Les situations mégalithiques en sont un exemple avéré.

Chaque évolution microphysique de la protéosynthèse, oblige à une adaptation complexe, avant que n'intervienne une phase de stabilité temporaire. C'est ainsi que de simultanéité en confrontation, de décomposition en recomposition, la matière moléculaire évolue vers les domaines classifiés du « vivant ». C'est à la hauteur de cette description que s'effectue la transition. L'âme est alors réceptrice de l'énergie émise par ces mutations successives qui tendent à se particulariser. Ces âmes minérales amorcent l'histoire analogique de ce que nous sommes réellement, une composition de minéraux appréciés par une flore bactérienne ou cellulaire éprît de structures établies. Le corps physique que nous possédons est par définition, agencé de milliards de mini états de conscience minéralogiques intégrés par notre organisme.

Ces éléments plus ou moins complexes sont essentiels à la poursuite de la vie. Le terme « *état de conscience* » est pris à dessein, pour définir la naissance d'une *volonté de choix*. Elle consiste à adhérer ou rejeter les éventuels composants de synthèse qui siéent à son développement. Selon leurs constitutions dans la nature du créé, ces états de conscience peuvent être solidaires. Ils se montrent alors capables de constituer une conscience supérieure à ce qu'ils sont eux-mêmes isolément. Ainsi élèvent-ils leur potentialité individuelle tout en assumant les rôles collectifs pour lesquels ils se sont assignés. Nous retrouvons toujours ce type pérenne de fonctionnement solidaire dans les fourmilières et autres communautés florales.

Un exemple nous est donné en Islande avec « les chutes noires ». Ce sont des formations basaltiques sorte de tuyaux de pierre similaires à des orgues. Il s'agit de conformation cylindrique le plus souvent hexagonale, parfois carrée ou ronde, constituée de milliers de sujets. Il est inimaginable que le hasard se soit plu à de telles fantaisies en modifiant tout un site de la façon décrite, de surcroît lorsqu'il s'agit de formes géométriques base de l'harmonie universelle. Cet exemple est loin d'être unique, il en est d'analogues à moindre échelle dans la plupart des pays du monde.

Il est évident que s'il nous fallait raisonner en termes de pourcentage d'efficacité, l'exemple du minéral que nous mentionnons aurait un indice évolutif extraordinairement faible par rapport à celui affiché dans sa phase finale de progression. Cet indice est toutefois suffisant pour engranger une progression collective qui n'aura de cesse d'évoluer jusqu'à sa mutation finale. Aussi, présentons-nous déjà le cheminement considérable que doit effectuer l'âme individuelle, depuis sa simplicité nucléaire, pour parvenir à la réalité humaine.

En résumé, ce qui constitue l'âme, ce sont des recherches d'affinités qui sont autant de résolutions « morales » attachées à la volonté d'être. Aucune parcelle de ces altruistes déterminations n'est perdue, toutes sont à jamais emmagasinées pour être in fine restituées sous la forme globale d'une entité accomplie, immortalisée par la valeur de son inspiration et de sa détermination.

Puisque nous sommes à la mention « minérale », méditons un instant sur ces anomalies qui pourraient passer pour une hardiesse à se transcender dans un contexte donné. La cristallographie, les gîtes aurifères ou les pierres précieuses dans les strates magmatiques sont des exemples à considérer.

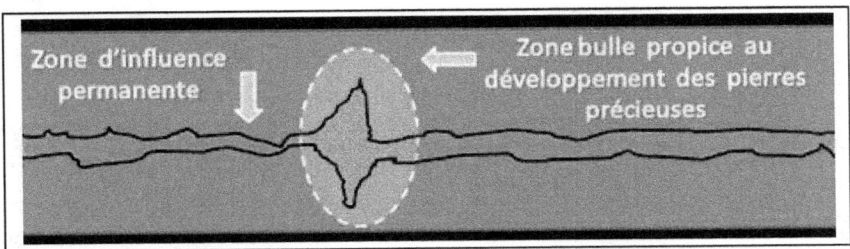

Les strates de matière minérale possèdent des « zones bulle » d'influence. Elles sont plus propices que d'autres à la formation d'éléments composites. Il n'en va pas de même pour l'évolution des végétaux, des animaux ou des êtres humains, ces catégories sont plus sujettes à interprétation du fait de leur complexité. En ce qui concerne le minéral, si nous nous posons la question de savoir comment se forment ces zones, le plus souvent, c'est un incident thermique qui est à l'origine du processus de modification de la matière. Les éléments de compositions se trouvent alors brusquement en concurrence, contraints de se transcender ou de s'annihiler. S'ils parviennent à s'organiser numériquement et géométriquement, ce qui est relativement exceptionnel, ils peuvent produire en des espaces volumétriques restreints et selon les éléments concernés, ces parfaites combinaisons que sont les pierres précieuses ou les métaux rares, tous impeccablement géométrisés. Ces heureuses anomalies sont un témoignage de perfection enchâssé dans la conformité ambiante. *Elles symbolisent la lutte de l'évolution pour parvenir à l'accomplissement du soi.* Par le fait même, les métaux précieux peuvent, selon leur composition, avoir une influence sur d'autres organismes en état momentané d'impureté ou de dénaturation.

À condition toutefois d'avoir une aide extérieure congruente, mais c'est là une extension complexe que nous ne pouvons aborder de manière succincte. Elles revêtent à notre époque les aspects inattendus des terres rares, utilisées en électronique et auxquelles nous prêtons parfois des qualités réactives proches de la pensée.

Pour en terminer avec le minéral, soulignons que ces substances réputées inorganiques répondent à l'origine à des formations nucléides dûment répertoriées que précise la table de Mendeleïev. Mais si nous prenons distance avec les classifications scientifiques et que nous nous basions sur l'apparence pour les déterminer, on peut alors prétendre que certains minéraux ne se différencient pas distinctement des végétaux. N'est-il pas établi que des lichens crustacés ou foliacés s'apparentent tantôt au minéral tantôt au végétal ? Lorsque ce sont des micro-organismes d'une extrême petitesse, les géophysiciens ont souvent du mal à les classer avec certitude, dans l'un des deux domaines précités. Ce qui prouve qu'en l'absolu, la nature est davantage un continuum polygénique qu'un ensemble inamovible de spécificités. Les massifs de coraux *que nous imaginons volontiers végétaux ou minéraux* sont classés comme étant des animaux pluricellulaires, ce qui constitue une singularité parmi d'autres.

Attachons-nous donc à cet aspect **d'évolution continue**, qui du fameux Big Bang à la conscience individuelle supérieure, nous enseigne l'histoire de l'âme. Rappelons-nous que l'âme est tributaire de l'état de conscience de toute individualité constituée, ce qui se résume à une *volonté d'être*. Lorsque fusionnent dans l'infiniment petit plusieurs états de conscience par association hétérogène, c'est l'âme la plus riche qui absorbe les autres pour n'en former qu'une seule de caractère plus complexe.

Au cours d'un autre aspect fusionnel, elle-même sera peut-être inhibée au bénéfice d'une âme plus élaborée. Cette phagocytose n'a lieu qu'avec les primes états métamorphiques, dès que l'âme a atteint un volume identitaire suffisant, elle subvient à elle-même pour multiplier ses réincarnations et croître en ses états de conscience. Sachons que les formes d'instabilité moléculaire que nous mentionnons ne dépassent guère le stade cellulaire des végétaux. Lorsque nous nous nourrissons de ceux-ci, ne pensons pas que nous ingurgitons leurs âmes, leurs unités physiques se désagrégeant, elles s'incorporent dans d'autres réincarnations végétales, nous nous nourrissons seulement de leur constitution putrescible, lesquelles nourrissent nos éléments de chair, eux aussi putrescibles.

L'âme végétale :

Avec *l'âme végétale,* la nature fait un bond prodigieux vers la singularité du soi. Quant à ses particularités, elles se discernent déjà dans le minéral avec des zones d'influence collective. Plus que sa nature elle-même, ce qui différencie nettement le végétal du minéral c'est le facteur temps de reconditionnement. Le minéral faiblement influençable ne se modifie généralement que sous des conditions extérieures extrêmes, si ce n'est violentes et en des temps très longs. Alors que le végétal, fragile d'aspect, est rehaussé de possibilités de renouvellement infiniment plus rapide, adapté à sa nature environnementale et climatique. Le végétal est agrémenté de *l'âme de l'espèce* à laquelle il appartient. Il est tributaire de ses codes génétiques et sa principale préoccupation est de s'y conformer le plus fidèlement possible. Il y a plusieurs cas de figure, mais le végétal est presque toujours assujetti à une *âme collective*, plus ou moins étendue en surface et fidélisée dans le temps.

Ce que nous nommons « *âmes collectives* » se superpose à des éléments d'espèces semblables, telles que le sont pour les végétaux, les arbres en leurs variétés, les fleurs en leurs massifs, les graminées en leurs champs d'extensions. Par prolongation, on peut qualifier *d'âmes collectives* la plupart des substances organiques, telles que les virus, les bactéries, les champignons, chez les invertébrés, insectes vivant en société organisée et à un stade de complexité plus élevé, chez la plupart des animaux sauvages.

Les âmes collectives sont de fragiles amalgames *d'âmes individuelles* potentiellement vulnérables qui s'unissent en des agglomérats fédérateurs d'harmonie. S'il nous fallait établir une comparaison, afin de pressentir au mieux ce qu'est une *âme collective*, nous la comparerions à une symphonie diffusée. L'assistance n'a aucun rôle, si ce n'est qu'elle savoure l'enchantement collectif qui anime ses sens. De façon similaire, les forêts dissimulent souvent des zones d'amplitude tellurique où règne un état relationnel particulier en harmonie avec la nature des choses.

Cela signifie que nous pourrions établir une connexité avec *l'âme du lieu* bien qu'elle n'ait pas le privilège de l'éternité. *L'âme du lieu* est propre à la forêt, au lac, à la colline, elle est volontiers en symbiose avec *ses âmes qui sont à la fois individuelles et collectives*. Les peuples prétendus primitifs de l'antiquité rendaient de fervents hommages *aux âmes des lieux*. Nous pourrions assimiler celles-ci à un parfum original laissé par une femme sur son parcours, telle une omniprésence au-delà de la réalité tangible.

L'âme collective caractérise l'espèce à laquelle appartient un type déterminé de végétation, elle n'a d'existence qu'en vertu d'un aspect quantitatif. *Âme du lieu ou âme collective* sont des âmes fluidiques non consistantes, elles n'ont de réalités que dans un voisinage d'harmonie, favorisé par la détermination des âmes individuelles à s'élever spirituellement. Ces âmes collectives non pas vocation à perdurer dans le temps, sauf, si elles sont entretenues d'intentions symbiotiques par des âmes résidentes plus élaborées. *L'âme du lieu* peut alors demeurer omniprésente pendant des millénaires, si l'homme ne s'emploie pas à faire fi du passé à l'exemple de cités tel qu'Héliopolis en Égypte ou des étendues amazoniennes détruites en coupes réglées.

L'âme végétale est généralement collective et individuelle, les pourcentages d'influence sont variables pour les arbres tout au plus 20% pour certaines fleurs 70% par rapport à leurs âmes individuelles.

Si nous devions établir une filiation à connotation humaine avec *l'âme du lieu*, ce serait la nature du paysage qui vous a vu naître, la langue qu'on y parle, les êtres que l'on y côtoie. Selon le cas, une forte réminiscence de *l'âme du lieu* peut avoir une influence sur le développement de *l'âme individuelle*, c'est pourquoi nous la mentionnons. *L'âme collective* ne saurait être évaluée à la singularité d'une *âme individuelle*, elle se définirait plutôt comme une affiliation synergique et transitoire. C'est toujours *l'âme individuelle* qui s'éloigne ou s'approche de *l'âme collective*, jamais le contraire.

Nous remarquons qu'à des échelles variables, nous retrouvons l'existence de ces deux présences anémiques, dans les quatre catégories que nous dépeignions, minéral, végétal, animal et humain. Toutefois, si les *âmes de lieux* et les *âmes collectives* sont à prendre en considération, elles ne jouent pas un rôle déterminant sur l'évolution de *l'âme individuelle,* celle-ci demeure la seule référence dont il nous importe de suivre l'évolution. Sans omettre qu'au cours de ses transmutations, *l'âme individuelle* a souvent bénéficié des influences tutrices de ces âmes mitoyennes pour élaborer sa volonté d'être. Sur le plan végétal, elle est imprégnée du rôle qu'elle tient au sein de son espèce, elle est déjà nantie d'un *état de conscience* attaché à la substance évolutive qu'elle représente.

Si nous prenons l'arbre en tant que référence végétale, il sait lutter et souffrir pour évoluer et imposer sa nature dans la plus stricte observance de son espèce. Ses racines tentaculaires n'ont de cesse de contourner les roches, de puiser l'eau et les minéraux indispensables à sa nature, son tronc à élever la sève, ses feuilles à s'épanouir aux critères de la photosynthèse et ce sont ses fruits qui témoignent de sa volonté à perdurer.

Grâce à l'opiniâtreté de la *conscience individuelle*, soutenue par les influx collectifs, *l'âme individuelle* accède à la mobilité, cette initiale manifestation du vivant. C'est ainsi que nous passons de la vie apparemment inamovible du végétal à une autre étape de l'évolution, *les micro-organismes.*

En ces trois figures descriptives de l'âme, nous devons tenir compte des représentations distinctives, que sont les virus, les bactéries, les champignons. N'accompagnent-ils pas nos existences tout au long des processus d'évolution, que ce soit dans les espèces végétales, animales ou humaines ? Ces *âmes rudimentaires généralement collectives* et en voie de mutation constante, sont-elles aussi soumises aux difficultés que doit nécessairement affronter toute existence. Initialement, ces organismes unicellulaires issus de nébuleuses réceptives apportent leur contribution à l'évolution en provoquant la réactivité des organismes physiologiques plus élaborés qu'elles fréquentent. En d'autres termes, ses agents contraignants sont bien souvent des stimulateurs de vie.

Souvent infinitésimaux en leur représentation, ces micro-organismes ont inéluctablement des états de *conscience collective* qui engendrent une persistance à subsister dans des taux de 98%. Par effet de mutations cellulaires, ils s'associent à des natures plus complexes, dont ils parachèvent ou protègent l'identité, ils peuvent aussi contribuer à les détruire par excès de combativité ou de prolifération. Ces substances vivantes constituent un état intermédiaire entre l'inerte et l'animé, entre le minéral et le végétal, entre l'insecte et l'animal. Elles sont la genèse du vivant et incarnent en leurs infimes pourcentages la conscience de l'expressif.

L'état de conscience :

Inhérent au processus d'évolution, *l'état de conscience* se montre probant dès l'apparition du végétal. Il peut se résumer par **une détermination à être,** que l'on conçoit généralement en tant qu'instinct de conservation.

Cet état de conscience élémentaire est attentif aux critères de spécificités de l'espèce. Cela l'oblige à une attitude de défense, de persévérance, mais aussi de souffrance.

Comment ces sentiments que l'on pense spécifiquement humains, peuvent-ils être attribués au monde végétal ou animal sous l'appellation de « conscience » ?

Les végétaux communiquent entre eux, ils réagissent à des craintes ou à de bienveillants sentiments. Pour comprendre le phénomène conscience, il nous faut admettre une mémoire du créé, **c'est la même mémoire cellulaire qui permet aux organes de notre corps de se renouveler**, sans que nous ayons à intervenir pour leur rappeler leurs devoirs de principe. Nous enregistrons des nuances dans cette phénoménologie, ces cellules peuvent être vives, ardentes, dolentes ou apathiques. Il va de soi que ces différences ont des conséquences sur les organismes récepteurs, ils engendrent le dynamisme ou la nonchalance, l'excellente santé ou la maladie. La constatation s'étend au domaine du vivant, c'est ce que la science appelle *pathologie* (patheia, pathês, de pathos, ce qu'on éprouve - logo, traité, parole) ces disparités sont liées à *l'état de conscience*.

Nous sommes souvent tributaires des états de conscience environnementaux. Ils nous accompagnent le long des séquences existentielles que nous imposent les réincarnations. Nous verrons qu'à un stade supérieur cette conscience en évolution est réceptrice des courants fluidiques émanant de l'âme, plus couramment appelés *intuition*.

Lors des réincarnations successives, cette *conscience* devra suivre les cursus évolutifs des épreuves qui lui seront assignées. Ce qui revient à dire que son évolution ne saurait dépendre d'un mode végétal ou animal en lequel elle s'incarne, mais de la conduite qu'elle se doit de suivre en ceux-ci. Cette conscience sera ainsi transférée d'espèce en espèce, et, quelles que soient ses expériences vécues, elle se perfectionnera ou stagnera en fonction de ses propres aspirations. À chaque échéance de fin de vie, elle se devra de livrer à son âme ses apports vertueux ou non. En résumé, le bilan de ce qu'elle a été.

Âme – intuition – conscience. Voilà donc le cortège fondamental qui élèvera la composition la plus rudimentaire vers l'intelligence la plus vertueuse, laquelle atteindra un point sommital, nommé état de sublimité au septième niveau d'accessit. Mais cette route est longue, pour une bonne compréhension, nous nous devons de revenir au *végétal* et de nous pencher sur ce stade intermédiaire supérieur où se trouvent *les insectes*. Abandonner le chêne majestueux pour porter un intérêt à l'insignifiante fourmi, pourrait paraître singulier si ce n'est absurde. Mais à y regarder de plus près, la mobilité est un facteur déterminant de l'évolution, n'est-elle pas représentative de *la direction* à prendre. Nous avons pu constater précédemment avec les lichens que le passage d'une espèce à l'autre était subordonné à une génétique mutante. Le végétal nous en donne un aperçu congru avec les plantes carnivores. On en compte plus de 500 espèces, bien que limitées en volume, ces pièges à insectes n'en sont pas moins redoutables. Ils sont munis d'outres, d'urnes, de mâchoires ou de poils gluants, autant d'éléments qui laissent l'observateur dubitatif sur le côté réputé passif des végétaux.

C'est le passage révérencieux du végétal à l'animal ou plus précisément, des âmes immobiles d'aspect sommaire, aux *âmes collectives* animées, représenté par les fourmis et autres insectes vivants en communautés. Si pour le végétal, l'aspect bucolique des fleurs nous procure un aperçu paisible de *l'âme collective*, la fourmilière stimule notre curiosité. En ces deux exemples, nous avons l'essentialité de ce que le monde animal héritera, tout en étant individualisé. Entendons par là, apte à une autonomie nantie d'un état de conscience plus élaboré. La fourmilière demeure fort éloignée des propriétés animales classiques, mais l'activité des communautés d'insectes est l'exemple même du devoir de fonction.

En résumé, *l'état de conscience* peut résolument se parfaire, bien qu'à ce stade il soit plus axé sur le devoir à accomplir que sur le réflexe d'une action individuelle. Parmi les exemples de communautés constituées ce place en premier lieu les abeilles, ne synthétisent-elles pas par leurs regroupements sociétaux la collectivité et par leurs démonstrations chorégraphiques l'individualité. Pour être plus cohérents sur ce qu'est à ce stade la conscience individuelle engagée dans le principe de collectivité, nous nous devons de l'exprimer avec des pourcentages. L'âme bénéficie en cette situation d'une plus-value individuelle collective. En d'autres termes, le fait d'appartenir à des communautés valorise en des périodes données l'intérêt d'un développement spécifique. Toutefois, les diverses collectivités n'ont pas le même indice de progression, si les fourmis ont 30 pour cent, les abeilles ont 90. En comparaison, les fleurs affiliées fluctuent entre 1% et 10%, les bactéries ont des tendances extrêmement variables de 0,01% à 0,1%. Ces évaluations signifient que l'âme des insectes en collectivité a une évolution, certes la plupart du temps restreinte, mais nécessaire pour s'imprégner de la notion initiale du devoir d'espèces, lequel incluent dans leurs gènes le devoir attentionnel.

À ce niveau d'évolution, « l'âme » de l'insecte est plus que jamais en symbiose avec *sa conscience personnelle,* laquelle a déjà parcouru le *minéral* et le *végétal*. Ce qui ne veut pas dire que *cette conscience* est animée d'une intellection élaborée, elle est simplement adaptée aux possibilités comportementales de ses mutations. Dans le terme *conscience,* voyons là une *potentialité à procéder à un choix,* sommaire, mais persistant. Quant à l'éventualité de conserver le souvenir de l'espèce incarnée, cela est impossible du fait de la diversité des réincarnations, du termite au flamant rose, de l'éléphant au chihuahua. C'est plus prosaïquement par l'accumulation des ressentis sensitifs que *la conscience* s'enrichit des exemples vécus. Après chacune de ses réincarnations, elle accroît son individualité, son amplitude à être. Dès lors, nous pouvons considérer que l'âme est parée pour développer un véritable *état de responsabilité individuelle* et aborder l'avant-dernière étape pour elle déterminante, l'animalité.

L'âme animale :

Lorsqu'elle a pris ses distances avec la collectivité, *l'âme animale* est très proche de l'humain. Si nous n'avions pas en ces déductions, le sentiment d'avoir plus à décrire qu'à prouver, nous pourrions citer des centaines d'exemples, relatifs à des comportements d'animaux ayant fait preuve de… *sentiments*, qu'ils soient sauvages ou domestiques et cela, très souvent à des échelles surprenantes de réflexion et de singularité. Nous conviendrons que les agissements en question impliquent obligatoirement un choix, que ce soit celui égotiste de la nécessité à être ou celui plus rare du discernement émotionnel.

Photo Irène Nasles

C'est là qu'intervient *la conscience instinctive,* celle-ci n'est pas très différente de l'exhortation *intuitive* humaine, seule diffère par nuance d'espèce la motivation. À travers un apport plus significatif des initiatives édifiantes, l'âme se dote d'une conscience plus ferme.

Elle est encore tributaire des impératifs liés à sa condition, mais désormais on la pressent résolue à pénétrer le voisinage de l'humanité.

Le volume cérébral longtemps contemplé comme le substrat déterminant de l'intelligence est aujourd'hui bouté vers les oubliettes.

Des recherches effectuées par des équipes de neuropsychologues de différentes nationalités remettent sérieusement en question la théorie du cerveau décideur. Il est même prouvé que le corbeau témoigne de capacités cérébrales égales, si ce n'est supérieur à celles du chimpanzé. Les mécanismes mentaux ne sont donc pas le propre des gros encéphales, la cognition est commune aux êtres vivants sous des formes qu'il tient à notre perception humaine de considérer. L'observation, la déduction, la sensibilité, la sentimentalité même, ne sont pas apparues avec l'avènement de l'être humain, celui-ci n'a fait qu'exprimer des ressentis que bien d'autres espèces ont extériorisés avec aptitude avant de s'anthropomorphiser.

Peut-on alors exclure une notion de *conscience* en l'animal, si nous enjoignons à son attitude comportementale des qualités mimétiques à corrélation humaine ? Cette scientifique appréciation du XXe siècle est aujourd'hui confirmée par des études ciblées et approfondies du comportement animal. Il n'y aurait donc qu'un soupçon d'état mental pour séparer l'animal le plus évolué de l'être humain le moins éveillé, la dissemblance résiderait uniquement dans l'aspect que nous offre la morphologie humaine. Voilà qui devrait nous amener à plus de modestie dans nos velléités idéologiques dispensatrices de justice et de fraternité que nous avons tant de mal à rendre opérantes.

Soyons réalistes, sans l'apport de qualités *intuitives* supérieures à *l'instinct,* beaucoup d'entre nous seraient encore des animaux à deux pattes. À ceci près et c'est un privilège, l'homme peut rapidement évoluer dans sa condition d'être pensant et agissant. Cette dernière définition s'avérerait réconfortante, si nous n'étions pas à même de constater que le pourcentage des individus en stagnation évolutive est dangereusement supérieur à celui des êtres en constante amélioration. Le déni d'évoluer, de prendre ses responsabilités, de franchir le cap d'un matérialisme aux aménagements confusionnels dévoyant, plonge l'humanité dans un état d'irresponsabilité collective.

Dès lors, nous constatons que l'homme a considérablement ralenti le rythme de sa condition émergente par rapport à l'animal, alors même qu'elle aurait dû être sublimée. Il faut passer beaucoup de temps avec les animaux pour percevoir leurs particularités, pour comprendre leurs réflexes, pour subodorer leurs sentiments. Dès lors ce ne sont plus ses créatures superflues qu'il nous faut admettre comme condisciples de la race humaine, ils deviennent des entités complémentaires essentielles. Et assez souvent des répliques de ce que nous sommes et parfois même de ce que nous devrions être.

Ces taches noires réparties sur les platanes d'une ville sont autant de nids de corvidés. Tentons d'énumérer chez ces freux quelques actions qui n'ont rien de spontané. Sur cette place ils vivent en communauté restreinte que l'on pourrait assimiler à un regroupement familial d'une quarantaine de sujets. Ils se sont rassemblés sur une dizaine d'arbres au-dessus d'un parking. La tiédeur ascendante procurée par les voitures pourrait constituer un choix délibéré, la différence aux mois de mars, avril, étant de deux à trois degrés par rapport à la température ambiante. Les nids qu'ils ont construits se limitent au nombre de trois par arbre. Au pied de ceux-ci a lieu une circulation intense de véhicules et de piétons, particularité qui ne semble nullement les importuner. Sur les plus hautes branches, deux guetteurs se trouvent en permanence de faction, à distance opposée l'un de l'autre. Leurs nids sont constitués de centaines de brindilles végétales placées en maillage, résistant étonnamment aux vents et aux pluies. Les oisillons élevés, et en état de voler, la communauté quitte les lieux pour réapparaître à la fin de l'hiver prochain. Ce genre de constatations pourrait s'appliquer à bien d'autres espèces. Nous la mentionnons en référence, pour souligner combien la nature animale n'est pas seulement plus adaptée, mais plus cultivée que nous le pensons. Un fait convaincant ne serait-il pas à l'exemple de cet organigramme établi sur un banc de sable marin, par ce que nous appellerons un poisson « mandala » habitant de l'océan pacifique.

Le dessin est réalisé avec l'intention très nette d'attirer le regard d'une femelle pour l'accouplement. C'est à l'aide de ses nageoires que le mâle creuse des cavités de pourtour épousant la forme d'une parfaite circonférence. Nous constatons l'élaboration d'un cercle central ayant pour l'intéressé l'allure d'une chambre nuptiale dont l'irradiation s'étale autour d'un point nodal, celui-ci motive chez ce poisson-concepteur de fréquentes et mystérieuses visites. Nous remarquerons la régularité des espaces, mais aussi ces cavités de pourtour plus profondes que d'autres et la parfaite uniformité du graphisme. Un tel chef-d'œuvre ne peut que laisser pantois les plus sceptiques d'entre nous, ne provoque-t-il pas l'interrogation sur ce que nous avons tendance à sous-estimer, si ce n'est à dédaigner de *la conscience* animale ?

L'aspect comportemental de *l'animal évolué* est souvent proche de la conduite humaine et parfois supérieur en intention, car démuni d'un machiavélisme combinatoire commun à l'hominidé « supérieur ». Ceci étant, convenons que le monde animal est très étendu, nous ne pouvons mésestimer l'énorme différence qui sépare la taupe de la prodigieuse seiche et la subtilité des interactions qui en résultent. C'est précisément cela qui devrait nous interpeller pour l'ultime transposition que représente la filiation animal-hominidé. Elle ne s'effectue pas bout à bout, comme nous pourrions l'envisager, mais elle se superpose, et ceci sur plusieurs réincarnations. Lors de ce transfert, l'animal progresse d'un soupçon d'humanité alors que l'anthropomorphe régresse d'un soupçon d'animalité. Ce n'est pas du tout simple de faire passer les prédispositions d'une conscience animale dans les codifications de la déontologie humaine.

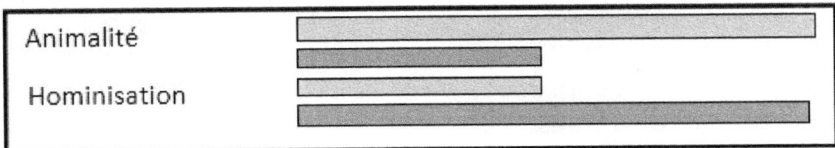

Avec ce tracé superposé, nous constatons un effet rétrograde qui part de l'animal le plus évolué, pourvu d'un état de conscience dûment acquis, vers un autre alignement parallèle régressif, c'est celui de tout être humain franchissant le cap de l'animalité. Le comportement sociétal d'un tel sujet est le plus souvent assimilable à celui ô combien dépréciatif de la « bête humaine ». Ce n'est que lorsque l'homme, à la suite de plusieurs réincarnations, a dépassé le niveau supérieur atteint précédemment par l'animal, qu'il peut espérer poursuivre une vie digne et responsable en sa communauté. Avant cette accession, nous sommes bien obligés d'admettre que des ingrédients tels que l'argent, le pouvoir, la kalachnikov ou la drogue prévalent sur le discernement. Par défaut de conditions adaptées, la puissance de domination qu'offre le capital remplace les dents et les griffes des situations précédentes. Ces hommes et ces femmes dont nous ne faisons que caricaturer la nature possèdent une apparence corporelle comme vous et moi, et rien ne les distingue de l'entité commune, si ce n'est leur conduite ostentatoire dans l'ignominie ou insidieuse dans le comportement. Il semblerait que *le Principe Créateur* a souhaité qu'il en soit ainsi, de manière à impliquer la société humaine dans une procédure d'entraide collective. *Aide ton « prochain », car toi-même as été aidé en d'autres temps au sortir de l'animalité.*

Les hominiens bruts de forme au comportement instable que nous décrivons sont relativement discernables au sein de la société humaine. Mais que penser de beaucoup d'autres plus impénétrables, occupant des postes honorifiques, bien que démunis de toute hauteur de conscience. Ordinairement affairistes, on les trouve disséminés en tous les milieux qui leur procurent honneurs et profits, ils sont en politique, en religion, en juridiction, en dirigeants sportifs ou syndicalistes et ils sont honorés à défaut d'être honorables. Le port altier, le verbe haut, le mérite à la boutonnière, ils inspirent la confiance de l'honnête homme, dont la philosophie peine à s'élever dans le doute et l'incertitude. Ce sont d'authentiques crapules bien plus dangereuses que les premiers, ils ne tuent pas violemment, mais ils pourrissent tout ce qu'ils touchent. Le paradoxe, c'est que nous nous devons de les aider au même titre que les autres, c'est simplement plus délicat. Seulement deux facteurs finissent par troubler leurs méninges, l'âge et la maladie qui les empêche d'escroquer ceux qui les soignent et les incitent à supporter ceux qui leur parlent de Dieu. C'est peu, mais suffisant, pour qu'en une autre réincarnation, ils aient les dents plus courtes et la gâchette moins sensible.

En cet inqualifiable croisement animal - humain, *l'âme* individuelle a atteint sans grande honorabilité le « 1% » de conscience. Il faut dire que le cap à franchir est scabreux, le près-humain en question se dépossède mollement de *l'instinct* qui jusque-là guidait son cheminement.

L'onde fluidique provenant de son âme est encore insuffisante pour imprégner sa conduite. Le constat est pathétique, presque plus *d'instinct* et pas assez *d'intuition*. Cet humain nouveau que nous tentons de décrire est livré à lui-même, sans soutien efficace pour endiguer ses appétences et corriger ses passions. Si la société par ses lois et aptitudes ne parvenait à contenir ses impérities, l'existence se résumerait pour lui à un hédonisme sans retenues. Sachons que pour l'individu qui se délivre de l'animalité, chaque réincarnation comporte d'importants obstacles à franchir. De surcroît, l'oubli des vies passées étant de règle, la souvenance quelconque d'un vécu ne peut donc constituer une incitation à une réforme comportementale.

La société humaine est peu consciente de ce passage malaisé, beaucoup plus dangereux que le sas de l'adolescence, car celui-ci ne se limite pas à quelques années, il peut perdurer pendant plusieurs vies. Ce n'est que progressivement, existence après existence, que la lumière pénètre les sentiments du *candidat à l'espèce humaine*. Au terme de beaucoup d'actes blâmables, il parvient enfin à dépasser cette ligne animalière qui troublait ses décisions, l'homme a atteint la première marche de l'évolution. Cette première marche de l'évolution, c'est aussi celle de l'intelligence, des rapports entre les êtres et les choses, entre la lumière et l'esprit, entre la création vitale et la nature d'un ailleurs contesté.

Cet homme, un jour, sera à même de considérer d'autres exaltations que la frénésie des sens, l'apparat du bizness show ou le passage d'un ballon entre deux bouts bois. Il se révélera plus sensible à une *raison d'être*, il s'inquiétera de savoir d'où il vient où il va, et si c'est le seul hasard qui a procédé à la perfection de sa nature. C'est sans doute cela que les omniscientes entités du plateau de Gizeh ont voulu nous signifier, il y a plus de 12000 ans. Hélas, les brumes dispensées *sous forme de consensus* par l'adoubement de la scientificité nous ont longtemps dissimulé la beauté du paysage.

Notre science contemporaine décrète avoir reconstitué l'histoire de l'homme, alors que bien d'autres civilisations antérieures à la nôtre ont prospéré sur Terre. Civilisations dont on ne souffle mot, dont les preuves sont certes plus rares, mais elles existent. Nos systèmes éducatifs ont daté l'usage de beaucoup de découvertes, alors que celles réputées fondamentales sont au bord de la nuit des temps. Notre ethnologie préfigure les origines d'une quête spirituelle, alors que celle-ci est d'essence universelle, son apparition est concomitante à la possibilité de déduction du cérébral. Les peuples anciens et l'Égypte notamment s'estimaient légataires d'une **Tradition Primordiale,** dont l'ultime témoignage s'apparente à la reprise d'altitude de la constellation d'Orion à Gizeh, il y a 12 500 ans. La Grande Pyramide d'Égypte en immortalise l'événement, avec le départ d'un nouveau demi-cycle de 12 926,47453 ans. Seulement voilà, on ne passe pas de diplôme avec ces arguments, *les pairs émérites* veillent sur la pérennité du système, aussi néfaste soit-il !

On n'enseigne pas en faculté une discipline pendant quarante années, pour s'entendre dire par un quidam que tous ces arguments évoqués sont captieux. Qui donc aujourd'hui, aura l'honnêteté de repositionner sur des bases plus authentiques les poncifs de l'histoire, de méditer sur la question spirituelle, d'envisager pour l'humanité **une raison d'être** ? La lucidité des Grands Sages ne resurgit-elle pas aujourd'hui comme un avertissement :

« *Le soleil n'éclaire que ce qu'il peut, mais la conscience humaine... n'éclaire que ce qu'elle veut !* »

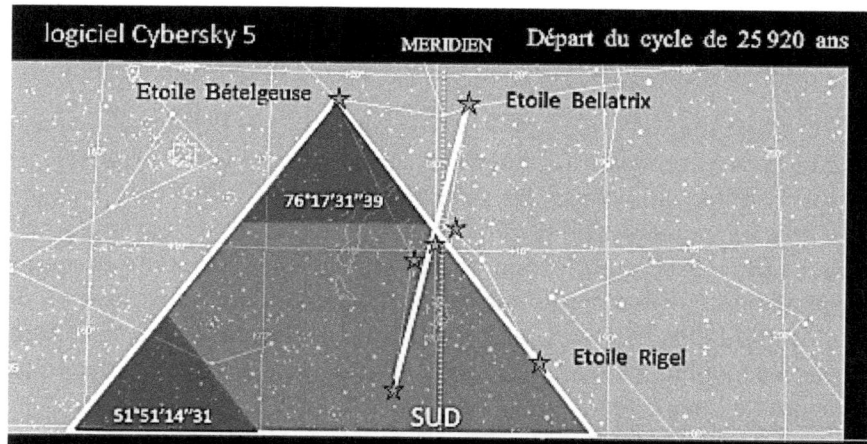

Le ciel au méridien en moins 10 435 avant JC, c'est le départ en altitude de la constellation d'Orion. L'angle formé par les deux étoiles hautes d'Orion 51°, 51' 14" Bételgeuse – Bellatrix est celui de la Grande Pyramide. Avec son apothème placé sur deux étoiles Bételgeuse et Rigel la pyramide se place droite dans le ciel.

Les preuves accumulées sont à la fois irrévocables et accusatrices. Il est vrai qu'un tel reconditionnement changerait l'ordre des choses et de ce fait, notre société préfère s'en tenir à la louange du voile, plutôt que de s'instruire de ce qu'il cache. Consentir à ignorer cette vérité est irresponsable, la condamner est malhonnête, ne pas lui donner l'importance qu'elle mérite est inconscient, la maintenir sous une chape de silence est matricide. Ce message a pour dessein de nous informer sur des éléments déterminant de l'évolution humaine, les ignorer c'est privé celle-ci d'un courant ascendant élévateur. La constitution même de l'univers nous incite à un niveau d'agrégation supérieur qui ne peut être que spirituel. Il nous incombe aujourd'hui de faire ce choix salvateur, pour être en symbiose avec la nature du créé. La société ne se moralisera pas dans l'athéisme ou le darwinisme il lui faut de l'espérance rehaussée de certitudes.

Un message révélateur est inscrit en terre d'Égypte, il est adressé sans qu'il y ait de doute à notre civilisation déliquescente et problématique. Ce message à une connotation spirituelle certaine, il relève d'une omniscience à caractère cosmologique. Si nous nous inspirons de ce message, il nous aidera à nous extirper du marasme en lequel nous sombrons. Ces lignes sont écrites en un temps où la prise de conscience est encore possible. Veillons à qu'à leur lecture il ne soit pas trop tard. Les preuves que nous avançons ne se trouvent pas seulement sur le site de Gizeh ou dans l'architecture interne des pyramides, elles sont disséminées dans les fresques. Elles sont représentées dans les tombeaux, le long des bas-reliefs, dans les agencements de la statuaire. Elles se dissimulent dans les scènes de pêche ou de chasse, elles figurent dans les bijoux et sur les objets usuels. Elles sont le plus souvent occultées à l'œil profane, mais elles interpellent « le connaissant » et l'invitent à déchiffrer les motifs hermétiques sous les traits de la banalité.

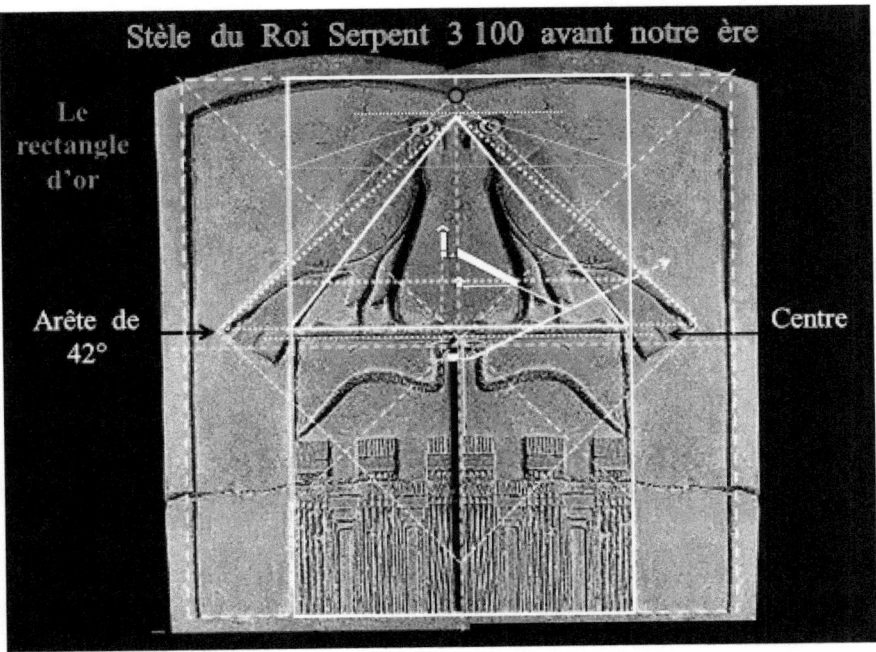

La queue profilée des faucons nous donne le volume des arêtes de la Grande Pyramide, le sommet du pyramidion se situe au faîte de la tête des volatiles. La queue des deux serpents nous donne la base du monument et leurs langues butinent le milieu du rectangle. Le niveau de la chambre de la reine nous procure le rectangle d'OR. Le plus étrange est la date attribuée à cette œuvre 3 100 avant notre ère ou plus de 600 ans avant le soi-disant tombeau de Khéops. Cette composition a des subtilités que ne pouvaient pas avoir les Égyptiens de l'époque, selon les conventions enseignées.

L'évolution Spirituelle

Pour les neuropsychiatres, neurologues et autres psychothérapeutes, notre cerveau est le siège de toute élaboration de la pensée, que celle-ci soit sous forme active ou passive. Sans mettre en doute ce qui résulte de recherches laborieuses, si nous consultons les croyances des peuples anciens sur cet aspect cognitif, obligation nous est faite, de remarquer une différence de conception. Nous allons tenter de l'expliciter :

Pour les experts en neurologie, notre cerveau développe, en cours de vie, des réactions comportementales tenant du *mimétisme*, en fonction d'effets appelés « *miroir* » provoqués par un environnement auditif ou visuel plus aguerri. Pour être plus simple, notre cerveau copie en nuançant ses comportements selon les circonstances. Avec le temps et l'examen des situations, cela permettrait à nos neurones de réaliser une synthèse révélatrice d'une personnalité, sans pour cela qu'intervienne le phénomène « conscience ». Si nous ajoutons à ce cerveau à tendance *mimétique* un troisième cerveau dans le néocortex pour la régulation *émotionnelle,* la construction se parachève. Il ne fait donc de doute que la fonction, dite « miroir », existe bien en tant qu'influence psycho-neuronale. Elle n'est pas à négliger, mais elle ne saurait, selon nous, être à la base de toute évolution et détermination comportementale. Avant de trancher pour une hypothèse ou une autre, voyons le point de vue sur la question des très anciennes civilisations.

Pour les anciens, le cerveau était *un mécanisme au service de la nature corporelle,* expression discriminatoire, certes, mais préférable à celle de « boîte à outils » susceptible de marteler, cisailler ou tenailler les neuropsychologues. Le terme comparatif le plus adapté à notre époque est inévitablement « ordinateur ».

Le cerveau serait donc un prodigieux ordinateur biologique aux innombrables capacités, attendu que nous n'avons pas moins de cent milliards de neurones, secondés par près de cinq mille milliards de cellules gliales, dont nous reparlerons. C'est un ordinateur performant aux prodigieux maillages et aux possibilités en partie méconnues. Pour la science classique, la fabrication de ce cerveau, tel qu'elle le décrit, aura demandé des centaines de millions d'années d'un peaufinage hasardeux. Alors que pour les Connaissants, le cerveau est issu spontanément de la nature du créé. Il est un fait que notre cerveau est pourvoyeur d'impulsions motrices corporelles, mais sur le plan de *la raison pure*, l'est-il au point de constituer le système normatif et imaginatif que les spécialistes lui attribuent ?

Les anciens Égyptiens concevaient un substrat noumémal comparable à ce que nous nommons « *la conscience* ». Ils synthétisaient cet état chez l'être humain, par le mot « *Akh* ». Son emplacement dans le corps était situé de façon empirique à hauteur du plexus solaire. Si comme nous le pensons, la conscience est une émanation de l'âme, ne nous demandons pas, si un chirurgien un jour, l'a découvert sous son scalpel. Tentons de comprendre comment les anciens concevaient la chose, étant donné qu'ils appliquaient les théories enseignées par « *les dieux visiteurs* » à l'origine de la Tradition Primordiale. L'universalité des préceptes inculqués était scrupuleusement cryptée dans la mythologie, il fallait donc avoir accès à une connaissance codifiée pour parvenir à déchiffrer ces pictogrammes sans risque de fourvoiement. Pourquoi tant de précautions, pourrions-nous objecter, pour ce qui relevait après tout d'un système didactique ? Réponse : ces « dieux » considéraient que les êtres humains s'étageaient sur des plans de consciences différents. Pour cette raison, ils ne pouvaient tous avoir accès à des informations dont ils auraient risqué de dénaturer l'application. Le fait de constater en notre temps que toutes sciences, toutes recherches, toutes découvertes se trouvent conditionnées par des systèmes de rentabilité, donne plutôt crédit à ce point de vue.

Mais revenons un instant aux conceptions des anciens, et voyons comment sur un plan allégorique, ils dépeignaient le sujet :

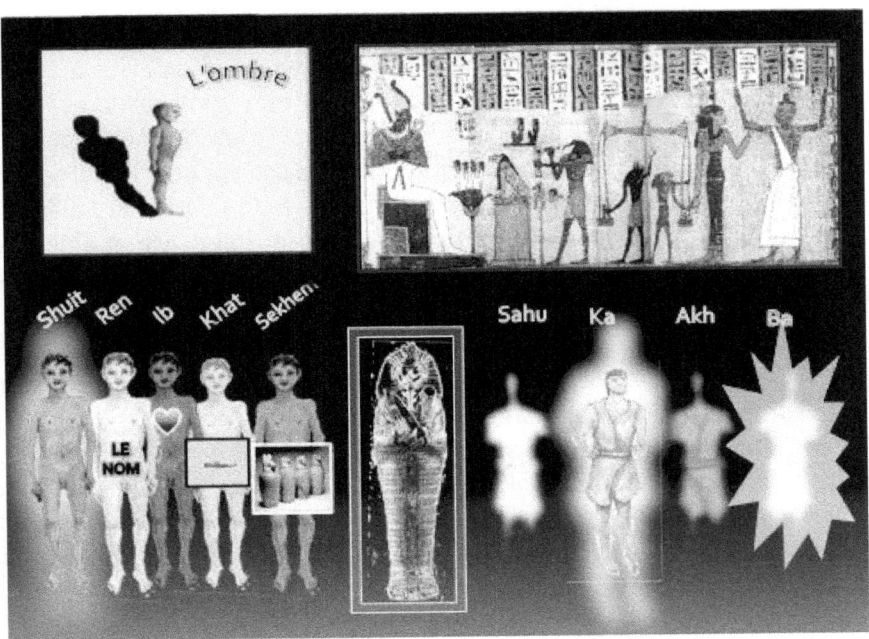

Dans cet alignement gauche droite, se trouvent les « 9 éléments » de composition du corps humain, cinq sont putrescibles après la mort, quatre sont immortels. Parmi ceux que la mort n'atteint pas, nous avons « *Sahu* » ou l'implicite présence du phénomène divin en l'homme, symbolisé dans les nuées célestes par *la constellation d'Orion*. Le « *Ka* » enveloppe résiduelle et structurelle du corps humain (parfois en errance momentanée après la mort). « *L'Akh* » l'état de *conscience* dont nous débattons du rôle. « *Ba* » terme désignant l'âme.

Rappelons-le, la propriété de *l'âme individuelle* est le résultat cumulé de nombreuses réincarnations dans les domaines végétal, animal, humain, le minéral n'ayant pas ce vitalisme signifiant. La mission essentielle de l'âme est de faire parvenir à la conscience incarnée dont elle est solidaire, le potentiel moral d'influence dont elle est détentrice. Ces effluves immatériels réputés *intuitifs* sont destinés à l'aspect carné en état de réincarnation, elles ont pour but d'exhorter les sentiments, lesquelles à leur tour peuvent influer sur les possibilités de décisions. Ce qui est déterminant de percevoir, c'est que la densité et la qualité de ce fluide est fonction des mérites antérieurs accomplis par *la conscience*. Hélas, pour un être récemment incarné en la condition humaine, les *apports intuitifs* générés par les états précédents ne sont guère significatifs sur un plan comptable. Cette nouvelle réincarnation ne bénéficie que d'une très faible *influence intuitive*. Ce qui a pour effet que la suggestion se révèle souvent insuffisante pour engendrer chez l'individu émergeant, un comportement concordant avec l'esprit de la société qui l'héberge. Nous l'avons dit précédemment, il est nécessaire qu'au sortir de l'animalité, cette entité nouvellement anthropomorphisée, soit suivie et aidée dans son parcours existentiel, comme nous avons pu l'être nous-mêmes aux origines de notre condition humaine.

À l'orée de son œuvre fondatrice, *le Principe Créateur* a, semble-t-il, désiré que *nous nous réalisions par nous-mêmes,* cela, afin d'aller à lui, non par crainte, obligation ou autres soumissions, mais par *reconnaissance de l'indicible beauté de la démarche existentielle.* Ce qui fait que Dieu est en tout, sauf… **sauf en notre conscience**, puisque selon son désir, c'est à nous et en raison de notre degré d'éveil, de conduire notre âme au chevet de sa raison.

Dès lors, ce sentiment qui ne saurait avoir les caractéristiques d'une contrainte est en fait celui d'une prise de position dans la lutte pour évoluer que nous inspire la nature du créé. Le choix de cette direction n'est pas une touche sur laquelle on appuie, c'est une quête, une œuvre, une conception, un adoubement qui se mérite et pour lesquels on meurt et on renaît.

Sur les quatre éléments déclarés immortels de la psychostasie égyptienne, trois d'entre eux regagnent *l'âme Ba* à l'instant même de la mort, *le Sahu, le Ka et l'Akh.* Le *Ka* incarne l'apparence physique qui nous échoie au cours d'une vie. Selon l'échelon d'évolution sur lequel le Ka se trouve, cet élément peut avoir temporairement des difficultés à accepter la cessation physiologique de l'activité corporelle. Aussi, lui arrive-t-il d'errer, comme esseulé, avant de retrouver avec allégresse l'appel de l'âme. Pour éviter ce désagrément, dès la mort venue, les anciens Égyptiens avaient recours, à une cérémonie dite de « *l'ouverture de la bouche* » où le Ka un instant égaré, était invité à retrouver la voie salutaire de sa complémentarité.

Sur cette Terre des épreuves où nous sommes, nous avons le physique qui sied au parcours qu'il serait souhaitable que nous réalisions, ce qui ne veut pas dire qu'une fois réincarné nous y parvenions. En *l'ailleurs* où nous séjournons après notre mort, l'aspect physique qui nous est attribué n'est jamais le même. Celui-ci étant assujetti de réincarnation en réincarnation au quota de perfection de notre âme. En d'autres termes, en l'ailleurs, la physionomie de notre corps physique apparent est fonction du niveau obtenu par notre conscience au cours de nos réincarnations antérieures. Sur la Terre des épreuves où nous nous trouvons présentement, l'apparence que nous affichons est celle qui convient ou conviendrait le mieux au parcours terrestre que nous avons préalablement choisi pour destin. Il peut alors s'agir d'un parcours évolutif bref ou long, d'un parcours d'orientation, d'un parcours d'expiation ou ce qui est plus rare d'un parcours karmique de rachat. Ces parcours de rédemption peuvent s'effectuer en une ou plusieurs réincarnations. En cet ailleurs, nous pouvons visionner ce que nous avons été, ainsi savons-nous clairement où nous en somme de notre élévation personnelle, c'est donc sans atermoiements que nous demandons à être réincarnés pour tenter d'élever cet état de conscience quel qu'il soit. Soulignons qu'en cet ailleurs et sur le plan cognitif, nous avons une clairvoyance toute simple de la réalité des choses, elle est non altérée par les appréciations plus ou moins trompeuses que nous pouvons connaître ici-bas.

Nous sommes informés de ce que nous avons été par rapport à ce que nous aurions pu être, nous sommes avisés des choix que nous avons faits et de ceux que nous aurions dû faire, des peines que nous avons occasionnées et de celles que nous aurions pu éviter. Souvenons-nous des paroles d'Hermès Trismégiste :

« L'Égypte est l'image du Ciel, elle est la projection ici-bas de toute l'ordonnance des choses célestes ».

Contrairement à ce qu'il est commun de lire ou d'entendre, les neurones de notre cerveau sont constamment en activité, à raison de 99% et en renouvellement constant, quel que soit l'âge de la personne. La seule dissimilitude c'est qu'ils ne sont pas tous et toujours en éveil. Selon la sollicitation exercée, certaines zones sont plus en activité que d'autres et principalement les secteurs peu sensibles aux tests, tels que les cellules gliales qui ont une activité neuro-génétique très particulière. Ce sont ces régions que fréquente *« la conscience »* produite des progressions cumulées dans les âges. En cohabitant avec les zones neuronales congruentes, cette *conscience* développe ce qu'il est convenu d'appeler « *l'intelligence* ». Disposition beaucoup plus subtile que *le mimétisme intellectuel*, dont se sert le cerveau lorsque la conscience n'a d'autre réactivité que celui de l'instinct animal le plus développé. Ce simulacre de cérébralité est largement suffisant pour obtenir des fonctions « honorables » dans nos sociétés humaines en déliquescence. Il peut y avoir de remarquables indices intellectuels capables de susciter le doute, mais n'y a pas d'intelligence sans un indice de conscience dépassant celui de l'animalité. Il est vrai que ce pragmatisme mimétique issu d'une mentalité rudimentaire peut en donner l'illusion, toutefois ce ne saurait être là, le cumule des valeurs acquises. L'intelligence n'est tributaire de rien, et rien ne l'assujettit, si ce n'est cet influx sporadique en provenance de l'âme que l'on nomme *« intuition »*. *L'intuition* est l'onde stimulatrice qu'utilise la conscience, elle est, nous l'avons dit, le résultat estimable de ses antériorités. La conscience accueille l'intuition dans les espaces neuroniques concernés, c'est cette complicité avec certaines régions cérébrales, qui génère une stimulation équilibrante des cortex que l'on nomme *intelligence*. En ces domaines, le fictionnel épouse le concret pour engendrer le discernement. Le leurre cérébral qui tendrait à lui ressembler n'est qu'un adroit *mimétisme* des engendrements cérébraux, dont le support *miroir* de l'existence est *la mémoire*. On peut donc, comme il est commun de le constater, être *une crapule intellectuelle* en usant d'une cérébralité qui n'est que le produit d'un mimétisme d'adaptation. À l'inverse, on ne peut pas être une crapule *intelligente,* car ce terme est le produit cumulé des vertus. Adoptons en nos fibres conscientes ces vocables propulseurs de la condition humaine, **intuition, conscience, intelligence,** les valeurs que ces trois notions véhiculent sont à la base de l'évolution. Isolé en sa nature, le cerveau « n'est qu'une » boîte à outils, dont se serre abondement l'animal, mais il ne doit plus en être ainsi pour l'être humain.

La conscience, aujourd'hui si galvaudée est notre seule raison d'être, c'est la réponse au « pourquoi » de notre existence. Le paradoxe, c'est que chahuté dans le maelstrom de la vie actuelle, c'est elle que nous sollicitons le moins. Ce terme de « conscience » nous apparaît le plus souvent appartenir à une conception obsolète en marge de la déontologie commune du politiquement correct. Nous savons que, de vie en vie, nous ne pouvons conserver les amitiés, les souvenirs, les sentiments qui sont les nôtres, nous ne conservons qu'une seule chose indéfectible, *notre conscience*. C'est elle que nous avons modelée au cours des âges, que nous avons façonnée d'entité en entité, d'élévation en évolution. *Notre conscience* est en l'ailleurs, la véritable ambassadrice de notre identité, c'est elle qui a élaboré notre âme témoin de notre parcours, de nos épreuves, de notre réceptivité, en deux mots de notre **raison d'être**.

Nous le constatons, cette *conscience* nous accompagne de vie en vie. Elle ne saurait nous trahir. Mais si son émission est faible, nous pouvons la récuser en faisant fi de ses exhortations.

Par convoitise, ambition, cupidité ou faiblesse, nous pouvons dédaigner ce fruit d'un long parcours et lentement l'immerger dans la déchéance. Les drogues sous leurs divers aspects sont autant d'exemple d'irresponsabilité, héroïne, cocaïne, morphine, cannabis et autres amphétamines, envahissent le sang et paralysent l'activité des synapses. Hormis le côté avilissant de ces narcotiques, c'est l'annihilation momentanée ou définitive de l'état de conscience, qui constitue le plus grave outrage fait à notre ascension spirituelle. Fuir l'épreuve, la tristesse ou le désarroi, ce n'est pas en triompher, ceux-là se représenteront indéfiniment, obstinément en cette vie ou en d'autres. Aussi exceptionnelle soit-elle, la régression existe, elle a pour motif le déclin progressif de notre état de vigilance.

Par sa définition, l'épreuve témoigne de l'aptitude à en triompher, s'y soustraire, ne résout nullement nos problèmes, ça ne fait que les amplifier. C'est seulement lorsque l'homme parvient à dominer sa condition psychologique qu'il dimensionne son âme, attribut éternel de son identité.

« *Se mériter soi-même, c'est le prix à payer par la conscience, monnaie précieuse qui s'acquiert ici-bas, mais n'a cours que dans l'ailleurs.* »

Georges Vermard

Le Temps des Mutations

Il nous apparaîtrait essentiel de se demander pourquoi **le Principe Créateur** a mis tant de génie à conceptualiser les étapes de notre évolution. Cela n'aurait-il pas été plus aisé de nous laisser vivre en paix à l'ombre de sa gloire, les pieds en éventail sur les plages dorées d'îles balsamiques ? Si nous voulons risquer une analyse de cette amplitude, elle peut débuter par la plus humble des tentatives, oser tenter de définir ce que représente, à l'échelle d'une conception humaine, *la déité suprême* !

Nous l'avons vu, son évaluation représente autant d'interprétations qu'il y a d'individus en état de raisonner sur cette planète. Ce qui fait que par manque de temps, de possibilités, de patience ou de réflexion, nous n'allons pas tenter une telle exégèse. Mais nous pouvons, sans risque de fourvoiement, hasarder quelques phototypes de sens commun sur l'évocation même. Pour une bonne moitié des zélateurs convaincus, *la déité suprême* se trouve dans un *ailleurs indiscernable*. Présence proche pour certains, autrement dit parmi nous, et pour d'autres considérablement éloignée, l'immensité stellaire en est l'illustration.

Ce démiurge a toutefois des caractéristiques individuelles ; *il est supérieur en tout, il est sage, bon et juste*. Nous imaginons que s'il était le contraire, inférieur en tout, idiot, mauvais et injuste, le logos en question ne pourrait être à la base d'une phase constructive. Prêter à sa personne une omniscience en totale harmonie, c'est admettre que *sa création est à l'identique de ce qu'il est.* Sinon, il nous faudrait accepter une interactivité dans l'élaboration du phénomène d'inventivité, et par le fait même, remettre en doute la toute-puissance de cette déité.

Ce dieu suprême produit de l'imaginaire, serait alors assujetti à d'autres pouvoirs que le sien, livrant ses biens et domaines aux tendances hégémoniques engendreuses de chaos. Ce qui aurait pour résultat que la nature des choses, telle que nous la connaissons, ne pourrait être. Les bouleversements sur Terre, ne sont-ils pas le plus souvent engendrés par la démesure humaine, assurément plus meurtrière que les hypothétiques déviantes de la puissance divine ?

Ce sont là des conceptions auxquelles nous ne pouvons qu'adhérer, non par sectarisme religieux ou subjectivité débilitante, mais par simple logique socratique. Le Principe Créateur, est encore évoqué sous l'appellation *d'intelligence universelle*, ce qui fait qu'en utilisant la pauvreté sémantique en usage, *celui-ci est unique, sage, bon et juste,* sa création n'en témoigne-t-elle pas ? Et bien apparemment non, pour certains réputés « *penseurs* » issus de nos pages d'histoire, ils accordent à cette création, les probabilités toutes dialectiques d'une sélectivité darwinienne. Pour ces cérébralités opposées à toutes théodicées et obnubilées par la préexcellence d'une sélectivité temporelle en opposition à une créativité harmonique, la nature se serait réalisée par une infinité de tâtonnements aléatoires. Nous ne reviendrons pas sur l'illogisme d'un tel raisonnement, alors même qu'affluent les preuves contraires et que s'impose avec l'apport scientifique une autre cohérence des opinions. Pour nous chercheur en la matière, il n'est plus question de prouver qu'il existe une déité suprême, mais de trouver ceux qui seraient à même de prouver qu'elle n'existe pas. Nous en assumons le défi personnel avec des centaines de preuves d'ordres mathématiques en nos tiroirs. Hélas, nous constatons que les iconoclastes aux « grandes gueules » subsistent, mais les penseurs probes et honorables beaucoup moins.

Henri Poincaré n'affirmait-il pas : « *C'est par l'intuition que l'on trouve et c'est par la déduction que l'on prouve.* »

Ce que nous validons d'un sourire complice !

Cela nous amène à la distinction que nous devons faire entre les influences des apports intuitifs dans les zones neuronales ou l'espace laissé par leurs quasi-absences. Dans le premier cas la conscience agit pour assister le mental en développant les facultés intelligentes, dans le second cas ce n'est qu'une adaptation mimétique de l'intellect à des situations qu'il estime pour lui profitables. Nous pouvons alors constater cette dichotomie dans beaucoup de domaines aux attributs honorifiques où l'état de conscience est superfétatoire. Pour évincer toutes intentions discordantes sur le sujet, revenons si vous le voulez bien à l'homme au sortir de l'animalité.

Souvenons-nous, sur le plan de la conscience morale, l'homme est inférieur en potentialité à l'animal supérieur. Ce goulet de passage, cette ère de transition n'est pas réservé à l'espèce humaine. Le même constat peut être fait entre le minéral et le végétal ou le végétal et l'animal. En ce qui concerne l'homme, ce chenal insoupçonné par la psychologie s'avère fort délicat et quelques fois dramatique. L'individu nouvellement incarné en l'espèce humaine est très peu conscientisé, il n'a plus les repères communs que lui procurait *l'instinct* de l'espèce à laquelle antérieurement il appartenait. L'or du franchissement de ce sas animal-humain, il n'est généralement pas apte à endiguer les angoisses que suscite une telle situation. L'enseignement qu'il reçoit sur la Terre des épreuves n'est pas approprié à lui définir une ligne de conduite salutaire. Il est tributaire de toutes les déviances, que ce soit celles des fréquentations ou celles d'un monde éducatif inadapté. La première souffrance ressentie et à laquelle personne ne répond, c'est un sentiment d'injustice, sentiment qu'il ne percevait pas en l'animalité. Cette souffrance intérieure jointe à une carence identitaire devient perméable aux dépravations. Soyons conscients qu'il faut à cet être beaucoup de persévérance pour parvenir à une éthique digne de sa condition humaine.

Nous savons reconnaître un animal intelligent, mais en notre société paralogique nous ne savons pas détecter un animal-humain, nous le voulons sans discrimination aucune, *humain,* avec quelques problèmes d'insociabilité ou de comportement. De la part de la société cette altruiste attitude est méritoire, mais elle serait ô combien plus efficace, si nous avions quelques notions de métapsychologie relative à une philosophie existentielle, celles-là nous inciteraient à agir différemment. Nous n'évaluons pas combien c'est une prouesse, que de quitter les avatars de l'animalité pour gagner celles du discernement.

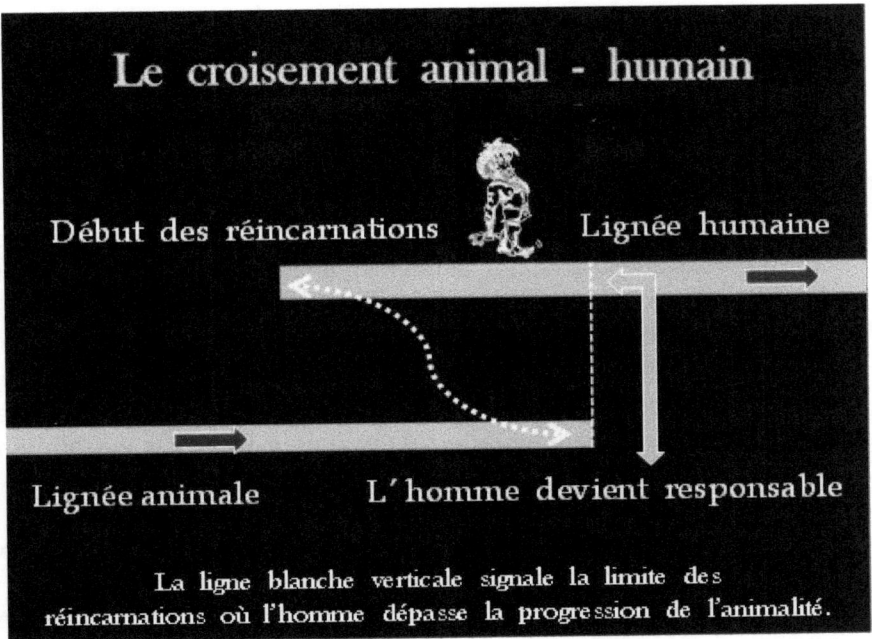

Le paradoxe, c'est qu'un animal-humain peut très bien montrer de surprenantes qualités intellectuelles, qui tiennent à une cérébralité en bon équilibre, quoique non accompagnée d'un état de conscience analogue. Ce sont incontestablement les individus les plus dangereux de notre société, habiles à s'annexer tous les systèmes pervers de domination. Leur plus manifeste avantage pour réussir, c'est leur absence de conscience morale qui ne les rappelle jamais à l'ordre, seul compte ce qui est bon pour eux. C'est principalement lors des conflits armés que l'animal-humain trouve un exutoire à son état mental, qui plus est, il est félicité et le plus souvent décoré pour cela.

Mais, me direz-vous, pourquoi Dieu a-t-il permis qu'il en soit ainsi, alors qu'une simplicité d'esprit aurait été plus rapidement détectable, autant pour nous en prévenir que pour les en guérir ? La question est judicieuse, mais à classer dans les primes interrogations. Pour que nous puissions évoluer librement vers d'autres sphères que *la Terre des épreuves* où nous pataugeons, nous devons nécessairement aborder toutes les situations psychologiques intelligibles à l'échelle humaine. En méconnaître une seule, empêcherait notre libre essor vers ce qu'il est convenu d'appeler « *le septième ciel* ». C'est une des raisons qui nous contraint aux norias successives des réincarnations, mais aussi à accepter nos chères crapules comme étant perfectibles. N'ont-elles pas le mérite de nous donner la notion du mal pour que nous envisagions plus clairement celles du bien.

Nous avons dit, il y a peu, que Dieu était juste et bon. Prenons l'exemple le plus simple possible, examinons l'abysse comparatif qui subsiste entre deux situations on ne peut plus classiques, être *riche ou pauvre*. Nous conviendrons que la première personne bénéficiaire de cette condition a des facilités à vivre que n'a pas la seconde. Il en résulte que la vie du pauvre est pénible, contingente, aléatoire et qu'elle se résume généralement par un pénible et laborieux parcours existentiel. Dieu omniscient nous ayant pourvu d'une ébauche d'intelligence, comment alors envisager que dans les deux cas évoqués, il n'y ait aucune différence sur le plan de « *l'accès aux cieux* », ce non-sens est indéfendable. C'est cependant ce que nous suggèrent les religions occidentales, en considérant que nous n'avons qu'un seul passage sur Terre et que nous serions jugés en fonction de celui-ci, sous-entendus, quel que soit le fatum agrégé à notre existence. Reconnaissons qu'un tel fatalisme peut revêtir les formes les plus inattendues, puisqu'il peut être d'ordres ataviques, circonstanciels ou endémiques.

D'autre part, si nous devions considérer que les conceptions de Dieu sont absconses et que nous n'avons pas à tenter de les percevoir, ce serait renier l'intelligence dont il nous a pourvu, laquelle est dite « *à son image* ». Si, notre système déductif, bien qu'immensément inférieur, est en relation avec le sien, alors il est de notre devoir d'élucider ce mystère. Comment un *Principe Créateur* infiniment bon et juste, se plairait-il, sans scrupule aucun, à faire souffrir l'une de ses créatures, alors que l'autre bénéficierait de toutes les félicités en ce monde. Étant donné qu'en fin de vie, l'entité la plus pauvre serait dirigée sur le Paradis et l'autre en Enfer. Tiens donc, voilà bien une injustice envers la créature fortunée qui aurait hérité d'une telle condition et serait punie sans autre procès de ce destin. Si notre céleste et omnisciente entité envoyait les deux au Paradis, voilà encore une flagrante injustice, pourquoi la créature pauvre aurait-elle eu à souffrir toute une vie, alors que le jugement final serait identique pour les deux. Et si ces personnes allaient toutes deux en enfer, c'est Dieu qui devrait alors passer en jugement, tellement serait flagrante cette iniquité, mais qui pourrait juger Dieu puisqu'il est Dieu. Nous pouvons préjuger que la plus suppliciée de ses créatures, n'ayant de ce fait rien à perdre, oserait cet absolu blasphème en prétendant qu'un tel dieu n'est ni bon ni juste. Devons-nous nous arrêter sur ces considérations ou faire appel à notre bon sens pour rétablir un imbroglio de situations visiblement boudées par la raison ?

Récapitulons, Dieu par essence ne peut être injuste, par contre sa création en laquelle nous évoluons, peut l'être en apparence. Il est d'ailleurs assez fréquent que certaines de ses créatures la conçoivent ainsi. Cependant si nous accordions plus d'attention à la nature des choses, la nébulosité ne tomberait point sur nos considérations et une logique s'imposerait à nous. Avec la pluralité des réincarnations, l'entité concernée passe par les situations les plus diverses, et c'est à la suite de cette multitude d'existences que sa personnalité s'accomplit dans la plus parfaite équité.

Être homme ou femme, sain ou souffrant, blanc ou noir, puissant ou misérable, sont les éléments d'un manège bio-existentiel où nous sommes tour à tour l'aigle ou le serpent. Mais ce qui complique considérablement le procédé, c'est que l'on peut être un aigle malade ou un serpent bien portant. La subtilité du procédé est hors de nos possibilités cognitives, seul persiste la réflexion lorsqu'elle est animée par la conscience.

Jamais « la justice divine » n'a donc à intervenir du fait de ce concept qui relève d'une impartialité absolue. Selon cette conception, toutes épreuves vécues obligent à un décodage plus affiné de **la raison d'être**. Il nous faut donc concevoir de la part du Principe Créateur un fondement organisationnel à la base de la temporalité, avec ses règles, ses lois, ses conventions, agencées à tous les principes de la matière de l'apparement inerte au déploiement de la vie. Autrement dit, lorsqu'un séisme ravage une population, ce n'est pas Dieu qui l'a souhaité, c'est inscrit dans le code géophysique que respectent les éléments. S'il en allait autrement, nous ne pourrions avoir de logique en nos comportements et toute pensée évolutive serait inapplicable. Le Principe Créateur n'intervient donc aucunement dans les procédés organiques de sa création, c'est à cette dernière d'en respecter les conditionnements ataviques. Nous, éléments vivants, sommes donc tributaires des phénomènes naturels dépendants de ce code. Si le Soleil met le feu à une forêt cela est conforme aux règles de la nature prescrite, mais si un homme fait de même c'est une détermination de sa personne et c'est là que s'effectue l'inéquation mathématique du système. Le fait de penser nous responsabilise devant l'ordonnance des choses et nous nous devons dès lors de créer notre propre code d'entendement avec la nature du créé. C'est pourquoi il nous est indispensable d'évoluer consciemment, de comprendre, d'aimer et de s'intégrer à l'existence non par soumission, mais par synthétisme.

La Raison d'être

Les instances de l'ailleurs

Les réincarnations s'effectuent jusqu'au ravissement de l'âme, ainsi peut-elle accéder au sixième niveau d'ascendance spirituelle. Lorsqu'elle atteint le *symbolique septième niveau*, le seuil de possibilité pour la conscience supérieure est achevé. Les modalités métamorphiques ne sont plus des réincarnations, elles s'effectuent dans une dimension autre que celle qui nous est réservée sur la Terre des épreuves. Nous employons le mot « niveau » à dessein, afin que les phases d'élévation que nous décrivons paraissent plus claires, mais nous pourrions évoquer une évolution linéaire avec des points sphériques de recoupement, aux nombres de six plus un, nous allons nous en expliquer.

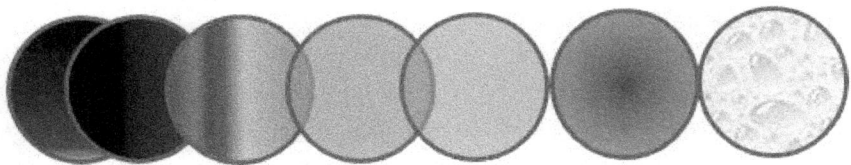

Le niveau zéro est représenté par **la Terre des épreuves,** sur laquelle, le temps d'une réincarnation, nous luttons pour tenter d'évoluer. Elle est ici figurée à gauche dans une couleur rougeâtre, c'est le niveau concret de la matière pensante, celui en lequel perçu de *l'ailleurs,* nous devons nous dimensionner. L'incommodité de la réincarnation, c'est l'absence de mémoire résiduelle, ainsi ignorons-nous si nous demeurerons fidèles aux engagements que nous avons pris, lors de notre passage en l'ailleurs ? Pour beaucoup d'entre nous, lorsque nous sommes en état de réincarnation, le merveilleux de la nature terrestre s'estompe, pour ne laisser paraître que la matière dure, pesante, chargée d'écueils et d'afflictions. Toutefois, celle-ci est parsemée de renouveau, de satisfactions, de bonheurs et cela constitue notre espérance. Ce qui fait que **la Terre des épreuves** demeure, le seul propulseur ascendant qui nous conduit vers les sommets. C'est dans l'épreuve que nous réfléchissons, que nous nous revalorisons, que nous nous sublimons, c'est dans l'épreuve que nous acquérons le discernement, c'est dans l'épreuve que notre conscience chemine vers la spiritualité.

Au cours de nos vies successives, nous pouvons stagner et même régresser, ce qui est exceptionnel. Dans cette éventualité, étant de nouveau réincarné, nous subissons sous une autre forme, les épreuves que nous n'avons pas su ou voulu franchir. La pénalisation qui en résulte est connue sous l'appellation de « Karma ».Elle est la juste réponse à nos égarements, on ne fait pas souffrir, sans souffrir à son tour. La justice en l'ailleurs est absolue, tenter de la ramener à l'aune de ce qu'est l'équité humaine est un non-sens, étant donné que de multiples paramètres échappent à nos modes de déduction. Combien, notre dite justice a-t-elle condamnée d'innocentes créatures en laissant prospérer de fieffées canailles ? La probité, l'équité, l'irréfutabilité n'est pas à l'échelle de notre parcours terrestre. Les individus qui se targuent de rendre la justice au nom de Dieu commettent un sacrilège d'une gravité sans nom. Ceci étant, il va de soi que nous ne pouvons faire fi de cet ersatz de justice terrestre, sans laquelle nous sombrerions dans le chaos le plus total.

Sur le graphique des niveaux d'évolution, nous avons pu voir que *la seconde sphère (niveau 1 d'élévation)* se superpose à la première. C'est-elle qui reçoit les quatre *éléments égyptiens imputrescibles* constituant notre *pactole moral de l'après vie*. Selon ce que nous représentons sur le registre de l'âme nous demeurons en cette première sphère ou nous gagnons très rapidement un niveau évolutif de second ordre. Ceux d'entre nous qui demeurent au premier niveau sont ceux qui n'ont pas encore franchi le sas de l'animalité. Sur Terre nous pouvons constater de nos jours que ceux-là sont très nombreux, ils représentent les deux tiers des âmes en évolution.

En l'ailleurs même, les premiers niveaux sont en bien plus grand nombre. Cela a toujours été en ce qui concerne les aspirants au sortir de l'animalité. La différence réside dans le fait que pendant des millénaires ce niveau que nous qualifierons, sans que cela soit péjoratif « d'inférieur » n'avait pas la possibilité de se réincarner en grand nombre, cela en raison du faible peuplement planétaire. Du temps de l'Égypte antique, la population mondiale n'excédait guère 60 millions d'individus. Les naissances favorisaient donc en priorité les niveaux supérieurs, placés eux aussi en devoir de réincarnation, ce qui contribuait sur Terre au maintien d'un degré dominant d'élévation spirituelle. Du fait de notre pluralité, c'est exactement le contraire aujourd'hui, et cette pléthore affaiblit considérablement les qualités morales de l'ensemble de la population terrestre.

Pour être plus explicite, prenons le cas simple d'un individu au sortir de l'animalité, vivant l'une de ses premières réincarnations dans *la condition humaine* :

Sa mort venue, celui-ci résidera au « niveau 1 » représenté sur notre graphique par la sphère seconde, la première sphère, rappelons-le, étant *la Terre des épreuves* où nous évoluons. Les deux sphères, nous l'avons vu, se juxtaposent. La chose se justifie par le fait que l'entité en question continue à côtoyer en permanence la vie terrestre, mais dans une autre dimension de celle qui est concédée aux humains. Ce changement de niveau rend cet être invisible, inaudible et inodore aux détecteurs sensitifs naturels qui sont ceux des terriens réincarnés. Ne nous en déplaise, le défunt en question peut être témoin de nos agissements les plus intimes, quel que soit les lieux que nous fréquentons. Cependant sa condition fait qu'il ne peut nuire aux êtres vivants. Cette implicite présence n'est donc pas décelable par nos perceptions sensorielles, sauf, dans de rares exceptions relevant de la médiumnité, de l'occultisme, du chamanisme ou de la sorcellerie. Nous ne nous étendrons pas sur ces cas particuliers.

Pourquoi cette proximité gênante, me diriez-vous, et comment cela se peut-il, que nous ne percevons nullement autour de nous les états de présences physiques que vous évoquez ? Existerait-il une autre dimension où l'on peut évoluer et pour quelle raison celle-ci serait-elle attenante à notre planète, ne quittons-nous pas cette Terre lorsque l'on meurt ?

Les raisons sont multiples, mais avant de les évoquer, tenons compte d'un fait particulier à notre époque :

Il y a aujourd'hui, dans cette sphère de *l'ailleurs immédiat,* énormément d'âmes en instance de réincarnation. Parallèlement nous l'avons compris, il nous est impossible de gravir les sphères supérieures sans nous réincarner. Ainsi par effet de cause, c'est la façon dont nous nous comportons dans la vie, qui favorise ou non notre évolution spirituelle. Il nous faut savoir que ces réincarnations successives ne nous sont nullement imposées, elles dépendent de notre propre volonté à y consentir pour évoluer. Si nous pensons qu'il est préférable pour notre état de conscience de méditer sur la meilleure façon de parvenir à un résultat, alors nous nous devons de ne point nous précipiter dans le malstrom des réincarnations de façon inconsidérée. Il est donc plus raisonnable de laisser s'écouler la notion subjective du temps terrestre, pour s'imprégner des judicieux enseignements que l'on peut alors acquérir. C'est ce que pratiquaient nos sages anciens, alors qu'à notre époque les choses sont sensiblement différentes. Nous assistons à un déferlement des réincarnations, il semblerait que ce soit pour tenter de gravir au plus vite les échelons qui mènent à la félicité. Ce qui explique les 2,5 milliards d'individus sur Terre en 1930 et les proches 8 milliards actuels, lourd bilan d'une insouciance blâmable, à moins que ce ne soit là, le signe inquiétant d'une catastrophe imminente. La terre ayant connu des dizaines de renouvellements similaires à ceux que nous pouvons supposer.

Pour ces raisons et quelques autres, une multitude d'êtres humains se presse avec l'intention d'affirmer de nouvelles valeurs morales. Ce qui est un leurre, car les êtres que nous sommes ont besoin de **références** pour évoluer et celles-ci deviennent rarissimes en ce monde. Il serait plus logique d'avoir une population moindre et une situation morale plus élevée, comme ce fut le cas pendant des millénaires. Cette situation étant décrite, comprenons que lors d'une future réincarnation, l'individu que nous dépeignons a tout intérêt à s'informer et méditer en cet ailleurs. Ainsi pourrait-il affiner la perception de son flux intuitif, celui-ci en relation avec son état mental lui permettrait de prendre plus facilement les bonnes décisions au cours de sa prochaine vie. Ce fluide ne serait pas plus important que le niveau dont il dépend, mais son état mental se montrerait plus réceptif.

La densité croissante de la population laisse à penser que beaucoup d'êtres humains résidants en *l'ailleurs immédiat* ont fait un choix différent, celui d'une réincarnation rapide sans réflexions subsidiaires. Cette attitude empressée pourrait passer pour un acte de courage à entreprendre, elle est en fait un danger pour la biosphère. Elle engendre une surpopulation, laquelle occasionne un effet de nuisance généralisé, qui ne manquera pas d'inciter la Terre à s'ébrouer de ses miasmes. Cette observation se veut pertinente, du fait que ceux qui ont tendance à effectuer ce choix de *réincarnation empressée* sont pour la plupart des êtres qui se sont récemment désolidarisés de l'animalité, donc encore affligés d'une moralité aléatoire et pratiquement démunie d'apport intuitif. La population mondiale a aujourd'hui le choix de restreindre les naissances. Si elle ne le fait pas c'est par intérêt économique ou logistique. Malheureusement, on ne construit pas avec les matériaux que l'on désire, mais avec ceux que l'on a.

Ces observations ne sont aucunement le produit d'un millénarisme refoulé. Elles sont le triste bilan d'une société en carence de spiritualité, condition primordiale pour aider à avoir une attitude humaine responsable. La spiritualité est le seul apport en la cérébralité qui peut faire d'une goutte d'eau un océan. Aucun raisonnement humain, aucune idéologie, aucune fraction aussi altruiste est-elle, ne peut parvenir à un résultat comparable. La logique cultivant les extrêmes, les occupants du demain planétaire seront des spiritualistes ou à l'opposé les natures soumises des esclavagistes. Conjointement à cette dégradation envisageable, notre époque foisonne de chercheurs clairvoyants ayant réalisé de fabuleuses découvertes. Ceux-là sont, pour la plupart, animés d'une philosophie existentielle adaptée à une *élévation du quotient spirituel*. Leurs révélations pourraient être à même de réformer le conditionnement délétère en lequel lentement nous sombrons.

Nous ne dirons jamais assez que la spiritualité est la seule porte fédératrice vers laquelle nous devrions nous hâter pour pouvoir vivre en une nature normalisée notre *raison d'être*. Cette spiritualité que nous suggérons n'est en rien assimilable au dogmatisme religieux de triste mémoire et moins encore à quelques sulfureux asservissements claniques. Cette spiritualité s'accompagne de preuves irréfutables que les scientifiques sont en train de découvrir et les chercheurs de démontrer. La spiritualité de demain sera axée, non sur « le Père » personnage idéel emblématique des religions primitives, **mais sur *la création qu'il représente*.** En respectant, protégeant et honorant cette création, plus sûrement qu'une puérile iconographie censée le représenter. Le monde change, changeons avec lui et pour la première fois de notre humain pragmatisme cherchons la vérité où elle se trouve.

Cette représentation égyptienne de l'au-delà que nous faisons figurer page suivante, pourrait passer pour naïve, alors que bien perçue, sa mystique nous incite au discernement. Cette image soutirée parmi des milliers, prouve au lecteur sensibilisé l'importance de ces fresques cryptographiques égyptiennes. Voyons là le continuum d'un héritage qui nous vient de la nuit des temps. Nous nous devons d'interpréter ce message intelligemment et non avec cette suffisance que procure le diplôme lorsqu'il est associé à une certaine étroitesse d'esprit. Ayons pleinement conscience qu'il fut un temps où l'humanité reçut la visite d'initiateurs omniscients, qui lui apprirent à raisonner autrement. Entendons par cette affirmation, à relativiser la vie matérielle au bénéfice d'un équilibre discursif - intuitif propre à une évolution cohérente de l'état de conscience. Ce genre d'iconographie, magnifiée par une science des nombres, place l'Égypte antique au sommet de la connaissance hermétique, dont le monde commence seulement à subodorer l'importance.

Pour que se révèle leur sens caché et sublimatoire, tous ces graphiques doivent-être accompagnés d'une symbolique de référence d'ordre géométrique. Sur l'un des plateaux de la balance se trouve déposé le cœur-conscience du défunt. Il était souhaitable que celui-ci soit en équilibre avec la représentation de Maât *incarnation de la justice*, placée sur le second plateau. Le défunt *maître de connaissance* pénètre la circonférence terrestre *refuge des grands arcanes*, le sommet de sa tête en définit le rayon. Le fléau de la balance et ses plateaux représente la Grande Pyramide. Ces détails prouvent que ce « *défunt connaissant* » était initié aux grands mystères. Son regard est face au pyramidion, alors que celui des Déesses caresse **la circonférence de la Lune placée à l'échelle de la Terre.** En la gnose égyptienne, le tracé pentagonal tête en haut, signifie qu'il s'agit d'un homme initié dont la conscience est évaluée par le céleste jugement.

Lorsque ces fresques sont recouvertes de leurs compléments ésotériques, elles dégagent instantanément une fragrance d'une inégalable suavité. Le doute qui pourrait être émis sur la sublimité de leur caractère serait révélateur de l'ignorance de celui ou celle qui le formulerait. L'interprétation était certes différente lorsqu'elle émanait du fellah ou de l'initié, mais elle était pour les deux savoureuse d'espérance.

C'est dans les rôles tenus par les formes et les entités que nous pouvons discerner la connaissance. C'est précisément là qu'il nous est impératif de se poser la question : cette science cachée est-elle *la résurgence cognitive d'une raison d'être qu'il nous est impératif de retrouver ?* Tout porte à le croire ! Aussi devons-nous conscientiser nos fonctions cérébrales afin d'avoir une réflexion novatrice sur notre existence, non en réaction de ce que nous révèlent nos liaisons médiatiques, mais en vertu de ce que nous-mêmes avons appris, comparé et médité. S'il nous arrive de solliciter la déité, évitons cette outrecuidance qui consiste à dire « *Mon dieu fait que...* » ! En disant cela, nous amoindrissons par le mode verbal la notion universelle de spiritualité, en orientant notre requête sur la commisération doublée de l'irrévérence qui nous pousse à indiquer à Dieu ce qu'il doit faire. **Dieu est en tout, sauf en notre conscience.** Elle ne sera pour lui visible que si nous la grandissons. Nous devons pour cela chérir sa création et la respecter, car elle est l'aspect concret de sa réalité.

En se situant aux limites de notre système solaire, la Terre où nous évoluons n'est qu'un petit point imperceptible. Méditons humblement sur cette évidence en la comparant à nos suppliques personnelles. Soyons plutôt attentifs à la nature du créé, c'est le procédé pour être en parfaite symbiose avec le principe divin.

Nous sommes tributaires des *lois naturelles conceptualisées à l'origine des temps*, et non des supposées « divines humeurs du Créateur » qui tendraient à favoriser ou fustiger ceux qui, selon le dogme, auraient failli. Élevons le débat à la hauteur de l'intelligence dont ce Créateur nous a pourvues. Nous découvrirons ainsi *la raison d'aimer*. Cette raison n'est pas celle d'un forcing insensé. La vraie raison d'aimer est démunie de craintes, car nous ne saurions subir les dictats d'un principe souverain, sans être humilié en notre nature même. Plutôt devons-nous aller vers cette omniscience créatrice par reconnaissance, libre de nos intentions et digne de notre pouvoir décisionnel. L'amour n'est pas un engagement, c'est une métamorphose de la personnalité, un éblouissement intérieur, un choix envoûtant de la conscience. Aimer c'est incontestablement **notre raison d'être**.

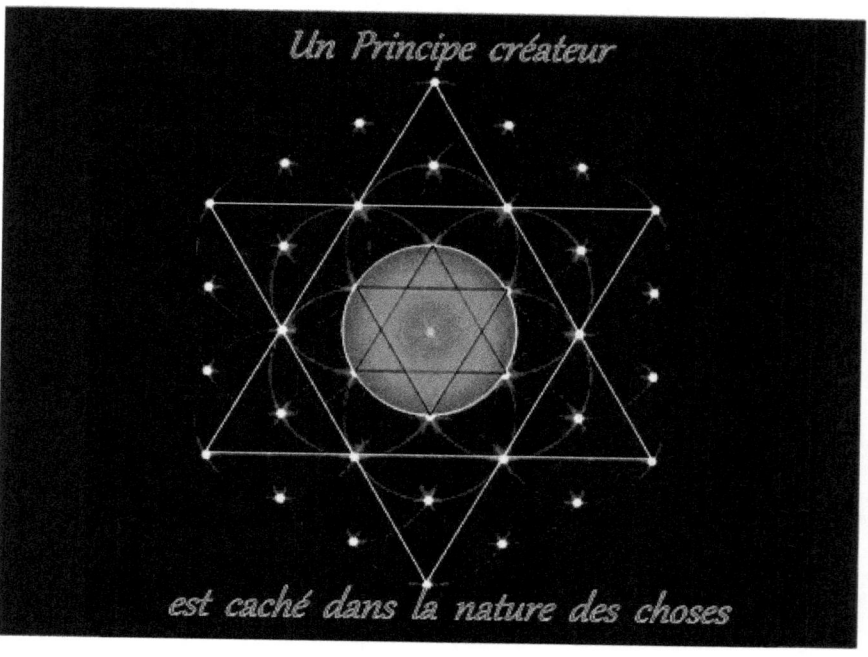

Conclusion et Sublimation

Les mots pour conclure ne peuvent avoir de portées plus grandes que les descriptions chiffrées que nous faisons ici figurer. Il en est de même de ces graphiques qui accompagnent les situations dépeintes. C'est pourquoi chers lecteurs, ces valeurs numériques vous prient de méditer sur ce qu'elles représentent, sachant qu'elles seront les références du monde de demain. Le temps que vous consacrerez à cet examen vous valorisera, en vous éloignant des courants de pensée communs, le plus souvent réducteurs des valeurs intellectuelles. Laissez-vous guider par le flux intuitif qui interpelle votre conscience. C'est lui qui saura vous dire ce que l'on recueille intimement dans ce balisage du monde futur.

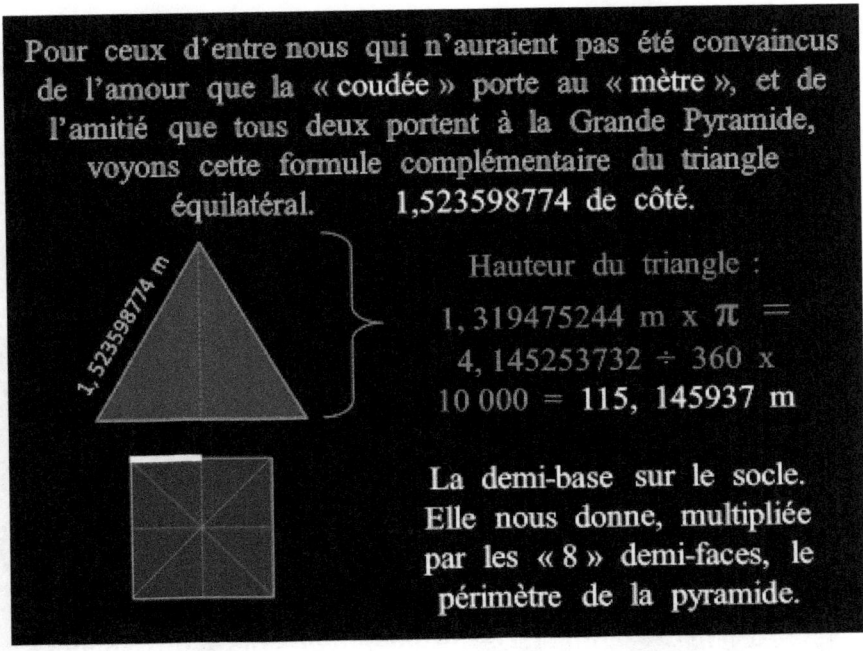

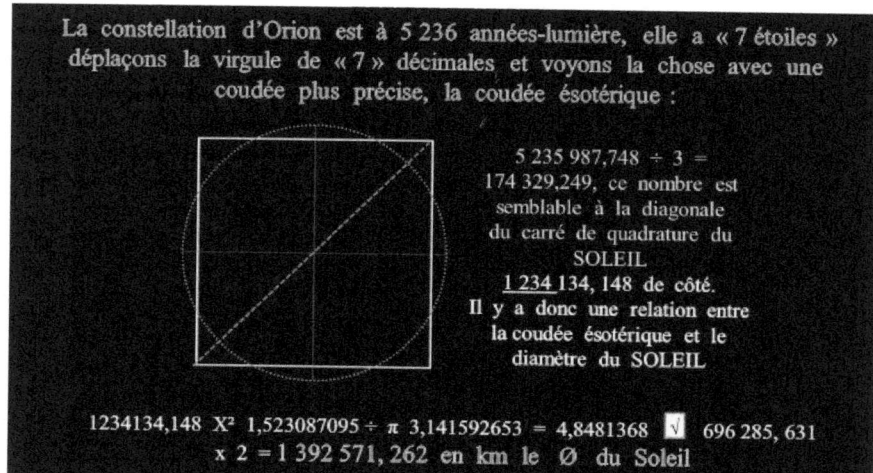

La constellation d'Orion est à 5 236 années-lumière, elle a « 7 étoiles » déplaçons la virgule de « 7 » décimales et voyons la chose avec une coudée plus précise, la coudée ésotérique :

5 235 987,748 ÷ 3 = 174 329,249, ce nombre est semblable à la diagonale du carré de quadrature du SOLEIL 1 234 134, 148 de côté.
Il y a donc une relation entre la coudée ésotérique et le diamètre du SOLEIL

1234134,148 X² 1,523087095 ÷ π 3,141592653 = 4,8481368 √ 696 285, 631
x 2 = 1 392 571, 262 en km le Ø du Soleil

La coudée ésotérique a été un jour offerte aux égyptiens comme étant le fruit du Soleil. Elle était la référence suprême des « connaissants »

La Grande Pyramide réalise en sa structure hors tout 3 600 mètres.
Doublons ce nombre, nous obtenons 7 200, si nous enlaçons ses deux facteurs numériques en une seule référence, à la manière des serpents d'Hermès nous obtenons 3 600 . 7 200 =

36 0 072 00 (la double pyramide réelle-virtuelle)
÷ π
= 11 461 447,74 ÷ 900 = 12 734, 94192 km

C'est au mètre près, le diamètre moyen de la Terre. Cet assemblage de grandes constantes nous procure le riche témoignage d'une intelligence universelle.

En ces deux rapports : les pyramides, le Soleil, la Terre et la Lune.

La précession des équinoxes à trois nombres qui la définissent, ce sont dans l'ordre, les **72** ans = 1°- le **360**, cercle qui représente le cycle – les **12** signes du Zodiaque. Ce nombre 72 360 12 est celui du Soleil.

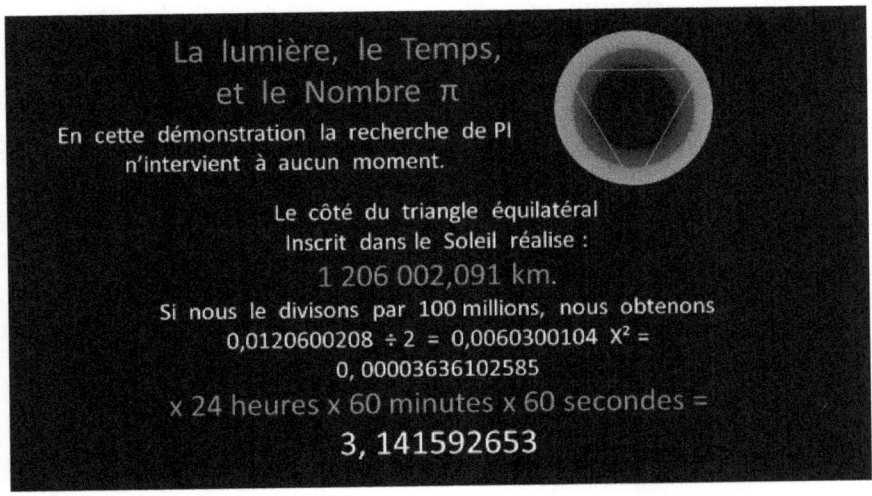

L'étoile hexagonale, laquelle se trouve implicitement dans le Soleil, a des côtés d'une valeur de 1 206 002,087 km x 6 puisqu'il y a deux triangles. Son périmètre est donc de **7 236 012, 52 km** ou 7236012. Ce nombre fabuleux est géniteur d'une lumière divine, même si ce terme irrite ceux d'entre nous encore assujettis à la gent matérialiste. Nous percevons en cette révélation, comme en beaucoup d'autres, l'heure du choix qu'il nous est donné d'établir.

Retournons aux mesures des pyramides de Gizeh, celles que nous mentionnons peuvent constituer les preuves d'une élaboration exogène hors du temps. Si nous doutons des cotations utilisées, prenons ici, les faces de chacune des trois pyramides et additionnons-les. Le nombre que nous découvrons est celui-ci, 551,13288955 m. Si nous le considérons tel un diamètre et que nous le multiplions par PI, il nous donne, divisé par 1000, la racine de « 3 » avec toutes ses décimales.

Poursuivons en considérant que cette valeur de 551,3288955 m peut nous offrir sur le plateau de Gizeh les fruits de la connaissance. L'idée est folle, mais seulement pour les rationalistes de l'extrême qui ne voient en ce monde qu'une banale concrétisation matérielle des phénomènes ambiants sans un soupçon de singularité. Amis lecteurs dont la démarche est différente, nous vous conseillons de méditer sur la double réalité de l'existence, celle précisément que sont en train de découvrir les physiciens nucléaires. Seulement, à qui peuvent-ils le confier… aux médias… croyez-vous ! Il en résulterait des pensées conflictuelles aptes à troubler l'ordre établi constitué par notre psychologie existentielle. En ce choix matérialiste qui est celui de la civilisation, toute atteinte à la normalité suggérée est un risque de turbulences économique irrecevable. Il est donc normal que les critères établis ne subissent que très peu de modifications, car c'est de celles-ci que vient l'incertitude de l'économie de marché, qu'il est bon de voir fructifier sans ambiguïtés. Quant à l'apologie de la vérité, celle-ci n'a que l'apparence des conformations qu'on lui prête, et c'est sa teneur en superficialité qui justifie de nos jours la conduite du monde.

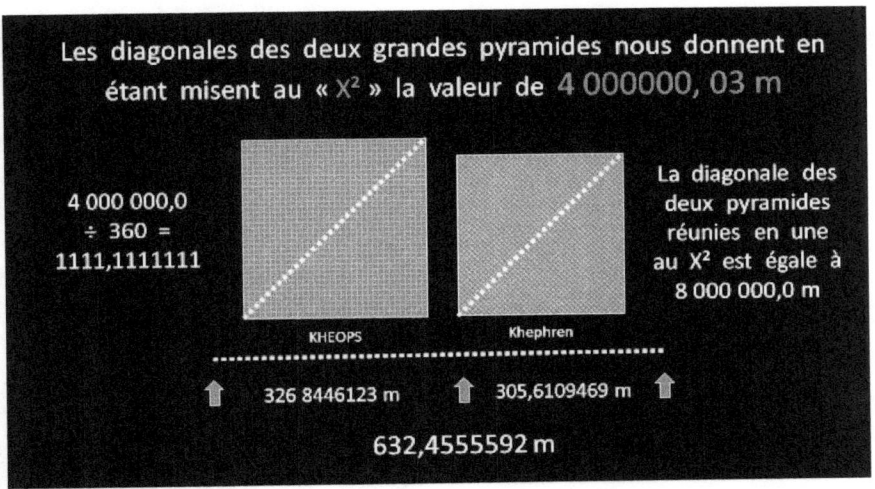

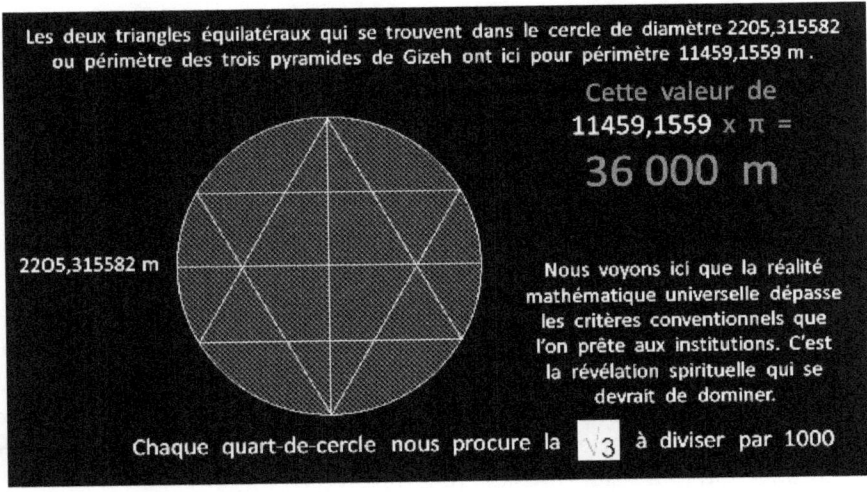

Les pyramides sont devenues ce que l'on nous enseigne, des tombeaux amas de cailloux aux cavités énigmatiques, érigés par des despotes esclavagistes. En ce monde, les nombres sont le reflet de la vérité, lorsqu'ils s'inscrivent en des formules, ils provoquent la réflexion et inspirent la philosophie. Vouloir l'ignorer c'est faire preuve d'une régression de la pensée, le taire est une attitude déplorable, le combattre est un illogisme malsain, mais le soumettre à une réflexion approfondie est un aspect de l'intelligence.

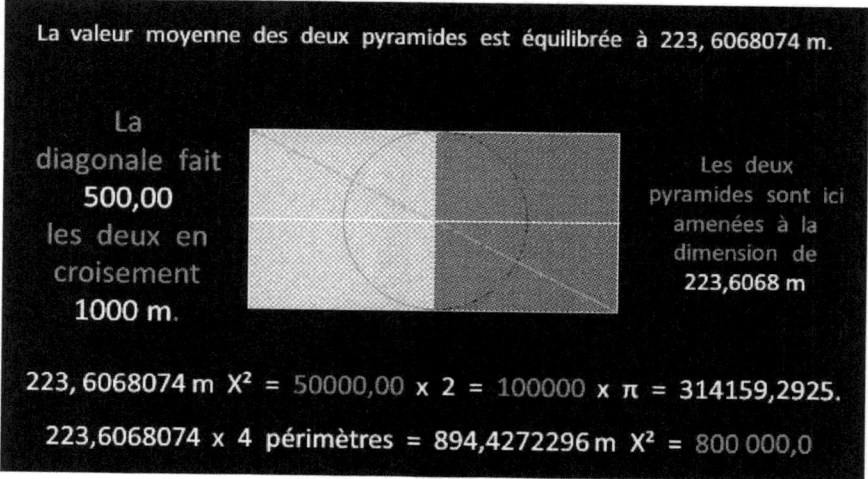

Comment imaginer un seul instant que le roi Khéops constructeur supposé de la Grande Pyramide ait réalisé une telle merveille et comble du mépris, pour en faire son tombeau ? Nous vivons une ère où le matérialisme triomphant n'a guère de scrupules. Il greffe ses exigences et privilèges sur les racines de l'authenticité, dépossédant la population humaine des clés d'élévation qui lui sont indispensables. Privés de ces sources d'équilibre, nous vivons certes, mais pour quelles espérances, puisqu'il nous est ôté ce qui est le plus précieux en l'être humain, sa dignité, laquelle ne peut subsister dans le mensonge. Il est donc indispensable que nous ayons un autre regard sur le monde, celui-là même qu'avait la vieille Égypte, indissociable de la spiritualité. Pourquoi ne présenterions-nous pas à notre réflexion ce vieux compagnon qu'est notre état de conscience ? Il se peut que tous deux sympathisent pour enfanter un jour, espérons-le... une raison d'être.

Ce qui nous est présenté là, n'est pas seulement une contribution à l'histoire des hommes, c'est une incitation à un changement orbital de notre manière de pensée.

La Raison d'être

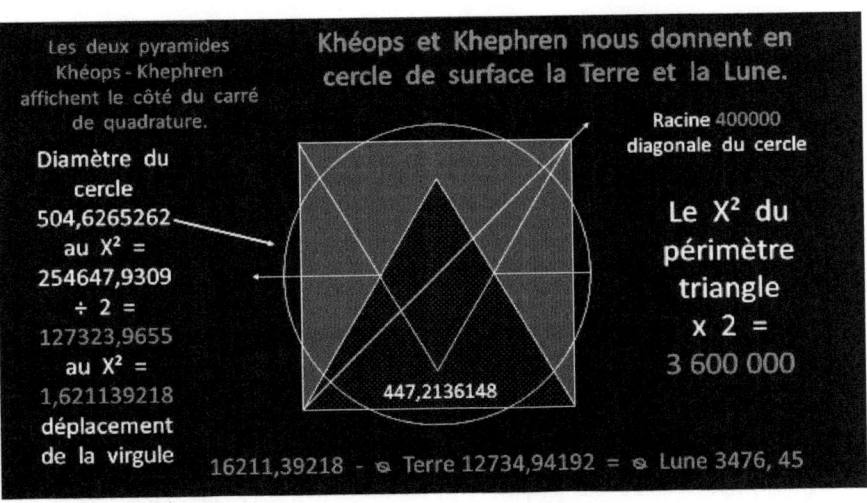

Considérons que ce cercle a le même diamètre que les côtés face des deux pyramides de Khéops et Khephren, soit 447,2136148 m.
Positionnons deux triangles équilatéraux en étoile à l'intérieur du cercle.

Chaque face au X^2 =
1 500 000, 0 m

X 6 côtés =
9 000 000, 0 m

Diamètre = 447, 2136148

L'harmonie des pyramides est une quintessence

Les deux pyramides Khéops - Khephren affichent le côté du carré de quadrature.

Khéops et Khephren nous donnent en cercle de surface la Terre et la Lune.

Diamètre du cercle
504,6265262
au X^2 =
254647,9309
÷ 2 =
127323,9655
au X^2 =
1,621139218
déplacement de la virgule

Racine 400000 diagonale du cercle

Le X^2 du périmètre triangle
x 2 =
3 600 000

447,2136148

16211,39218 - ☾ Terre 12734,94192 = ☾ Lune 3476, 45

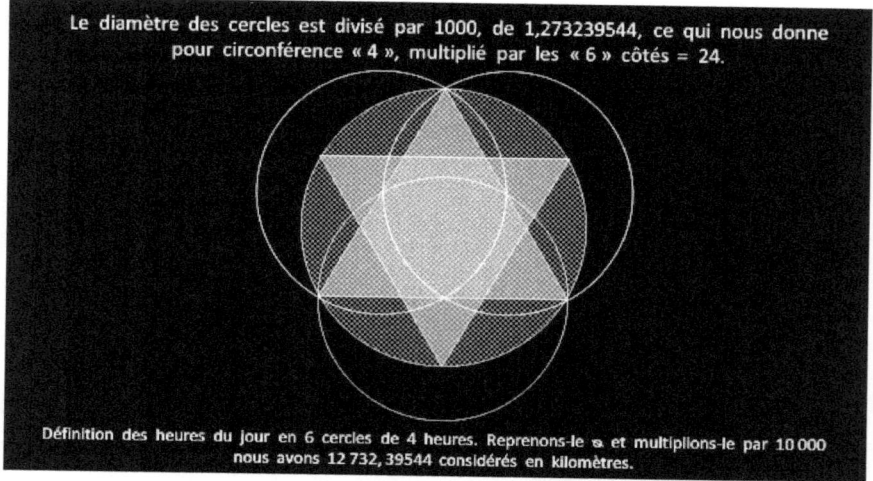

Il est de notoriété que tout évènement décrit, aussi attrayant soit-il, engendre le doute si ce n'est la suspicion, car beaucoup de soi-disant preuves n'ont pour apparence que la conviction de celui qui les expose. Il en va différemment avec les nombres et la géométrie, ils sont ou ne sont pas. S'ils « sont » et qu'il importe de les démanteler, il faut recourir à des moyens que la morale réprouve. C'est bien là le problème de l'objecteur, lequel ne peut qu'avoir l'esprit voué à un professionnalisme obtus ou à un mode d'abolition obsessionnel.

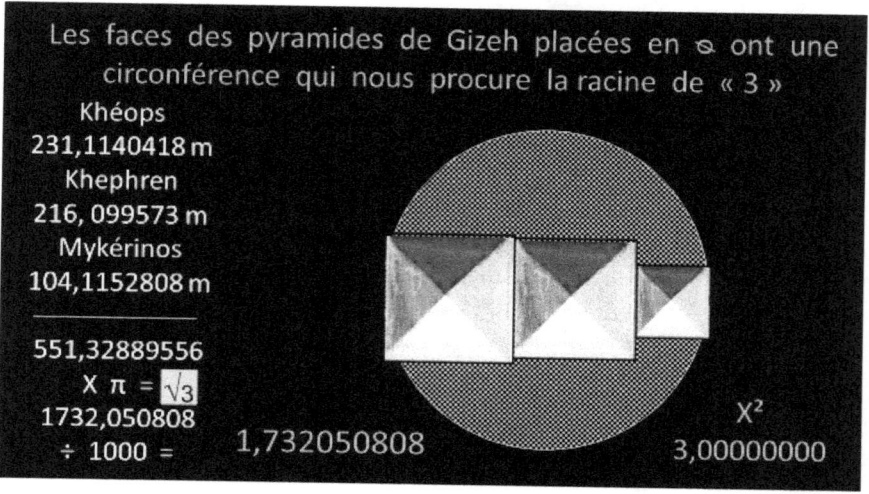

La Raison d'être

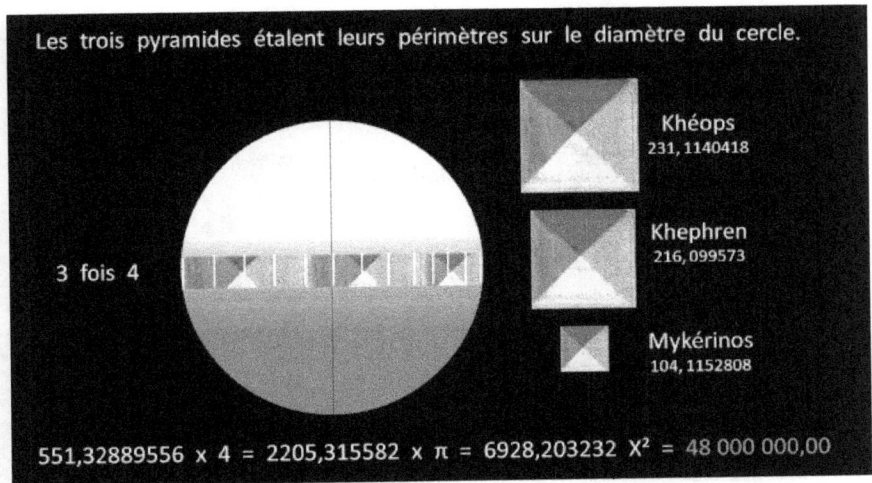

Ces preuves sont si flagrantes qu'il est bien difficile de les contester. Il est heureux pour nous de constater après plus d'un demi-siècle de recherche que le résultat est conforme à ce que notre intuition nous incitait à entreprendre. Prouvant ainsi au monde que ces pyramides sont des monuments scientifiques que nous nous devons de considérer comme étant l'ultime et éminent patrimoine de l'humanité.

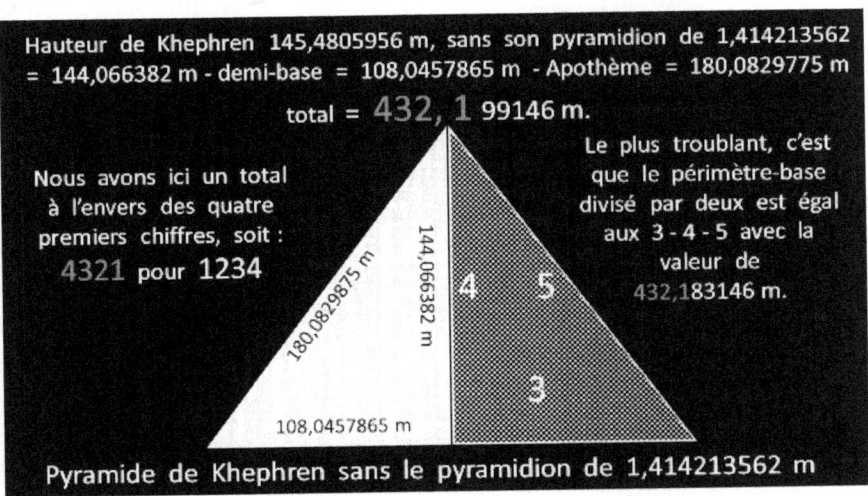

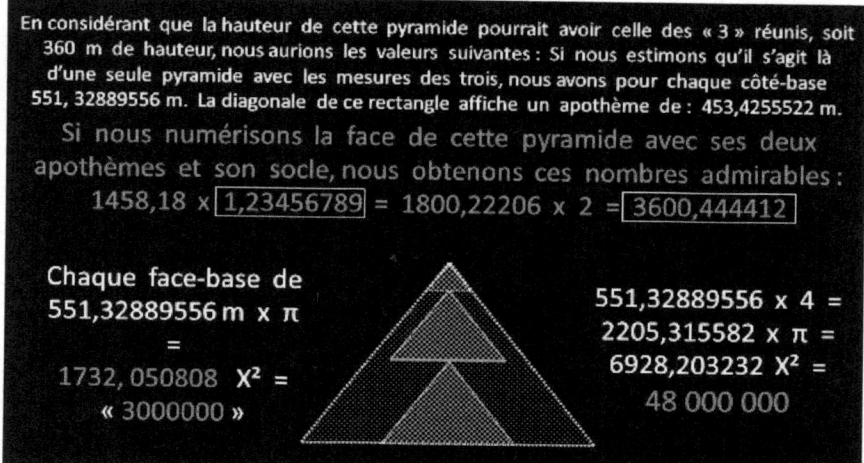

Beaucoup de ces soi-disant « utopismes » que les chercheurs d'hier défrichaient sont devenus de nos jours des évidences. Ceux que nous mentionnons serviront de référence au monde de demain, mais nullement à celui d'aujourd'hui, trop impliqué dans les engrenages de son conditionnement. Une société matérialiste n'a que la prolifération des phénomènes ambiants pour espérance de vie. Mais à l'échelle individuelle un être méditatif peut discerner en ce que nous décrivons, *une voie de cheminement*, il peut ainsi modifier sa façon d'entrevoir la vie, c'est ce que nous préconisons.

Toute cette documentation iconographique représente les éléments de base sur lesquels nous devons porter notre réflexion. À défaut de nous émouvoir, nous pourrions nous étonner que des nombres apparemment quelconques, en situation diverse, se trouvent subitement réunis par un phénomène numérique de conjonction à peine inimaginable. C'est pourtant le cas de l'ensemble de ces monuments sur le site de Gizeh. Il y a en eux une référence, une signature, un sceau qui nous certifie le caractère universel de l'œuvre.

Ces nombres et cette géométrie sont imprégnés d'une logique supérieure qu'il n'est pas facile de démontrer, non point qu'elle soit étrangère à notre nature, mais à notre enseignement. L'étudier c'est aller à la limite de la rationalité, c'est exploiter une métaphysique onirique, c'est opter pour une exemplarité aux aspirations cognitives. C'est aussi envisager un monde plus adapté à l'évolution humaine, un monde affranchi des rivalités primaires qui engendrent une extrapolation statistique du soi.

Il fallait un lieu sur Terre, un point nodal, une origine pour exposer à l'humanité une référence inspirée du système évolutif universel. Le choix se porta sur l'Égypte, non point pour une raison, mais pour mille infiniment subtiles. Il est certes d'autres lieux que l'on ne peut ignorer, si ce n'est que cette conjoncture fut celle du message, celui des dieux qui n'étaient pas aussi mythiques qu'on le prétend. Ils ont confié au silence de la pierre un message numérisé afin qu'il ait l'audace de traverser les siècles. Il n'est pas écrit, il est implicite dissimulé dans les distances, les hauteurs, les volumes et les ondes spectrales de ce monde oublié. Plus qu'une référence, il est un pactole archétypal dont nous avons aujourd'hui la plus urgente utilité.

Akhnaton n'ignorait rien de ce que nous décrivons. L'adoration vouée au Soleil était à n'en point douter le périmètre numérique de l'étoile que celui-ci contenait 7236012 km et la coudée de 0,52359877 qui le glorifiait par sa racine.

Papa... la ligne... là, c'est le milieu de la pyramide cachée !

Une trentaine d'années après ce que nous estimons être la fin de l'Égypte antique, environ 630 av. J.-C, tout étranger épris de curiosité pouvait, sans examens probatoires, accéder au plus profond des temples. Hélas, pour la sublime connaissance, « la barque des nombres » avait sombré en les eaux tumultueuses des temps nouveaux. Surnageait encore une symbolique éparse aux raisons absconses que par déduction cartésienne, nous les modernes, crûment pertinent de rejeter aux officines du simplisme. Alors que ce n'était rien moins que l'abécédaire de notre humanité !

Gizeh

Tu es le feu sur la colline
L'étoile du matin
L'espoir de la nuit
TU es la source de la conscience
La sérénité du cœur
Le septième jour de l'esprit
Tu es le subtil regard de l'âme
Le premier sourire du monde
Le lien sensible des choses
Tu es un moment immortel
Un temps et une éternité.

Déjà parus

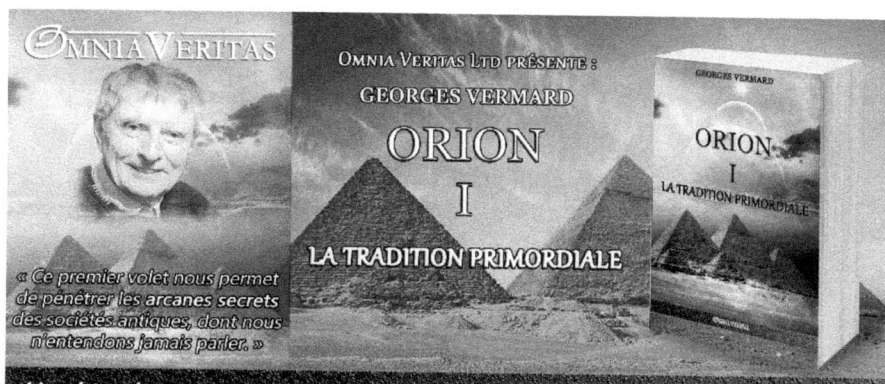
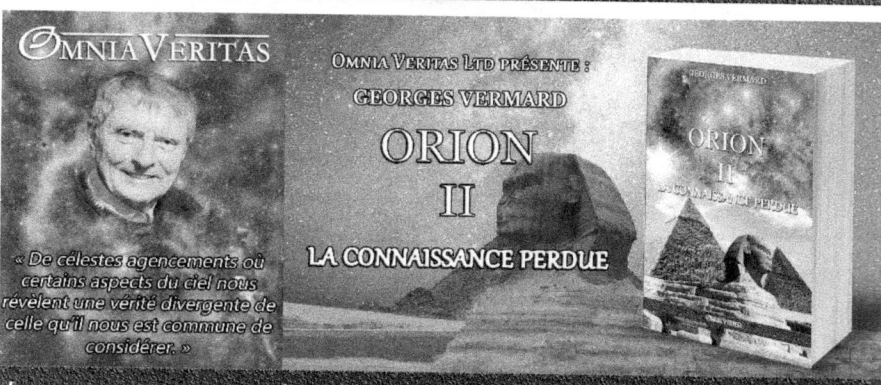

www.omnia-veritas.com

www.ingramcontent.com/pod-product-compliance
Lightning Source LLC
Chambersburg PA
CBHW051037160426
43193CB00010B/976